高等教育政策与管理研究丛书

主编：陈学飞　副主编：李春萍

三　编
第 **2** 册

博雅教育的概念史：
起源、发展及其现代转型（下）

沈文钦 著

花木兰文化事业有限公司

国家图书馆出版品预行编目资料

博雅教育的概念史：起源、发展及其现代转型（下）／沈文钦
著 -- 初版 -- 花木兰文化事业有限公司，2019〔民 108〕
目 4+196 面；19×26 公分
（高等教育政策与管理研究丛书　三编　第 2 册）
ISBN 978-986-485-825-5（精装）
1. 人文教育 2. 教育史
526.08　　　　　　　　　　　　　　　　　　108011549

ISBN-978-986-485-825-5

9 789864 858255

高等教育政策与管理研究丛书
三编　第二册　　　　　　ISBN：978-986-485-825-5

博雅教育的概念史：
起源、发展及其现代转型（下）

作　　　者 沈文钦
主　　　编 陈学飞
副 主 编 李春萍
总 编 辑 杜洁祥
副总编辑 杨嘉乐
编　　　辑 许郁翎、王筑、张雅淋　美术编辑 陈逸婷
出　　　版 花木兰文化事业有限公司
发 行 人 高小娟
联络地址 台湾 235 新北市中和区中安街七二号十三楼
　　　　　电话：02-2923-1455 ／传真：02-2923-1452
网　　　址 http://www.huamulan.tw 信箱 hml810518@gmail.com
印　　　刷 普罗文化出版广告事业
初　　　版 2019 年 9 月
全书字数 290162 字
定　　　价 三编 6 册（精装）台币 12,000 元　　版权所有 请勿翻印

博雅教育的概念史：
起源、发展及其现代转型（下）

沈文钦 著

目
次

第五章 纽曼：作为理智训练的博雅教育及其限度

> 纽曼的《大学的理念》以及亚里士多德的《尼各马可伦理学》是有史以来最杰出的两本关于教育的著作，它们在教育思想史上的地位犹如双峰并峙。
>
> ——乔治·扬

> "博雅教育"这个名词在英国文化和思想史上具有特殊重要的意义。它不可能译成法语或德语而又确保传达出它真正意义或者它标示的对象。……直到本世纪中期（指十九世纪，笔者注），德国人在讨论大学和高等学校工作时还总是谈论 Wissenschaft，英国著作家则总是谈论"博雅教育"。对于一个德国学者来说，最倾心的东西莫过于 Wissenschaft；对于一个英国大学人士来说，这是"博雅教育"[1]。

十九世纪是英国博雅教育话语激增并日益体系化的时期。在十八世纪，关于博雅教育，我们只能找到寥寥可数的著作和专门论述，但在十九世纪，有关这一话题的著作、布道词、演讲、论文开始如潮水般涌现。有关博雅教育的争论成为所有教育讨论的起点和焦点，在这场世纪性的讨论热潮中，参与其中的不仅有威廉·休厄尔（William Whewell）、亨利·纽曼这样的牛桥人士，也有像约翰·密尔那样置身大学之外的公共知识分子；不仅有马修·阿

---

1 （英）梅尔茨. 十九世纪欧洲思想史. 周昌忠译. 北京：商务印书馆，1999：217.

诺德这样的人文主义者，也有赫胥黎、斯宾塞那样的科学主义者。此外，还有大量知名的、不知名的人士。

热潮退去，大多数的相关讨论已经像浪花一样，消失在大海之中，但纽曼以及他的《大学的理念》一书却永远屹立着，诉说着十九世纪英格兰人的博雅教育理想。在所有十九世纪的博雅教育论述中，纽曼的著作最为系统深入，也最富有感染力。有鉴于此，本章集中分析纽曼的博雅教育概念。[2]在讨论纽曼的博雅知识概念之前，我们有必要知道，十九世纪的英国人是如何理解这个概念的。

第一节　十九世纪的"博雅教育"概念：历史语义学的分析

进入 19 世纪，博雅教育仍然是当时英国最为重要的一个教育学概念，在语义上，博雅教育仍然指的是以培养绅士为宗旨的、全面的、非专业性的教育，但和 18 世纪相比，19 世纪的博雅教育概念在语义和内涵上也有了一些变化。在对纽曼的博雅教育观进行分析之前，我们有必要先对 19 世纪的博雅教育概念进行语义学的考察。

1.1　博雅教育是对上等阶层和绅士阶层的教育

博雅教育仍然是一个和特定阶层相联系的概念。维多利亚时期英国社会通常划分为三个等级，即上流阶层、中间阶层和下等阶层。上层阶级一般包括贵族、绅士和神职人员；中层阶级一般包括商人、制造业主；下层阶级则包括工人、农民，等等。所谓博雅教育，一般指的是对上流阶层（绅士和牧师阶层）的教育。例如，英国学者乔治·克拉伯在 1835 年版的《通学词典》中沿袭十八世纪的定义，将 liberal arts 定义为"适合于绅士和学者的技艺"[3]。曾两度担任剑桥副校长、并长期捍卫和阐述博雅教育的理念、在英国教育学界享有崇高威望的威廉·休厄尔在 1850 年的文章中指出，所谓博雅教育，是指"对上层阶级的教育"，并等同于"高等的教育"（higher education）[4]。

2　除了纽曼之外，威廉·休厄尔（William Whewell）的博雅教育学说在 19 世纪尤其具有影响力，值得重点关注。

3　George Crabb. *A Dictionary of General Knowledge*，London，1835：225.

4　William Whewell. *Of a Liberal Education in General; and with Particular Reference to the leading studies of the University of Cambridge.*，London，1850：2-3.

和威廉·休厄尔一样，牛津大学的教师詹姆斯·朗德也将博雅教育和"上层阶级"联系在一起，指出博雅教育是针对"神职人员和上层阶级"的教育。虽然博雅教育的对象是神职人员和上层阶级，但具备良好禀赋的中下层阶级的子弟也可以通过博雅教育来跻身上流社会[5]。博雅教育的任务是使英国未来的神职人员阶层和贵族阶层成为有教养的人，同时为天赋超凡的下等阶层子弟提供升迁之道，使各个阶层和谐相处。威廉·威尔金森指出，在原初的意义上，博雅教育指的是"对自由人的教育"，但在当时，博雅教育"被普遍地解释为*绅士的教育*"，通过这种教育，一个人可以获得上层阶级的职位和职业[6]。

通行的词典也将博雅教育解释为"绅士的教育"。牛津大学教师约瑟夫·里德尔所编的《英－拉词典》（1847）将绅士的词源追溯至 ingenuus，并将 liberales disciplinea 译为"绅士的教育"。[7] 查尔斯·杨格在所编撰的《拉－英文法词典》（1855）中也将博雅艺术之 liberal 解释为绅士般的（gentlemanlike）[8]。

由此可见，在纽曼的时代，博雅教育中的 liberal，其中一个语义为"符合绅士身份的"、"绅士般的"（gentlemanlike），"高雅的"（genteel）[9]。

1.2 博雅教育是一种全面的、通识性的非专业教育

和18世纪相比，19世纪的 liberal education 概念的语义有了非常显著的变化，最突出的表现是博雅教育和十八世纪末开始出现并逐渐流行的通识教育（general education）概念成为了同义词。

"通识教育"一词的历史已不可考，它很可能源自对 studium generale 的翻译。谢尔顿·罗斯布拉特认为，"通识教育"这个词在二十世纪二十年代之后才逐渐开始使用[10]。事实上，这一判断并不准确。一般认为，美国学者帕

5　Report and evidence upon the recommendations of her majesty's Commissioners For Inquiring into the state of the University of oxford，Oxford：1853：467

6　William Francis Wilkinson. *Education, elementary and liberal*, London，1862

7　Joseph Esmond Riddle. *A copious and critical English-Latin lexicon*，London，1847：399.

8　Charles Duke Yonge. *A phraseological English-Latin dictionary*:，London，1855：287.

9　Jakob Heinrich Kaltschmidt. *A school dictionary of the Latin language*. Edinburgh，1850：248

10　Sheldon Rothblatt. *The Living Arts-Comparative and Historical Reflections on Liberal Education*, Association of American Colleges and Universities，2003：38.

卡德（A.S.Packard）第一次将"通识教育"和大学教育联系起来[11]，但这一说法与史实并不相符。布鲁斯·金博尔在《雄辩家与哲学家》一书中也没有考察"通识教育"一词的历史。有鉴于此，我们有必要对"通识教育"一词进行简单的概念史考察。

早在 1778 年的时候，普莱斯特里就已经在教育论著中使用"通识教育"这个概念[12]。在 1800 年的时候，本杰明·伦福德已经同时使用博雅教育和通识教育这两个概念，而且两者均意指与专门职业教育相对的教育形式[13]。

十九世纪初，通识教育、通科（general study）等已经开始逐渐成为比较流行的教育学概念，其含义与专业教育相对。例如，理查德·埃奇沃斯在《专业教育散论》（1811）一书中就使用了"通识教育"这个概念，意指专业教育之前的教育。毕业于爱丁堡大学的苏格兰牧师迈克尔·罗素在其颇具影响的一本教育著作中多次使用"通识教育"（general education）这一术语，并特意在文中将这个概念用斜体字表示。在罗素看来，通识教育指的是以拉丁文、希腊文、数学、逻辑学、道德哲学、自然哲学为内容，与神学、法学、医学教育相对的一种教育形式。[14]

1830-1860 年间，"通识教育"一词已经成为当时主流知识分子通用的一个概念。威廉·汉密尔顿在 1834 年的一篇文章中指出，大学应该成为"进行通识教育必不可少的国家机构"[15]。"通识教育"的概念不仅在学者中间广为流行，而且获得了牛津、剑桥的"官方认可"。剑桥大学 1848 年的一个官方报告指出，尽管其他科学和知识的声誉和重要性与日俱增，但委员会仍然同意古典学和数学是"通识教育（General Education）的基础"[16]。

可以说，在 19 世纪，博雅教育和通识教育已经成为了同义词。我想从以下几个方面来论证我的这一观点。

---

11 李曼丽.关于"通识教育"内涵的讨论.清华大学教育研究.1999（1）：96-101.

12 Joseph Priestley. Miscellaneous observations relating to education，1778：43.

13 Benjamin Rumford. *Essays, Political, Economical, and Philosophical. Vol.1*，London，1800：394.

14 Michael Russell，*View of the System of Education at Present Pursued in the Schools and Universities of Scotland.* Edinburgh，1813：12.

15 Fergal McGrath. *The consecration of learning: lectures on Newman's Idea of a university*, New York: Fordham University Press, 1962：39.

16 Martha McMackin Garland. *Cambridge before Darwin—the ideal of a liberal education, 1800-1860*, New York: Cambridge University Press, 1980:125.

    首先，在辞典中， liberal education 中的 liberal 一词开始被解释为 general 或 extensive，**而不是传统的"适合于绅士的"。** 例如，1852年昌西·古德里奇在修订《韦伯斯特英语辞典》时，收录了形容词 liberal 的9个义项：1、慷慨的，大方的；2、宽宏的，丰富的；3、不自私，不狭隘的，开明的；4、通识性的（general），广泛的（extensive），包括普遍的文学和科学，例如 liberal studies；5、率直的，坦率的；6、大量的、丰富的；7、不拘泥的，不按照字面意义的；8、出身或心灵不低贱的；9、放肆的、过度自由的（Licentious; free to excess）[17]。

    我们注意到，该辞典并没有将 liberal studies 中的 liberal 一词解释为"符合绅士身份的"。而是解释为"通识性的、广泛的"。根据该辞典，博雅学科（liberal studies）等同于通识学科（general studies）。

    苏格兰学者约翰·奥格尔维在1865年出版的辞典中列举了 liberal 一词的二十多种含义，根据该辞典，除了具有"适合于自由人或绅士的"、"宽宏的"、"慷慨的"、"丰富的"、"坦诚的"、"开明的"等含义之外，liberal 还具有 general 的含义，而且，当将 liberal 一词用于"知识"时，liberal 的含义是"广泛的"（extensive）[18]。

    其次，在十九世纪，人们越来越将 liberal education 和 general education **连在一起使用，或者使用** "liberal and general education" **这一短语。** 在1800年的时候，本杰明·伦福德已经同时使用博雅教育和通识教育这两个概念，而且两者均意指与专门职业教育相对的教育形式[19]。生于英国、移居美国的学者约翰·布里斯特在1818年出版的著作中同时使用了博雅教育、通识教育这两个术语，而且两者均指学生在从事律师、牧师、医生、商人等专门职业之前所接受的通识性教育，也就是他离开大学学院之前所接受的教育[20]。剑桥大学的希腊语教授亨利·马尔登1838年在伦敦大学的演讲中就将"通识教育"作为演讲的标题[21]，并在文中交替使用"博雅教育"和"通识教育"。威廉·休

---

17 Noah Webster, Chauncey A. Goodrich. *A Dictionary of the English Language revised and enlarged by Chauncey A. Goodrich.*，London，1852：574.

18 John Ogilvie（1797-1867）. *The student's English dictionary*，London，1865：408.

19 Benjamin Rumford. *Essays, Political, Economical, and Philosophical. Vol.1*，London，1800：394.

20 John Bristed. *America and Her Resources*，London，1818：349.

21 Henry Malden. *On the introduction of the natural sciences into general education.* London：1838

厄尔、马修·阿诺德、约翰·密尔、赫胥黎等人都在著作中同时使用博雅教育和通识教育这两个概念，而且它们在表示课程时显然是同义的[22]。纽曼的学生马克·帕蒂森在其著作中频繁地使用博雅教育、博雅训练（liberal training）、博雅艺术、博雅学科（liberal studies）、通识教育、通识训练（general training）等术语，并将它们作为同义词来使用[23]。

第三，学者们在论述博雅教育的观念时，也开始用"general education"一词来解释"liberal education"的含义。和纽曼齐名的博雅教育理论家威廉·休厄尔在解释博雅教育一词时指出，所谓博雅教育，指的是"一种扩展性的、通识性的教育"（an enlarged and general education）[24]。

第四，十九世纪，尽管人们对"博雅教育"的定义并不完全一致，但有一点是被普遍认可的，即博雅教育是与"专业教育"（professional education）相对的一种教育形式。无论是1828年的《耶鲁报告》，还是1852年的《大学的理念》，均采纳了这一标准的定义[25]。因此，从教育学意义上讲，博雅教育和通识教育均指"非专业性的教育"，两者的含义已经没有实质性的区别。

可以说，到1850年代，博雅教育的"liberal"一词的语义越来越和"广泛"、"普遍"、"宽宏"等联系在一起，博雅教育和通识教育已经成为同义的教育学概念。当然，十九世纪英国的"通识教育"概念和今天的通识教育概念不尽相同。当时的通识教育概念总是与博雅教育联系在一起的，而后者带有强烈的精英色彩。

和十八世纪所不同的是，liberal一词的语义重心越来越从"雅"（符合绅士身份的、高雅的）转向"通"，从"博"转向"通"。人们在谈论博雅教育时，常常将liberal和共通的（general）、全面的（comprehenvise）、宽广的（broad）、丰富的（ample）、广泛的（extensive）等词汇连在一起使用，而且，liberal和它们逐渐成了同义词。另外，在谈论博雅教育时，人们常常在liberal和"狭

---

22 John Stuart Mill. *Inaugural Address: Delivered to the University of St. Andrews, Feb. 1st, 1867*，London，1867：5.

23 Mark Pattison. *Suggestions on Academical Organisation with Especial Reference to Oxford*，Ayer Co Pub，1977：278，282.

24 William Whewell. *Of a Liberal Education in General; and with Particular Reference to the leading studies of the University of Cambridge.*，London，1850，Part II，p.18.

25 Jeremiah Day and James Kingsley. *Reports on the Course of Instruction in Yale College by a Committee of the Corporation and the Academical Faculty*. New Haven，1828：30.

窄"（narrow）、"狭隘"（confined）等词汇之间形成对比[26]。这都说明，liberal 具有"博"、"通"的语义。

在 19 世纪的英国，最流行的教育学概念是 liberal education，在同时期的法国则是"通识性修养"（Culture générale），在德国则是"通识性教养"（Allgemeine Bildung）或者"教养"（Bildung）。引人深思的是，这三个概念无一例外都强调通识性的、与专门职业无关的文化修养。在一定意义上，这三个概念是不同文化传统中的"对等概念"。正如著名教育哲学家布鲁贝克所说的那样："当法国人在谈论 Culture générale，或德国人在谈论 Allgemeine Bildung 的时候，他们表达的是与我们所用的术语 liberal education 同样的观念"[27]。通过对这三个概念的比较分析，我们可以进一步深化对 19 世纪"liberal education"概念的本质性认识：一种非专业性的、与专门职业没有直接关系的心智修养。

由此可知，在十九世纪，liberal education 最基本的一个含义是全面的教育、通识性的教育、广泛的教育、博学的教育。不过，何种教育才算得上是"全面的"或者是"广泛的"？对此，不同的教育传统和制度安排所提供的答案是不一样的，思想取向各异的作者对此更是见仁见智。

在英格兰，全面、博学的标准是熟练掌握古典语言和古典文化，在英国公学中，学生被要求学习希腊语和拉丁语，并广泛阅读古典名著。在牛津剑桥，古典学、数学、逻辑学构成了课程的核心，同时大学也广泛开设地质学、化学、法律、神学等讲座课程，以供学生选修。但总的来说，数学（剑桥除外）和近代自然科学在英格兰的精英教育体系中地位不高。在 1836 年之前，作为英国上层阶级接受博雅教育的最重要的场所之一的伊顿公学"没有任何形式的数学教学"[28]。一直到 1851 年，数学才成为伊顿公学的常规课程。

相比之下，年轻的美利坚合众国对知识的态度更加开放。通过编撰辞典、编写教材来为美国教育奠定基础的诺亚·韦伯斯特说，接受博雅教育的青年学子应当以古典语言为基础，同时广泛学习"每一个学问"，全面涉猎文学和

26　John Walker.（1768-1833）*An Essay on the Following Prize-question Proposed by the Royal Irish Academy*，　Dublin，　1812：7.

27　Brubacher, John Seiler. *Bases for policy in higher education*. New York, McGraw-Hill，1965：21.

28　William Parsons Atkinson. *Classical and Scientific Studies, and the Great Schools of England*，Cambridge，1865：35.

科学的各个分支[29]。1828 年，半路出家的美国化学家、耶鲁大学的教授本杰明·西里曼在学校演讲时就指出，应当将化学知识纳入博雅教育的范围：

> "在每一个开明的国家中，化学知识都在被热切地追求和探索……现在，如果一个不了解化学科学的主要原则和基本事实的人，宣称自己接受过博雅教育（liberal education），或者拥有博雅的知识（liberal knowledge），这种举动将会被认为是不体面的"[30]。

1.3 博雅教育特指公学和大学的教育

在十九世纪，家庭教育与私人教育的传统逐渐衰落，兴盛一时的游学潮流由于法国大革命的爆发等原因慢慢地失去了吸引力，公学和大学重新成为上层阶级所青睐的教育场所。上层阶级一般在公学和大学接受教育，作为上流社会子弟的禁脔，公学通常美其名曰博雅学校（liberal schools），中间阶层子弟的学校则被称为"中间阶层学校"[31]。由此，博雅教育在十九世纪获得了制度性的含义，它往往指的是公学和大学所提供的教育，尤其是大学本科教育，也即获得艺学学士学位所需要接受的教育。

边沁略带讽刺的一段话证明了这一点，他说，如果博雅教育（liberal education）这个概念"还有任何意义的话"，它无非指的是"在大学的围墙内，呆上一段日子"[32]。与牛桥相比，英国公学的贵族色彩一点也不逊色。伊顿等名校几乎是英国贵族子弟的养成所。在整个十九世纪，关于某些知识（例如化学、地质学等自然科学）是否应当成为博雅教育（liberal education）之一部分的争论不可胜数，这些争论实质上表达的是一种利益诉求，也就是说，新兴的自然科学家阶层希望自己所掌握的知识能够成为大学本科学位常规性教学的一部分。这再次证明，博雅教育不是一个空洞的概念和名词，这个概念负载了体制性的权力，或者说，它是一个课程知识的"过滤器"。

---

29 Noah Webster(1758-1843). *Letters to a Young Gentleman Commencing His Education* , New Haven, 1823：21-22.

30 Benjamin Silliman. *An Introductory Lecture, Delivered in the Laboratory of Yale College*，New Haven，1828：43

31 William Parsons Atkinson. *Classical and Scientific Studies, and the Great Schools of England*，Cambridge，1865：73.

32 Jetemy Bentham. *Church-of-Englandism and Its Catechism Examined*，London，1818：416.

1.4 博雅教育以财富为前提

在古希腊罗马时期，接受博雅教育的前提条件是生来自由人的身份。在十八、十九世纪的英国，奴隶制度早已成为陈迹，自由人和奴隶之间的区分在英国本土已经不具有实质性的意义，接受这种教育的前提条件不是出身，而是财富。在英国，一个人只有完整地接受了公学和大学的教育，才会被别人视为是接受了博雅的教育。这种教育的花费非常昂贵，因此财富成为其先决条件。在英语中，liberal 最为基本的一个语义是"慷慨的"。由于博雅教育和财富之间的联系，博雅教育（liberal education）和慷慨的教育（generous education）是同义词，liberal education 在某种意义上也可以被理解为"慷慨的教育"。例如，十九世纪初期出版的一本传记辞典在描述一位毕业于牛津大学的作者的教育经历时，明确地将财产和博雅教育联系起来：

> "威廉·卡特赖特生于 1615 年，……他的父亲不知不觉地把一笔相当丰厚的遗产挥霍得所剩无几，最后被迫经营旅店。不过，……他很有可能振兴了家业，恢复了自己的财产，因为我们发现，他后来给自己的儿子提供了慷慨的教育（liberal education）"[33]。

第二节 从牛津到爱尔兰：纽曼的博雅教育

亨利·纽曼（1801-1890）生于伦敦一个中上层阶级的家庭，其父为银行家，信仰福音教派。纽曼从小即接受古典式的教育。从 1808 年到 1816 年，纽曼一直在伦敦附近的一个私立学校伊林学校就读。伊林学校虽不是伊顿公学那样的名校，但在当时也名气很大，而且学校的办学方针大体遵循的是伊顿公学的路线，除校长外，学校共有拉丁文教师 6 名，英文教师 6 名，法语教师 2 名，另有 8 名舞蹈、绘画、音乐、击剑和体操指导教练。在伊林学校，纽曼学习了拉丁文、希腊文和法文，并孜孜不倦地阅读荷马、希罗多德、维吉尔、贺拉斯、西塞罗、佩修斯等作家的经典文学著作。总的来说，纽曼在伊林学校接受的教育是古典式的、文学式的。文学和戏剧是纽曼的嗜好，也是在这个时候，纽曼开始展现其惊人的文学才华，课堂之余，纽曼经常写作诗歌、滑稽剧、浪漫剧、散文等。纽曼还学习数学，在这个时期，他学习了欧几里德《几何原本》的前五卷，并研习算术、应用几何、求积法。一直到

---

33 David Erskine Baker, Isaac Reed, Stephen Jones. *Biographia Dramatica: Or, A Companion to the Playhouse* Vol.1，London，1812：81.

大学时期，数学都是纽曼的强项。舞蹈、绘画、音乐、击剑和体操是传统绅士教育的重要内容，伊林学校也配备有这些科目的教练，但没有证据表明纽曼在这里学习了舞蹈、绘画和击剑，不过他却选修了音乐课程，1811 年，纽曼开始学习小提琴，这成了他以后终身的爱好。[34]

1816 年是纽曼生命中的一个重要转折点，这一年，纽曼父亲所供职的银行破产，纽曼一家陷入财政困境。为应付困境，他们不得不出租、变卖房产，纽曼一家不得不离开伦敦，搬到汉普夏尔的奥尔顿，纽曼的父亲则转行成了一名啤酒商[35]。也正是在这一年的秋天，纽曼突然"聆听"到神的旨意，要其独身，此后终身未娶[36]。更重要的是，这一年年底（12 月 14 日），纽曼进入了著名的牛津三一学院。但一直到 1817 年 6 月，纽曼才住进学校。在此之前，他一直住在家里。[37]纽曼回忆说，此时的牛津大学刚刚从窳败堕落的十八世纪中走出来，开始呈现除旧布新的中兴气象。自 1800 年牛津考试条例颁布之后，学校风气为之一变，"从那时起，大学就逐渐地在进步"[38]。可以看出，对于 1800 年后的牛津教育改革，纽曼基本上是赞许的。应该说，纽曼在这个节骨眼上进入牛津，实属幸运。而在 1752 年进入牛津的大名鼎鼎的历史学家爱德华·吉本就没有那么幸运了，那正是牛津最为萎靡颓废的时期，吉本在牛津几乎一无所获，在后来的自传中，吉本忍不住对母校破口大骂。可以设想，如果纽曼不是在此时进入牛津，他或许不会对所谓的博雅教育如此推崇。

本章研究的是纽曼的博雅教育思想，因此，我们有必要考察纽曼在牛津大学接受了什么样的博雅教育，因为牛津的教育经历和知识背景必然会对他日后阐述的博雅教育理论产生深刻的影响。

1800 年，在基督教教堂学院院长西里尔·杰克逊（Cyril Jackson）等人的主持之下，牛津通过了竞争性的荣誉学位考试章程。根据该考试章程，荣誉

---

34 A. Dwight Culler. *The imperial intellect -a study of Newman's educational ideal*, Yale University Press, 1955：2-5.

35 Joyce Sugg. Ever Yours Affly: *John Henry Newman and His Female Circle*, Gracewing Publishing，1996：13－15.

36 Martin, Brian. J*ohn Henry Newman: his life and work*，Continuum International Publishing Group Ltd，2000：16.

37 Vincent Ferrer Blehl. *Pilgrim Journey: John Henry Newman 1801-1845*，Paulist Press，2002：17.

38 Newman, John Henry. Historical sketches（v.3）London: Longmans, Green and Co., 1909：237.

学位的考试内容以古典学为主。西里尔·杰克逊等人设计这个考试制度的初衷主要是为了转移学生的注意力，通过古典语言的规训控制学生的心智，使他们远离法国大革命思潮的腐蚀性影响。但它却在不经意间改变了整个牛津的教育面貌。自此之后，牛津学风丕变，勤奋用功的学生与日俱增。但纽曼所在的三一学院仍然在很大程度上延续了十八世纪懒散无为的风气。当得知纽曼进入三一学院时，伊林学校的校长尼克拉斯博士的反应似乎是欣喜的："三一学院？那可是一所最有绅士派头（gentlemanlike）的学院"[39]。与此相反，纽曼的恩师瓦尔特·迈耶尔则担心纽曼会在这种讲究绅士派头的地方沾染不良的嗜好[40]。

事实证明，迈耶尔的担心并非多余。三一学院的学生向来以喝酒著称，纽曼刚入学院，就被同学拉去喝酒，以至于他在给父亲的书信中抱怨三一学院的唯一资格要求就是"喝酒，喝酒，喝酒"[41]。和其他同学不同，纽曼是一个充满求知热情的学生。刚上大学的第二年，他就受到了同学的攻击和侮辱，几个同学甚至还威胁说要揍他一顿，因为他学习太勤奋了！在同学的眼中，刻苦用功是书呆子气，"不符合一个绅士的身份"。当然，主要的原因可能还是纽曼的用功对那些想继续懒惰的贵族子弟构成了威胁。[42]一般的学生，尤其是贵族子弟对竞争性的荣誉学位考试深恶痛绝。在贵族子弟的眼中，为了荣誉和奖励而发奋学习，是虚荣心作祟，是自绝于群体的行为。纽曼刻苦学习到了什么程度，以至于引起同学们的公愤呢？据纽曼自己记载，在准备考试期间，他每天早上四点半就起床，然后阅读四个小时再吃早餐，平均每天学习的时间都超过十二个小时以上。如果有一天他只学习了九个小时，第二天他会用十五个小时来弥补[43]。三一学院的学生一向以酒量惊人而闻名，但纽曼从来不参加此类活动，闲暇时以散步、拉小提琴自娱。纽曼的勤奋得到了回报，1818 年，他获得三一学院一项很重要的奖学金，这项奖学金可以领 9 年，

39 A. Dwight Culler, *The imperial intellect -a study of Newman's educational ideal*, Yale University Press, 1955：5

40 A. Dwight Culler. *The imperial intellect -a study of Newman's educational ideal*, Yale University Press, 1955：6

41 A. Dwight Culler., *The imperial intellect -a study of Newman's educational ideal*, Yale University Press, 1955：6

42 Sheldon Rothblatt. *The Modern University and its Discontents*，1997：188.

43 A. Dwight Culler., *The imperial intellect -a study of Newman's educational ideal*, Yale University Press, 1955：17

每年 60 镑。[44]共有 11 人竞逐这个奖学金，考试内容包括拉丁诗歌、拉丁作文、英语作文、拉丁文翻译、欧里庇德斯、柏拉图、色诺芬、卢克莱修、李维，以及数学。纽曼在这次考试中遇到一个强有力的对手，据说，他之所以最终击败对方，原因是他的数学成绩更加优秀。[45]纽曼在牛津的学习以古典学和数学为主，但他对近代自然科学也表现出了一定的兴趣。在读书期间，他听过威廉·巴克兰[46]教授的地理学讲座，由于"不理解这门科学的原则"，纽曼并没有完全理解巴克兰的课程，但他觉得这门科学很有趣。此外，他还听了矿物学和历史学的讲座[47]。

在毕业考试时，纽曼不甘人后，不但参加了古典学的荣誉考试，也参加了数学的荣誉考试。按照纽曼自己的设想，他要在这两门考试中都拿到甲等成绩。为应付这两门考试，纽曼打算阅读大量书籍，例如，希腊作家中的埃斯库罗斯、索福克勒斯、修昔底德、希罗多德、色诺芬的《希腊史》前两卷、波利比奥斯的《罗马史》第一卷，亚里士多德的《伦理学》、《修辞学》和《诗学》，以及拉丁作家中的维吉尔、贺拉斯、李维。数学方面则包括欧几里德，布里德奇的《代数学》和《三角学》，牛顿的《自然哲学的数学原理》（其中三卷），罗伯特森的《圆锥曲线》，文斯的《微分学》、《流体静力学》、《天文学》，伍德的《力学》和《光学》。[48]为了准备数学荣誉考试，纽曼在 1819 年的圣诞节休假期间独自一人留在伦敦，复习代数、圆锥曲线和力学。[49]也许是用功过度，纽曼在考试时精神几乎崩溃，脑袋一片空白，最后不得不退出角逐。结果，他在数学荣誉学位考试中名落孙山，古典学荣誉考试也仅仅获得丙等成绩。这次挫折对纽曼的打击极为沉重，导致他对自己在牛津的本科学习生涯下了一个很悲观的结论，即他不仅丢掉了学术荣誉，也没有得到心智

---

44 John R. Connolly. *John Henry Newman: A View Of Catholic Faith For The New Millennium* Rowan and Littlefield,, 2005：2.

45 A. Dwight Culler. *The imperial intellect -a study of Newman's educational ideal*, Yale Univesity Press，1955：11

46 威廉·巴克兰（William Buckland，1784-1856），英国地理学家，1813 年担任牛津大学矿物学讲座教授。

47 Vincent Ferrer Blehl. *Pilgrim Journey: John Henry Newman 1801-1845*，Paulist Press，2002：25.

48 A. Dwight Culler.,*The imperial intellect -a study of Newman's educational ideal*, Yale University Press,1955：16.

49 A. Dwight Culler.,*The imperial intellect -a study of Newman's educational ideal*, Yale University Press,1955：17.

的拓展[50]。尽管荣誉学位考试失利，但纽曼还是在 1820 年 12 月顺利拿到了学士学位，结束了自己的本科生生涯。

1821 年 2 月，考试失败后的纽曼重新返回牛津，原因是他在三一学院的奖学金还没期满。他开始去听威廉·巴克兰的矿物学讲座，并做了一些笔记给自己的妹妹们，此外还听了地理学课程[51]。与此同时，纽曼着手准备考取奥利尔学院院士。奥利尔学院是当时牛津最富盛名的学院之一。1822 年 4 月 12 日，在经过漫长、焦虑的五天考试之后，纽曼以优异的成绩当选为奥利尔学院的院士。在得悉自己被录取为院士时，纽曼正在拉小提琴，得悉喜讯之后，以箭一般的速度冲向奥利尔学院。这次考试的成功使得本已沉入黑暗深渊的纽曼重见光明，他在日记中感谢上帝的恩典，并称这一天是他"一生的转折点"[52]。这次考试充分证明了纽曼的学术天分，使他一雪前耻。成为牛津某个学院的院士是当时非常崇高的荣誉。纽曼曾说，在当选院士后，他人生的最高目标就是以奥利尔学院院士的身份告别人世[53]。

在奥利尔学院时，纽曼深受"奥利尔纯理智论学派"（Oriel Noetics）[54]的影响，该学派的代表人物有爱德华·考普斯顿（Edward Copleston）、约翰·戴维森（John Davison）、理查德·惠特里（Richard Whately）、托马斯·阿诺德（Thomas Arnold）等人，这些学者几乎不了解当时德国哲学的发展动态，他们"对康德一无所知"[55]，在哲学史上，他们根本无法与康德、黑格尔等哲学巨擘相提并论，但对于具有"文学性格"的英国人来说，这些人尤疑代表了当时英国哲学思维的最高水准，《爱丁堡评论》因此称赞他们形成了"英国的思辨哲学学派"。[56]这些学者并没留下任何代表性的哲学论著，使他们呈

50　A. Dwight Culler.,*The imperial intellect -a study of Newman's educational ideal*, Yale University Press,1955：22.

51　Vincent Ferrer Blehl. *Pilgrim Journey: John Henry Newman 1801-1845*. Paulist Press，2002：31

52　Vincent Ferrer Blehl. *Pilgrim Journey: John Henry Newman 1801-1845*. Paulist Press，2002：45.

53　Ian Ker. *The Achievement of John Henry Newman*, London: Harper Collins Religious,1991：2.

54　奥利尔纯理智论学派的代表人物有 Thomas Arnold、Renn Dickson Hampden、Edward Copleston、John Davison、Richard Whately 等。

55　A. Dwight Culler.,*The imperial intellect -a study of Newman's educational ideal*, Yale University Press,1955：36.

56　A. Dwight Culler. *The imperial intellect -a study of Newman's educational ideal*, Yale University Press,1955：35.

现出哲学品格的是批判性的分析精神和对严密的逻辑方法的重视。奥利尔纯理智论学派深受亚里士多德影响，主张用严格的逻辑方法来对待宗教信仰，从他们那里，纽曼学会了严格的分析和论证技巧。其中逻辑学教师理查德·惠特里对纽曼影响最大。初到奥利尔学院时，纽曼沉默寡言，离群索居，以致于学院中众位院士怀疑自己是否看走了眼。后来以智慧过人、逻辑敏锐而著称的惠特里负责调教纽曼，他常常与纽曼一起散步、交谈，传授他交谈、论辩的技巧。纽曼还协助惠特里为《大都会百科全书》写作一篇逻辑学论文，后者将这篇论文发展成自己的名著《逻辑学要义》[57]。纽曼曾坦承说，是理查德·惠特里开启了他的心智，教会他如何思考和运用自己的理性。不过纽曼后来逐渐远离了理查德·惠特里的理性主义和自由主义思想[58]。1870年，纽曼发表《赞同的文法》（The Grammar of Assent）一书，指出宗教信仰的心理有效性不依赖于理性，从而在信仰问题上彻底背离了奥利尔纯理智论学派的立场。

1826年，纽曼被任命为奥利尔学院的公共导师。1828-1833年，纽曼担任牛津的教区牧师。在此期间，纽曼逐渐脱离了奥利尔纯理智论学派关于基督教教义的观点，开始接受同在奥利尔学院的赫雷·弗劳德[59]和约翰·基布尔[60]的影响，并潜心研究天主教的早期历史。1833年，约翰·基布尔发表布道演说"National Apostasy"，从而点燃了牛津运动[61]。数周后，纽曼发表了"时代书册"（Tracts for the Times）系列文章，加入牛津运动的阵营。一开始，纽曼是站在英国国教的立场参加牛津运动的，但随着思想的发展，到1839年，纽曼逐渐对英国国教的立场产生怀疑，因为他在英国国教教义中看到了早期教会异端的影子。在三十年代，纽曼在牛津的影响力和声望如日中天，他试图强化导师的角色，削弱大学中的等级制度，这一时期，纽曼几乎影响了所

---

57 Vincent Ferrer Blehl. *Pilgrim Journey: John Henry Newman 1801-1845*.2002：48.

58 John R. Connolly. *John Henry Newman: A View Of Catholic Faith For The New Millennium*, 2005：16.

59 赫雷·弗劳德（Hurrell Froude ，1803-1836），英国牧师，牛津运动的早期领导人，奥利尔学院院士，纽曼最亲近的朋友之一。

60 约翰·基布尔（John Keble ，1792-1866），英国牧师，诗人， 1831-1841年任牛津大学诗学教授。1833年发表布道演说"National Apostasy"，从而点燃了牛津运动。

61 牛津运动主张教会独立于国家，并希望通过早期教会历史和天主教传统来建立英格兰教会的教义基础。

有牛津大学中好学深思的本科生，他很快成为"大学中道德上和理智上最伟大的力量"[62]。1842-1845年，纽曼辞掉神职，祈祷冥思，钻研教会历史，期间写成《基督教教义发展散论》一书。牛津已经与他渐行渐远，在1844年写给妹妹的一封信中，他坦承自己感觉在牛津成了一个陌生人，牛津，曾是"所有人间事物中，最贴近我心灵"的事物，此刻已不再是他的家园。1845年10月3日，纽曼给院长爱德华·霍金斯写了一封非常简短的辞职信，结束了他在牛津长达三十年的求学、从教生涯。6天后，也就是1845年10月9日，纽曼改宗天主教。

众所周知，纽曼关于大学理念的系列演讲是为筹建爱尔兰天主教大学而做的。在爱尔兰，英国女王伊丽莎白一世1592年在都柏林成立了新教教派的三一学院。尽管都柏林的三一学院自从1793年起就已经向天主教徒和其他非国教徒开放，但学校的奖学金和研究员名额仍然只向爱尔兰教会的成员开放。因此，对于天主教徒来说，三一学院并非理想之选。1795年在梅努斯成立的天主教神学院到1840年代之后基本只向神职人员开放，因此它也无法满足爱尔兰的普通天主教徒的教育需求[63]。在英格兰，牛津、剑桥的大门基本上是向天主教徒关闭的（虽然剑桥有时偶尔有个别天主教徒）。1845年，英国政府在爱尔兰的贝尔法斯特、科克和戈尔韦这三个城市建立了非教派性的女王学院，尽管得到了爱尔兰天主教教士团的丹尼尔·墨菲等人的支持，但很多爱尔兰天主教领袖人物认为，女王学院也无法解决爱尔兰天主教徒的教育问题。保罗·库伦[64]认为这种混合教育的形式对爱尔兰的天主教徒来说是不可接受的，有人甚至认为女王学院是英国政府试图控制爱尔兰教育的一场阴谋。为了对抗这三所非教派的女王学院，并为英国的天主教徒提供一个接受大学教育的场所，罗马天主教决定在爱尔兰成立一所天主教的大学。

1851年，经过数年筹备，爱尔兰天主教大学的建校工作进入实质性阶段，同年三月，为新大学选一位校长的问题提上了日程，4月12日，纽曼的朋友

---

62 A. Dwight Culler., *The imperial intellect -a study of Newman's educational ideal*, Yale University Press,1955：119

63 Colin Barr. *Paul Cullen, John Henry Newman, and the Catholic University of Ireland, 1845-1865*，Notre Dame: University of Notre Dame Press，2003：27.

64 Paul Cullen（1803-1878）是教皇绝对权力主义者（Ultramontanism），教皇无谬性（papal infallibility）的鼓吹者，从1849年起，他一直担任爱尔兰天主教的大主教，直至1878年病势。

罗伯特·惠迪致信库伦，建议邀请纽曼发表关于大学教育的演讲，不过，他没有提名纽曼当校长，他推荐的人选是亨利·曼宁[65]。保罗·库伦在和纽曼通信、交往之后，对纽曼的才华非常激赏，遂邀请他担任创校校长。纽曼起初不愿担任校长一职，但在朋友劝说下接受了这一邀请，并于 1854 年正式就任校长之职。新大学于 1856 年正式开校，但仅仅两年后，纽曼就辞去了校长一职。纽曼辞职一方面是由于伯明翰的奥拉托力会需要他投入全副精力，另一方面则是由于他在爱尔兰面临诸多困难，无法有效打开局面[66]，最主要的问题是他无法接受保罗·库伦过于保守的教育观点，两人在爱尔兰的共事很不愉快。保罗·库伦认为天主教徒只能在天主教学校接受教育。而纽曼则认为，天主教徒在非天主教的大学接受教育——即混合教育——是可以接受的，1864-1867 年，他还千方百计，试图在牛津大学建立一个专门的馆舍供天主教徒在校内学习，因多方阻挠而未果[67]。在写给密友的书信中，纽曼甚至私下同意格拉斯通的爱尔兰大学方案——即将都柏林的爱尔兰大学并入非教派的机构——是有利的。而保罗·库伦不顾一切地反对这一方案[68]。

自接受大学演讲的邀请之后，纽曼自己又卷入了一场长达一年多的法律纠纷。纽曼一边应付法律官司，一边投入紧张的演说辞写作。在第一次开讲之前，纽曼完成了三篇演说辞。1852 年 5 月 10 日，纽曼现身都柏林最著名的圆形会堂，开始了他的第一次大学演讲，能容纳四百多人的会堂座无虚席、名流荟萃，囊括了几乎所有都柏林的知识界精英。这次演讲非常成功。6 月 7 日，纽曼发表了他的第五次演讲，随即返回英国处理法律纠纷。6 月 26 日，法庭宣判纽曼诽谤罪名成立。此后，从 6 月到 12 月中旬，纽曼又投入了演讲辞的写作，完成了另外 5 篇演说辞。第五次演讲也是纽曼公开发表的最后一次演讲，另外五篇演讲辞并没有公开演讲过。1852 年，这些演说词以《大学教育的范围与本质之演说》（Discourses on the scope and nature of university education）为名付梓。

---

65 Colin Barr. *Paul Cullen, John Henry Newman, and the Catholic University of Ireland, 1845-1865*，Notre Dame: University of Notre Dame Press，2003：63.

66 Avery Dulles. *Newman*, London and New York, Continuum, 2002，2005：134.

67 EJ Ondrako. *Progressive Illumination: A Journey with John Henry Cardinal Newman, 1980-2005*，Binghamton University，2006：5.

68 EJ Ondrako. *Progressive Illumination*. Binghamton University，2006：10.

DISCOURSES

ON

THE SCOPE AND NATURE

OF

UNIVERSITY EDUCATION.

ADDRESSED TO

THE CATHOLICS OF DUBLIN.

BY

JOHN HENRY NEWMAN, D.D.,
PRESIDENT OF THE CATHOLIC UNIVERSITY OF IRELAND,
AND PRIEST OF THE ORATORY OF ST. PHILIP NERI.

"ATTINGIT SAPIENTIA A FINE USQUE AD FINEM FORTITER, ET DISPONIT OMNIA
SUAVITER".

DUBLIN:
JAMES DUFFY, 7 WELLINGTON QUAY,
PUBLISHER TO HIS GRACE THE CATHOLIC ARCHBISHOP OF DUBLIN.
1852.

（图，《大学教育的范围与本质之演说》1852 年版封面）

　　在其任职校长期间，他又在不同场合发表了许多的演讲，1858 年出版《大学科目演讲集》。1859 年，纽曼再版了《大学教育的范围与本质之演说》一书。该书正文前的《启事》称，在准备这一系列演讲时，作者备受"焦虑悲伤之困扰"，而且"身体微恙"，加之该书的写作"需要付出更多的努力"，因此在已完成的著述中，这本著作是他最不满意的。在 1859 年的版本中，纽曼对 1852 年的版本进行了必要的删繁就简[69]。《关于大学教育的演说》第一版前五讲的

---

69 John Henry Newman. *The Scope and Nature of University Education*, London: Longman, Green,Longman and Roberts，1859，advertisement.

标题为：1、关于该问题的立场；2、神学作为知识的一个分支；3、神学与其他知识的关系；4、其他知识与神学的关系；5、对先前演讲的总结。1859年的版本将第一讲和第二讲合并到了一起，并删去了第五次演讲的内容，而且在此后所有版本的《大学的理念》一书中，这一讲的内容再也没出现过。[70]因此，在我们现在通常见到的版本中，一般只有八讲的内容。尽管纽曼一度对这部作品不甚满意，但他也曾说过《大学教育的范围与本质之演说》是他"艺术上最为完美的两部作品之一"。在晚年，纽曼自认《大学的理念》一书是他生平最富"建设性"的五部著作之一[71]。与1852年的版本相比，1859年的版本只有8讲，少了两讲的内容。1873年，他将以上两书合订为《大学理念之定义与阐明》，即我们现在所熟知的《大学的理念》一书。纽曼生前不断修订此书，到他去世之前一年（1889年），已修订至第九版。在纽曼死后，此书不断再版，被广为阅读。

除《大学理念之定义与阐明》一书之外，纽曼还有其他一些论及教育的著作。1854年，纽曼在他创办的《天主教大学学报》上发表一系列有关"大学的理念"的专栏文章，1856年，这些文章在伦敦结集出版，题为《大学的职责与工作》[72]，该书延续了纽曼在《大学教育的范围与本质之演说》中的大学教育思想，但更注重从历史的维度来展开论说。该书还对纽曼自己在1852年演讲中的某些观点做了修正和补充，例如，在该书的《何谓大学》一文中，纽曼指出大学是这样一个场所，在这里"通过心灵与心灵的碰撞，知识与知识的交流，研究得以推进，学术的发现得到检验和完善，不成熟的观点可以无伤大雅地提出，错误得到展示"[73]。显然，纽曼在这里已经注意到了大学的学术研究功能。不少学者仅凭《大学的理念》一书便得出纽曼没有注意到大学的科学研究职能的观点，这是不够公允的。

---

70 Fergal McGrath. *The consecration of learning: lectures on Newman's Idea of a university*, New York: Fordham University Press,1962：173.

71 Ian Ker. *The Achievement of John Henry Newman*. London: Harper Collins Religious, 1991：2.

72 John Henry Newman. *Office and Work of Universities*, London: Longman, Brown, Green, and Longmans，1856.1872年，纽曼将该书更名为《大学的兴起与发展》，作为《历史素描》的第三卷。他认为这个书名与内容更加相符。

73 Newman, John Henry. *Historical sketches*（v.3）London: Longmans, Green and Co., 1909：16.

因此，要完整地了解纽曼的博雅教育理论，必须将《大学教育的范围与本质之演说》（1852）、《大学的职责与工作》（1854-1856）和《大学科目演讲集》（1858）这三者合而观之。除了以上三部著作之外，纽曼在牛津大学期间还发表了大量的布道辞，这些布道辞不少都与教育有关，有些甚至构成了 1852 年大学教育系列演讲的直接来源，例如《大学的理念》一书的第六讲几乎一字不差地挪用了他在 1841 年一次布道辞的大量内容[74]。在适当的情况下，本文也借助于这些演讲词。

和此前的章节一样，这一章的考察仍然以"概念史"为主，将重点考察纽曼博雅教育理论中最为核心的四个概念：博雅知识（liberal knowledge）、绅士、理智的培育（cultivation of the intellect）、心灵的教育（Education of the Heart）。

第三节　博雅知识概念的语义学分析与教育学阐释

可以毫不夸张地说，"博雅知识"是纽曼的博雅教育思想中最为核心的概念。在 1859 年版的《大学教育的范围与本质之演说》一书共八讲，各讲标题依次为：1、神学作为知识的一个分支；2、神学与其他知识分支的关系；3、其他知识分支与神学的关系；4、自为目的的博雅知识；5、博雅知识与学习的关系；6、博雅知识与专业知识的关系；7、博雅知识与宗教的关系；8、教会对博雅知识的责任[75]。其中五讲的标题均包含"博雅知识"这个概念。

在博雅知识这个概念中，又以"liberal"一词最为关键。在《大学的理念》一书中，亨利·纽曼曾提出这样一个意味深长的问题：

> "我们通常会用'*liberal* knowledge'，'*liberal* arts and studies'
> 或'*liberal* education'（斜体为原文所加）等名称来表示一所大学一
> 个绅士所特有的品格或特性，那么，liberal 这个词到底是什么意思
> 呢？（纽曼，1994：106）"

在纽曼看来，"liberal 这个词到底是什么意思呢"之所以至关重要，其原因在于，当我们将"liberal"这个词用于知识或教育时，我们就表达了一种"特定的观念"，而且这种观念是永恒的。所谓博雅教育，就是通过博雅艺术和博

---

74 A. Dwight Culler. *The imperial intellect*, Yale University Press, 1955：207.

75 John Henry Newman. *The Scope and Nature of University Education* , London: Longman, Green,Longman and Roberts，1859

雅知识的教育。因此，澄清了博雅知识一词中"liberal"的语义对于理解纽曼的博雅教育思想至关重要。

可以肯定，liberal 这个词对应的是希腊词 eleutheria，纽曼在论证博雅知识的性质时，引用了亚里士多德《修辞学》中的一段话：

> "在人所拥有的东西中，那些结出果实的是有用的；那些倾向于使人愉悦的就是 liberal 的。说结出成果的，我指的是带来收益的；说使人愉悦的，指的是除了使用的过程之外，不产生任何东西"。

对照亚里士多德《修辞学》的原文可以发现，这里"liberal"对应的希腊词正是 eleutheria（ἐλευθέρια）[76]。因此，纽曼所谓的"liberal knowledge"可以直接视为对亚里士多德《政治学》一书中"自由人科学/绅士科学"（eleutherion epistemon）一词的翻译，而且它和拉丁语中的"自由人技艺"（Artes liberales, Studia liberalia）等概念显然是相通的。纽曼将这里的 eleutheria 译为 liberal，与他同时代的学者乔治·列维斯则将其译为绅士般的（gentlemanlike）[77]。

下面，我们将以纽曼的文本为主，从*概念史*的角度，对博雅知识（liberal knowledge）[78]这个最为核心的概念进行详尽的剖析，分析时，也会兼顾博雅教育的概念。这里的剖析主要侧重两个层面，其一为语义学的层面，主要通过文本的细读，准确把握 liberal 一词复杂多变的语义；其二为写作意图的层面，在这里，我们将"博雅知识"的概念视为一种"语言行为"，着重分析这个概念试图传达的教育学意图。

3.1 博雅知识是"自成目的"、"自足的"知识

博雅的（liberal）知识活动是"自成目的"（an end in itself）的知识，是与实用知识（useful knowledge）活动相对的知识（纽曼，1994：126），博雅教育是与实用教育相对的教育。博雅知识是一种非实用性、自为目的的知识，博雅知识和哲学知识同义，与实用技艺或机械技艺相对（纽曼，1994：102，

---

76 Aristotle. *The art of rhetoric* . Cambridge, Mass.: Harvard University Press .1926,: 50，1361a.

77 George Cornewall Lewis. *Remarks on the Use and Abuse of Some Political Terms*, London，1832：80.

78 为了阅读的方便，本章统一将 liberal knowledge 译为"博雅知识"。我们将在下面讨论这个概念的翻译问题。

112）。纽曼指出，博雅知识之所以被称为"博雅"（liberal）的，是因为博雅知识是"自为目的的"，知识的真正尊严不在于它所产生的外部效果，而在于它自己的推理过程、哲学过程。

纽曼还指出，博雅知识是一种自足（self-sufficiency）的知识："知识，当它脱离了外部和将来的目的时，就特别是 liberal 的，或者是，是自足的"（纽曼，1994：111）。由此可见，"博雅"即"自足"。"自足"所对应的古希腊词为 autarkeia。在古希腊语中，autarkeia 和自由（eleutheria）的意思是相通的。在亚里士多德看来，"自足的生活"（autarkeia bios）即为幸福[79]。

纽曼之所以不遗余力地强调博雅知识的非功利性，其原因在于，他认为英国几个世纪以来声势浩大的"实用知识运动"[80]最终将威胁大学的核心价值。在纽曼的时代，在功利主义哲学的影响之下，知识自为目的的观点已经受到广泛的质疑，"功用"像幽灵一样出现在每一个角落。功用哲学的口号是"功用"，他们用功用的标准去看待每一种东西，同样也用功用的标准来衡量教育。功用哲学的主张是，教育应该"提高我们的制造业，改良土壤、发展国民经济"，并且"立刻培养律师、工程师和外科医生"，而且应该"推进化学、天文学、地质学、磁学和其他各门科学的进步"[81]（纽曼，1994：153）。

按照功用哲学的标准去衡量十八世纪和十九世纪上半叶的英国牛津、剑桥，这两所英国最高学府基本上是不合格的。首先，当时的牛津、剑桥几乎没有与制造业、农业有关的专业，因此与"提高制造业、改良土壤无涉"；其次，和德国、荷兰、苏格兰等国家的大学不同，当时的牛桥几乎不承担培养律师、工程师、外科医生的责任，这些专业人员都是由大学之外的机构来培养的；最后，在十九世纪上半叶之前，牛桥两校在自然科学方面乏善可陈，即便是人文学科的教师，也不"以学术为业"。大学的主要任务是提供所谓的博雅教育。功用哲学对大学的批评因此也就是对博雅教育合法性的质疑。首当其冲的受害者是古典语言学和古典文学。从约翰·洛克到爱丁堡学派，都从功用的角度对古典语言学和古典文学的垄断地位提出质疑。

79　Aristotle. *The art of rhetoric*, Cambridge, Mass.: Harvard University Press；1926：46.

80　Newman, John Henry. Historical sketches（v.3），London: Longmans, Green and Co., 1906-1909：59.

81　这里引用的著作是 John Henry Newman，*The idea of a university defined and illustrated*，London, Thoemmes Press, 1994，由于引用此书较多，故对此书的引用统一采用夹注格式。

在纽曼看来，对传统的博雅知识观构成严重威胁的罪魁祸首是培根（纽曼 1994：126）。培根依据实用性来评价理论知识，从而颠倒了传统上关于理论知识与制作知识之间的等级秩序。换言之，培根试图根据生产性知识（poiesis）来评价理论性知识。培根在骨子里轻视或贬低神学，但却在著作中指出科学活动的目的是对人类状况的抚慰，符合上帝的仁慈本意（纽曼，1994：118）。培根的哲学"就是一种方法，凭借这种方法，可以最大限度地、最为有效地消除肉体上的不适和此世的匮乏"（纽曼，1994：105）。导源于法国的启蒙运动更是试图彻底扭转"学"（liberal arts and sciences）与术（mechanical arts）之间的等级秩序。受培根、法国启蒙运动、英国功利主义哲学的影响，追求实用的呼声在英国教育领域渐成气候。1731 年 5 月出版的《绅士杂志》说："最有用的知识最重要，其次才是最时髦和适合绅士的知识"。欧洲各地也纷纷成立农学会，以传播对农夫有用的知识。[82]正是在这种背景下，纽曼着手重新论证博雅知识的观念。

在论证博雅知识的非功利性时，纽曼既诉诸哲学家的权威，也诉诸人性。他说，"知识自为目的的"这一观点既非自相矛盾，也非他个人的杜撰，而是"哲学家的共同判断和人类的普遍感受"（纽曼，1994：103）。

纽曼首先引用了西塞罗在《论义务》一书中的论述，指出求知是人的本性，是幸福生活不可或缺的组成部分，即：

> "渴求并探索真理是人类所特有的本性。因此，一旦我们拥有闲暇，无须为工作事务操心时，就渴望去看，去听，去学习一些新的东西，并且认为想要知道创造的奥秘和奇迹的愿望是幸福生活必不可少的。（纽曼，1994：104）[83]"

> "它与人性最为相符，因为我们所有人都有一种追求知识的热情；我们以学问渊博、胜过他人为荣，而把犯错、背离真理、无知、受骗视为罪恶和耻辱。（纽曼，1994：104）[84]"

紧接着，纽曼又引用西塞罗《论义务》一书中的论述，指出西塞罗并没有和培根一样的观念，即通过追求知识和学问来"造福社会"：

---

82 彼得·柏克. 知识社会史——从古腾堡到狄德罗. 贾士蘅译. 台北：麦田出版，2003：187-188.

83 Cicero, Marcus Tullius. *De officiis,* London: Heinemann; New York: Putnam, 1913: 15.

84 Cicero, Marcus Tullius. *De officiis*, London: Heinemann; New York: Putnam, 1913: 19.

"所有这些方法，都是在从事真理的探究；背离公共职务去探
求真理则有悖于道德责任，因为所有对美德的赞颂都来自实践活动；
然而，实践活动常常被中断，然后我们又回过去从事探究。此外，
头脑中永不停歇的活动也足以让我们终日忙于求知，甚至能使我们
不知不觉地这样做。[85]"

在西方哲学史上，西塞罗代表的是务实的罗马民族，那么，"自为目的的
知识"这种观念是否是纽曼对西塞罗的误读呢？似乎并非如此，在《论至善
与至恶》一书中，西塞罗说，知识自身（ipsa scientia）就是目的，即便追求知
识对我们不利，我们仍然会追求知识。[86]

纽曼在这里引用西塞罗的这两段话，无非是想说明一个对于古典哲学来
说不言而喻的真理，关于这个真理，最广为人知的表述是亚里士多德《形而
上学》开篇第一句话：求知是所有人的本性[87]。纽曼在总结"作为自身目的的
知识"这一讲前四节的论证时，引用了亚里士多德《修辞学》中的一段话来
作为总结：

"在人所拥有的东西中，那些结出果实的是有用的；那些倾向
于使人愉悦的就是自由的。说结出成果的，我指的是带来收益的；
说使人愉悦的，指的是除了使用的过程之外，不产生任何东西。"[88]

总的来说，纽曼对博雅知识的论证建立在亚里士多德的基础之上。对此，
纽曼也直言不讳，指出自己对博雅知识自成目的的复杂论证，亚里士多德用
几句话就已经概括了（纽曼，1994：109）。

除了诉诸"哲学家的共同判断"、"人类的普遍感受"之外，纽曼还诉诸
历史来论证知识是"自为目的"的。在收录于《历史素描》的一些文章中，

---

85 John Henry Newman，*The idea of a university defined and illustrated*，London，Thoemmes Press, 1994：105; Cicero, Marcus Tullius. *De officiis*, London: Heinemann; New York: Putnam, 1913：21.

86 F. Edward Cranz; edited by Nancy Streuver. *Reorientations of Western Thought from Antiquity to the Renaissance*, Aldershot, Hampshire; Burlington, VT: Ashgate, 2006：10.

87 Aristotle. *The Metaphysics: Volume I*：Cambridge, Mass.: Harvard University Press，1933：2.

88 "Of possessions, those rather are useful, which bear fruit; those *liberal*, which tend to enjoyment. By fruitful, I mean, which yield revenue; by enjoyable, where nothing accrues of consequence beyond the using."John Henry Newman，*The idea of a university defined and illustrated*, London, Thoemmes Press, 1994：109.

纽曼回顾了西方的学术史和教育史，谈到了柏拉图《普罗泰戈拉篇》中的智者，谈到了"文学与科学"一开始在古罗马受到上层阶级抵制的遭遇，回忆了中世纪初期知识田地的荒芜，以及查理曼大帝赞助学问的丰功伟绩，最后，他得出这样一个雄辩的结论，即人类对教育的渴求之所以历经千年而不坠，完全植根于人类对知识的渴望！而人类之所以渴望知识，首先是因为知识本身所内蕴的智慧之美[89]。

从亚里士多德到西塞罗，再到托玛斯·阿奎那，对于知识的内在价值的推崇——表现在"博雅"技艺的观念当中——是一脉相承的。纽曼对博雅知识非功利性的论证，无疑是继承了西方的爱智传统。

不过，纽曼也承认，培根所代表的功利主义哲学在某种意义上是"成功"的，即它实现了自己所设定的目标——最大限度、最有效地"消除肉体的不适和此世的匮乏"（纽曼，1994：119），增加"肉体的享受和社会的舒适"（纽曼，1994：118）。现代功利哲学（洛克、培根）的目标尽管"低俗"（纽曼，1994：117），但取得了成功。

和亚里士多德一样，在纽曼这里，博雅知识仍然是与工匠技艺相对的知识。但相较于亚里士多德和西塞罗对实用技艺的鄙夷和不屑，纽曼的态度已经有所缓和。在纽曼看来，这两种知识的区别是一种尘世中的知识分工。博雅知识是绅士阶层和牧师阶层的职责，后者则是大众的职责。实用技艺与工匠技艺对于日常的生活来说是必不可少的。我们的衣食住行依赖它们。不过，这些活动毕竟只是"多数人的职责"。对于那些完成这一职责的多数人，我们应该表示谢意（纽曼，1994：112），换言之，绅士阶层和牧师阶层无需从事体力劳动，博雅教育就是面向这两个阶层的教育。与此同时，对于培根等人所设想的通过技术的无限进步来满足人类物质需要的观念，纽曼深表怀疑。在他看来，财富、物质应该有一个适度的标准，这个标准就是满足"生活必需品"（纽曼，1994：86）的需要。

此外，在理解纽曼概念体系中博雅知识与实用知识之间的二元对立关系时，有几点值得特别引起注意。

首先，博雅技艺与实用技艺之间的二元对立可追溯至亚里士多德。但受启蒙运动的影响，十八世纪博雅教育理论的阐述者并不特别强调两者的对立，

---

89 Newman, John Henry. *Historical sketches*（v.3）London: Longmans, Green and Co.,1909：47-59.

反而认为博雅教育应该使学生学到"实学"。十八世纪的教育家维塞斯莫·诺克斯论述博雅教育的著作将实用知识赫然置于标题中，名之为《博雅教育：或，论如何获取实用知识和文雅知识的实践性论文》。十八世纪初期的教育家约翰·格雷勒也坚持认为绅士应当学习那些"实用知识"[90]，不应当沉湎于空疏无用的沉思或无休无止的论辩。当然，约翰·格雷勒所谓的实用知识指的是政治、历史等对绅士参与公共生活有用的知识，而不是指能够增加物质福利的技术性知识。在十八世纪的苏格兰著名学者乔治·坎贝尔那里，和实用艺术（useful arts）相对的概念是文雅艺术、美的艺术（elegant arts，fine arts），而不是"自由"的艺术（liberal arts），医学、航海术都属于"自由"的艺术，但它们同时又属于实用艺术的范畴[91]。

遍览十八世纪的主要教育论著，实用知识这个词没有任何贬义色彩，反而是一个极具正面价值的概念。将博雅知识和实用知识相对立，这种理解可能始于十九世纪初。从笔者的阅读范围来看，约翰·戴维森是最早将两者对立起来的作者之一，他在1811年的一篇文章中指出，知识可以"自成目的"，所谓 liberal 的知识，是与实用知识相对的知识[92]。纽曼在《大学的理念》一书中引用过这篇文章，他的论述很可能受到了约翰·戴维森的影响。

福柯曾批评以往的思想史研究过于强调*起源、连续性、主题、影响*等范畴，在他看来，真正的思想史、知识史往往充满了各种各样的断裂和不连贯性，纽曼和十八世纪英国教育传统对博雅知识与实用知识之关系的理解，可以视为思想史中断裂现象的一个有趣例证。

其次，在将博雅技艺和实用技艺对立起来时，纽曼在这里所指的"实用"指的是满足人类物质层面需要的意义上的"实用"，这并不表明博雅技艺或博雅知识在政治层面和哲学层面没有"用"。

最后，在纽曼看来，知识只是诸多"目的"的一种，而非最高的目的或至善本身。"知识自为目的"的意思是说，在"目的与手段的链条"中，知识有资格成为一个"目的"，而不是说知识"之上"别无目的。作为天主教徒，拯救才是最高的目的，或者套用纽曼一个很有意思的说法，"诸目的的目的"

---

90 John Graile. *An essay of particular advice to the young gentry*，London，1711：159.

91 George Campbell. *The Philosophy of Rhetoric*，Edinburgh，1808：6.

92 John Davison. Review of Edgeworth on Professional Education（1811）.*Remains and occasional publications*，Oxford，1841：451.

（end of ends）（纽曼，1994：507）。相对于永恒的天国，知识，或心智训练，都只是"此世的目标"和"昙花一现的拥有"。这一点显然和亚里士多德的旨趣有别。在后者看来，沉思就是幸福本身，是最高的目的。不过，和早期某些基督教教父不同的是，纽曼并没有因此走向反智主义，而是坚持认为世俗的知识可以使人的天性更为完善，使人走向某个更高的目标（纽曼，1994：123）。

3.2 博雅知识是非专业性的、通识性的知识

纽曼指出，博雅知识是一种"非专业"（non-professional）的知识，因此，博雅教育也是一种"非专业的教育"（纽曼，1994：163），并与商业教育（commercial education）形成对比（纽曼，1994：107）。[93]

起码从十八世纪中叶开始，所谓博雅教育，指的就是与专业教育相对的教育。就此而言，纽曼对博雅教育的阐释继承了十八世纪的传统。所不同的是，在十八世纪，博雅教育等同于博学教育，而在十九世纪，博雅教育更多地与"通识教育"联系在一起。在二十世纪的美国，博雅教育和通识教育几乎成了可以互换的术语，从概念史的旨趣出发，厘清两者的关系具有非常重要的意义。

在 1852 年大学教育演讲的第五讲《作为哲学的共通知识》中，纽曼使用了"通识教育"这个概念[94]。在《历史素描》一书中，纽曼称赞雅典、亚历山大、罗马等地为"通识教育之校"（schools of general education）[95]。

---

93 商业教育这个概念是十九世纪初期以后才逐渐流行开来的。随着英国工业化进程的推进，制造业主、银行家、企业家等中产阶级逐渐兴起。他们往往会送子女去所谓的"商业学校"接受英语、历史、算帐、书写等比较实用性的教育，这种教育被古典教育的支持者轻蔑地称之为"商业教育"。当然，也有一些中产阶级送子女去"上流学校"（包括公学和大学）学习古典学科，古典学的教育对于这些要向工商界发展的学生来说并无多少实际的用途，但这种教育同时也赋予他们以一种优越感，使得他们认为自己比那些在商业学校接受教育的同伴高出一等。James Pycroft. *Four Lectures on the Advantages of a Classical Education*，London，1847：78；F.W.Farrar. *Essays on a liberal education.*, London， 1867：377.

94 Newman, John Henry. *Discourses on the scope and nature of university education: addressed to the Catholics of Dublin*, Dubuque, Iowa: Reprint Library, 1852：157.

95 Newman, John Henry. Historical sketches（v.3）London: Longmans, Green and Co.,1906-1909：104.

　　大学所提供的博雅教育并非一种专业教育，这并非纽曼个人的偏见，而是纽曼时代很多学者、思想家的一个共识。所谓博雅教育，即与"商业性教育"或"专业教育"相对的教育，这是近代英国对博雅教育的一个"约定俗成"[96]的理解。1850 年受命考察牛津大学的皇家委员会对牛津法律、神学、医学等专业学科教学的衰落感到痛心疾首，并建议大学应加强和博学职业之间的联系，但即便他们，也坚持认为大学不是一个从事专业教育的场所[97]。1853 年，由牛津一些资深教师所组成的委员会在答复皇家委员会的报告中也使用了"通识教育"这个术语，该报告指出，"通识教育"是与专业教育相对的教育形式，而且，博雅教育和通识教育是相通的，因为"博雅教育的本质必然是 general 的"[98]。自由主义者约翰·密尔在 19 世纪 60 年代还在坚持这个观点，即"大学不是一个专业教育的场所"[99]。

　　这种观点在今天有点匪夷所思，但如果我们将这种观念置于当时特定的英国社会背景——尤其是当时英国的大学体制——之中，疑惑就迎刃而解了。大学不是提供专业教育的场所，这种观念与英国独特的教育体制结构密不可分。当时英国的法律、医学专业教育基本上都在大学之外进行，其中法律教育在律师，医学教育在医院，关于这一点，我们在上一章中已经做了详细的分析。在 1850 年之前，牛津有一半以上的毕业生都会从事神职工作，另外的学生则进入政界，或从事医学、法学等博雅职业，以古典学、逻辑学为基础的牛津博雅教育的确是与某些特权职业阶层联系在一起的。而且，在当时的英国，要担任高级神职人员，必须拥有大学文凭。从这个意义上讲，英国大学所提供的也是一种"专业"教育。然而，大学并不为这些专门职业阶层提供包含"专业知识"成分在内的教育，未来的政治家、神职人员、律师、医生、乡绅，他们都被毫不例外地视为一个共同的、有教养的精英阶层。例如，在英国以外的国家，担任神职人员一般要求在神学院学习一段时间，具备专业性的神学知识，而在英国，艺学本科学位即被视为担任神职的充分资格条

96　F.W.Farrar. *Essays on a liberal education*, London, 1867：87.

97　James Heywood. *The Recommendations of the Oxford University Commissioners*, London，1853：284.

98　Report and evidence upon the recommendations of her majesty's Commissioners For Inquiring into the state of the University of oxford，1853：8.

99　John Stuart Mill. *Inaugural address delivered to the University of St. Andrews*, London：Routledge/Thoemmes Press，1994：5.

件。在本科生课程中，神学所占的比例也不大。未来的医生会在大学中接受专门的医学教育，但在此之前，他必须学习古典学，并通过艺学学士考试。古典语言被认为是测试个人禀赋的试金石，那些希望从事高等医学职业的人必须通过掌握古典语言，来证明自己的天分，取得从事医学职业的入门券。甚至可以说，医学职业的崇高地位更多地来自其从业人员的古典修养，而非其专业技能。总而言之，英国大学的本科教育被认为是传授普遍文化的场所。

在纽曼发表有关大学的理念的系列演说时，英国教育中的专业主义还没有成为主导性的势力。或者用哈罗德·帕金的术语来说，英国当时还不是一个"专业社会"[100]。然而，从十九世纪初开始，有关博雅教育与专业教育的讨论已经逐渐多了起来。事实上，十九世纪上半叶发生在牛桥和《爱丁堡评论》之间的教育论争或多或少都与专业教育的问题有关。在 1808-1810 年《爱丁堡评论》对牛津大学的轰炸中，强度最大的一枚炸弹就是悉德尼·史密斯所发表的对理查德·埃奇沃斯的《专业教育散论》的评论文章。纽曼曾经在《大学的理念》一书中提到过埃奇沃斯的这本书。该书出版于 1809 年，全书共八章，分别为：论专门职业的选择、论牧师职业、论军事和航海职业、论医学职业、论乡绅的教育、论法律职业、论政治家的教育、论君主的教育[101]。而十九世纪三十年代威廉·汉密尔顿督促牛津大学进行改革的文章也恰恰谈到了博雅教育和专业教育的关系问题。他指出，在博雅教育中，学生自身即是目的。"他作为一个人的完善就是教育的目的"，这是艺学院或哲学院的任务。在专业教育中，学习者不再是自为目的的，所关注的是人作为一个专业人的能力，以及他作为工具的用处，这是神学院、法学院和医学院的任务。[102]

上面已经提到，在十九世纪的英国，博雅教育基本上指的就是牛津和剑桥等少数精英大学所提供的本科教育，而这种本科教育又是非专业性的，因此博雅教育等同于通识教育。这种理解已经很接近我们今天的通识教育话语。甚至可以说，从纽曼的时代开始，所有有关博雅教育或通识教育的讨论，最主要的一个目的就是缓和"普通教育"与"专业教育"之间的紧张关系。

---

100 Harold Perkin. *The rise of professional society : England since 1880*, London ; New York: Routledge, 1989

101 Richard Lovell Edgeworth. *Essays on Professional Education*，London: Printed for J. Johnson and Co. St. Paul's Church-Yard，1809.

102 Fergal McGrath. *The consecration of learning: lectures on Newman's Idea of a university*, New York: Fordham University Press, 1962：41-42.

3.3 博雅知识是普遍性的知识

博雅知识是一种普遍知识（universal knowledge）。普遍知识的概念并非纽曼的独创。十八世纪的英国教育家约翰·克拉克在《散论学习》一书中即多次使用普遍知识这个概念，指出绅士不能仅仅局限于某一门学问，而应广泛涉猎"普遍的知识"[103]。牛津大学林肯学院的院长爱德华·泰瑟姆也在 1807年的著作中指出，大学应当是"普遍学问的学府"，大学第一位的、最重要的任务是致力于"普遍的教学"[104]。和纽曼不同的是，泰瑟姆提出"普遍学问"的概念，其意图在于指责牛津大学的新考试法案忽略了数学、自然哲学以及近代的道德哲学。

普遍知识的概念强调知识的统一性和相互联系性，强调人类应该共享一种"普遍的文化"。和纽曼的其他观念一样，这种观念并非无源之水，它同样有其"古典渊源"。

首先，纽曼将普遍知识的观念追溯至泛邦大学（studium generale）[105]。《大学的理念》序言开篇第一句话就是，"在这些演讲中，我是这样看大学的，它是一个传授普遍知识的场所"。纽曼很清楚，"泛邦大学"在原初意义上是指接受各地学生的大学。它更多是一个带有社会、法律意涵而非学术意涵的词汇。但他坚持认为，后来的人们已经开始将"泛邦大学"理解为传授普遍知识的场所，他是从这个"约定俗成"的理解出发来论证大学是传授普遍知识的场所的。纽曼的看法并非毫无道理。早在 1477 年，德国图平根大学在成立时就已经被描绘为"一所致力于所有人类科学和神圣科学的学校"。这时已经开始出现一种新的大学概念——即将大学视为传授普遍知识的场所。[106]

其次，古希腊的通育（enkuklios paideia）和古罗马的知识圆周（orbis doctrinae）表达的就是类似的观念。在古希腊人看来，诗人"掌握所有的技艺"；在古罗马，完美的雄辩家被认为是能够就所有问题发表看法的人，两者都表达了一种百科全书式的文化理念。[107]在中世纪，基督教作家们则企图用"七

103　John Clarke. *An Essay Upon Study*，London，　1731：40.

104　Edward Tatham. *Oxonia Purgata: An Attempt to Correct the Errors and Abuses of the University of Oxford*，Oxford，1811：1.

105　这里采取的是陈洪捷教授的译法。

106　A. Dwight Culler. *The imperial intellect -a study of Newman's educational ideal*，Yale University Press, 1955：180.

107　Adrian Marino. *The Biography of "The Idea of Literature"*. State University of New York Press，1996：15.

艺"来统合所有的世俗学问。深受古典文化影响的纽曼对这一传统自然不会陌生。

再者，起码在塞涅卡的时代，自由人技艺（artes liberales）已经开始等同于希腊词通育（enkuklios paideia），意指适合于自由人的通识性学科。

纽曼将博雅知识视为"普遍知识"无疑受到了古代百科全书教育传统或"通育"传统的启发，一个有力的证据是，纽曼在第三讲《神学与其他知识的关系》中提到了"encyclopædia"、"知识的百科全书"（encyclopædia of knowledge）、"普遍知识的圆圈"（纽曼，1994：54，59）等术语，而他在这一讲中所要论证的核心问题就是"宗教真理不但是普遍知识的一个部分，而且是它的一个条件"（纽曼，1994：70）。由此可见，纽曼在论证普遍知识的观念时，利用了 encyclopædia 的概念。英语中的 encyclopædia 源自希腊词通育（enkuklios paideia）。在英语世界中，第一个使用"通育"一词的是十六世纪的绅士教育理论家托马斯·艾略特（1490-1546），他误以为 encyclopædia 是一个希腊词，但他对这个词的阐释却是古典的，即"知识的圆周"[108]。纽曼对"encyclopædia"一词的使用表明他不是在现代的意义——百科全书词典[109]——上来理解这个概念的，在他那里，encyclopædia 仍然具有"知识圆周"之义。

以上分析表明，纽曼将博雅知识诠释为普遍知识，是与整个古代博雅教育的传统相一致的。普遍知识的概念并不是指"所有的知识"。这样理解反而误解了纽曼的本意。在纽曼看来，有些知识根本不配被称为知识，有些知识则最好由其他机构而不是大学来传授。各种知识之间的地位不是平等的，有些知识比另外一些知识"高级"，知识之间形成了一个由低到高的序列。例如，军事科学就应当隶属于政治科学。知识序列的最高点是神学。

普遍知识的概念意味着知识的统一性和整体性[110]。在纽曼看来，知识越具体，就越不具备知识的价值。普遍性的知识意味着将知识作为一个整体来看待，并认识到知识之间的关联，领会到某一种知识在整个知识体系中的位

---

108 Ferguson, Everett. *The Early Church in Its Context: Essays in Honor of Everett Ferguson*, Leiden：Brill，1998：257.

109 在十八世纪的法国启蒙运动中，狄德罗、达朗贝、伏尔泰人希望用 Encyclopédie 的形式网罗所有形式的知识，记录人类科学的进步，并使后代免于无知、愚昧之虞。

110 A. Dwight Culler., *The imperial intellect -a study of Newman's educational ideal*, Yale University Press, 1955：180.

置。普遍知识的本质要义是，在学习、教授某一门具体的知识时，要用整体的、统一的精神来统领它。

纽曼的普遍知识概念主要有两个教育学的意图（写作意图）。首先，在纽曼的时代，学科的分化已经势不可挡。经济学、化学、物理学、工程学等新兴的知识门类纷纷进入大学。如果作为知识传递者的教师认识不到知识的相互联系性而仅仅局限于自身的学科，教师将会沦为狭隘化的专家，认识不到本学科与其他学科之间的联系，也认识不到自己学科的局限性，甚至越俎代庖，利用本学科的方法去回答一些并不属于本学科的问题。例如，倘若属于财富科学的经济学宣称自己具有伦理学的品质，是通往幸福和德性的道路，它就没有正确认识到自己在普遍知识之中的位置。对学生来说，普遍知识的教诲是，他不能使自己的眼界仅仅局限于某一学科或某一领域，那样做的结果是心智的蔽塞。

纽曼强调"大学是教授普遍知识的场所"，其另外一个写作意图在于为神学在大学教育中的地位辩护。自宗教改革以来，牛津和剑桥就是英国国教牧师的培养机构，牛桥两校的很多学生毕业后都从事神职工作，学校中的绝大部分教师也都是神职人员。在牛津，学生必须宣誓服从三十九条信纲，才能注册入学，非国教徒根本无法进入牛津。在正式课程中，神学并不占据很大的分量，但学生要获得艺学学士学位，亦需过宗教考试这一关，如果学生不能通过宗教基础知识（主要包括希腊文圣经、三十九条信纲）的考试，"不管他在其他方面如何出色，也不能获得学位"[111]。另外，学生还需定期参加学校的礼拜仪式，大学例行的布道、教师对学生的道德管教，无不渗透着宗教的精神。在牛津，宗教和教育连为一体，两者密不可分，正如牛津大学教师威廉·斯维尔所说的那样，宗教和宗教教育是"大学的灵魂和精神"[112]。正因为如此，牛桥一向被认为是国教的一个派出机构，有人甚至认为这两所学校是国教的"神学院"。可以说，一直以来，神学和宗教在大学中的地位都是至高无上的。

然而，事情在十九世纪初期发生了微妙的变化。如纽曼在演讲中所指出的，爱尔兰和英格兰都出现了不设置神学教席的"所谓的大学"（纽曼，1994：

---

111 *The Oxford University Calendar for the Year 1814*, Oxford，1814：91.

112 William Sewell. *The Attack Upon the University of Oxford: In a Letter to Earl Grey*，London， 1834：25.

19）。十九世纪三十年代，英国政府又在爱尔兰成立了三所非教派的女王学院。在英格兰，新成立的伦敦大学竟然没有设置宗教课程。由托马斯·坎贝尔[113]、亨利·布鲁厄姆[114]、乔治·格罗特[115]、詹姆斯·密尔等人组成的伦敦大学筹备委员会宣称，"向所有宗教教派的人士开放，这是伦敦大学的基本原则。……为那些拥有不同宗教信念的世俗学生建立神学讲座也是不可能的；推行被普遍遵守的宗教仪式就更不切实际了"，因此，学生的宗教教育应该由家庭来负责[116]。为神学的地位辩护，阻止大学的进一步世俗化已经成为迫在眉睫的任务。从"大学是教授普遍知识的场所"这样一个前提出发，纽曼论证了神学知识的合法性：

> 大前提：大学是教授普遍知识的场所
>
> 小前提：神学是普遍知识的一个分支
>
> 结论：大学应该教授神学。

纽曼反复强调，天主教的信仰是真的，因此，以教授普遍知识为己任的大学必须教授天主教神学（纽曼，1994：214），他指出，神学和牛顿的学说以及天文学一样是一种知识，不教授神学的大学肯定只能是"非哲学的"。

在十九世纪的德国，所有的知识都统合于学术（Wissenschaft）之下，而在纽曼看来，所有普遍的知识统合于启示真理。

3.4 博雅知识是非奴性的、绅士的知识

在《大学的理念》一书中，纽曼还对 liberal 一词进行过如下阐释：

1. 从文法的意义上，liberal 一词和 servile 相对，因此博雅知识是一种与奴性相对（opposed to servile）知识。

2. 所谓博雅知识（liberal knowledge），即绅士知识（gentleman's knowledge）。在这里，liberal 的语义是"绅士的"，"绅士般的"（gentlemanly，gentlemanlike）。我们已经在上一章中指出，在英语中，liberal 最为基本的一个

---

113 托马斯·坎贝尔（Thomas Campbell，1777-1844），英国诗人。

114 亨利·布鲁厄姆（Henry Brougham，1778-1868），英国政治家，多次当选英国下院议员，主张国家提供公共教育，向大众普及教育。

115 乔治·格罗特（George Grote，1794-1871），英国银行家，著名古希腊史学者，其名著《希腊史》至今仍被奉为经典。

116 Statement by the Council of the University of London, explanatory of the nature and objects of the institution（London，1827），p.12.

语义是"符合绅士身份的"。纽曼将博雅知识等同于绅士知识，不仅与整个西方博雅教育的传统相一致，而且在文法上也站得住脚。

也许是出于反自由主义的立场，纽曼没有和塞涅卡、托马斯·赫胥黎一样把博雅知识（liberal knowledge）定义为"适合于自由人的知识"，而是将博雅知识等同于绅士知识（纽曼，1994：111）。

纽曼强调说，从文法的意义上，"liberal"一词与"servile"一词相对（纽曼，1994：106）。因此，博雅知识与"奴性的工作"（servile work）相对。纽曼指出，他对"奴性工作"的理解来自教义问答书，依据这种理解，奴性的工作纯粹是一种体力劳动，其中完全没有心智的地位。在原初的意义上，奴性的工作指的是奴隶所从事的体力劳动。在宗教节日时，禁止一切奴性的工作，这被称为"停止奴性工作，以得到休憩"。在中世纪初期的英国（公元十一世纪前），奴性的工作指非自由人（佃农、农奴、不具备自由人身份的骑士，等等）向地主所提供的一些劳役[117]。

纽曼进一步指出，博雅教育必须传授真正的技艺，那些将其工作建立在运气和偶然性之上的知识配不上博雅知识的名称，这些人——如江湖医生——的教育也不配叫做博雅教育[118]。真正的博雅教育是"心智的操练，理性的操练，思考的操练"（纽曼，1994：107）。

但是，并非所有涉及心智的活动都是"绅士般的"（liberal）的，即便是知识性的活动，倘若不符合绅士的身份，便不是"绅士般的"（liberal）。医学尽管是一种以知识为基础的活动，但在古代，医学却经常不被认为是博雅知识，因为"在古代，很多医学的从业者都是奴隶"（纽曼，1994：107）[119]。

依据这一标准，一篇医学论文，尽管涉及心智的活动，但却不是"绅士般"（liberal）的；同理，商业教育或专业教育同样可以提供非常有效的心智力量，但它们并不是"绅士般"的。相反，一些娱乐或游戏，尽管属于身体操练而不属于心智操练，但却是"绅士般"的，也就是说，它们与绅士的身份相符。比如板球游戏和狩猎狐狸就一向被认为是符合绅士身份的娱乐活动。

117　Jean Scammell. The Formation of the English Social Structure: Freedom, Knights, and Gentry, 1066-1300.*Speculum*, Vol. 68, No. 3.（Jul., 1993），pp. 591-618

118　高师宁等人的译本误将 hazard 译为"危险的事情"，误将 empiric 译为"体力劳动者"，这就没有理解纽曼关于"技艺和偶然性"这两者的思考。参见（英）约翰·亨利·纽曼.大学的理念.高师宁等译.贵阳：贵州教育出版社，2003：110.

119　纽曼的这一判断是符合历史事实的，在古罗马，尤其是在共和国时期，很多医生都是希腊人，是奴隶出身。

在说明非智力的活动也可以是"绅士般的"（liberal）活动时，纽曼举了板球和猎狐这两样英国传统的体育娱乐活动，而这两样运动恰恰与英国的绅士教育传统有莫大的关联。

板球一向被誉为英国的"国球"，是风靡全英国的贵族运动。在英国公学中，板球甚至被视为一门"严肃的科学"[120]。学习板球需要有专门的指导教练。据一位伊顿公学教师说，学习板球，每星期至少需要投入二十七个小时。对公学的学生来说，最高的荣誉是担任划艇队或板球队的队长，而不是获得一项最高学术奖励。在适宜运动的好季节，学生花费在体育运动上的时间甚至比花在学习上的时间还要多。[121]

十七世纪晚期，牛津的学生已经开始猎捕狐狸。1688 年，圣埃德蒙得馆舍的主持在信中语带讽刺地说，那些无法当上牧师的学生凌晨四点就爬起来去捉狐狸。从 1780 年代开始，狩猎狐狸成为备受欢迎的野外运动，到 1820-1830年间，其影响更是登峰造极。一到打猎的季节，学院里的出勤率就会下降[122]。纽曼就读于牛津大学时，猎狐运动正当其时。在纽曼的眼中，猎狐是"绅士般的"（liberal）活动，因为猎狐并不是为了吃狐狸肉，猎狐"除了使用之外不产生任何结果"，完全符合"liberal"的标准。

由此可见，在纽曼这里，一项活动（知识、技艺、运动等等）是否 liberal，其标准不在于它与心灵相关还是与身体相关，而是它"是否符合绅士的身份"，是否有助于养成绅士。根据这个标准，打猎或者板球游戏是"绅士般的"，写作一篇医学论文却并非如此。在判断一项活动是否"符合绅士身份"（liberal）这个问题上，纽曼坚持的是古希腊罗马的标准，而非中世纪的标准。

3.5 博雅知识是"哲学的"知识

博雅知识是一种哲理性的知识（philosophical knowledge）[123]，博雅教育是一种哲学性的教育（philosophical education）。博雅知识是一种"自为目的"

---

120 William Parsons Atkinson. *Classical and Scientific Studies, and the Great Schools of England*, Cambridge，1865：50.

121 William Parsons Atkinson. *Classical and Scientific Studies, and the Great Schools of England*. Cambridge，1865：50.

122 Sheldon Rothblatt. *The Modern University and its Discontents* . Cambridge University Press， 1997：120.

123 纽曼使用了"Liberal or Philosophical Knowledge "这一说法。参见 Newman, John Henry. *The idea of a university defined and illustrated*, London, England: Routledge/Thoemmes Press, 1994：115

的知识，为了最完满地实现这种"自为目的"的理念，博雅知识必然采取"哲学"的形式（纽曼，1994：179）。在纽曼1852年版的十次演讲中，第六讲的原标题为"自为目的哲理性知识"，第七讲的标题是"哲理性知识与心智获取之间的关系"，第八讲的标题是"哲理性知识与专业知识的关系"，第九讲的标题为"哲理性知识与宗教的关系"[124]，而在1859年的版本中，哲理性知识变成了博雅知识（liberal knowledge）。这说明，哲理性知识这个概念在纽曼的教育思想中非常重要。

纽曼这里所说的哲理性的知识到底指的是什么类型的知识，这是一直困惑西方学界的问题。

美国学者德莱特·库勒认为，纽曼在这里所说的哲学类似于亚里士多德所说的"第一哲学"，即形而上学。而且，纽曼称赞亚里士多德"构思了这个崇高的理念，即描绘出整个知识领域，并且将所有的事物隶属于一种深刻的分析"[125]。

另一位《大学的理念》一书的评注者马丁·斯瓦格里克也倾向于认为，哲理性知识指的是"一些特定的课程领域，如逻辑学和形而上学"[126]。

安·科尔批评了上述两位学者的观点，他指出，纽曼事实上在这里使用了夸张的修辞手法，这里的哲学指的不是某一个具体的学科，而是指纽曼所说的"理智的完美或德性"[127]，这里的哲学指的并不是启蒙运动之后学科化的哲学学科，而是指哲理性的知识。这里的哲学不是指康德哲学、洛克哲学、黑格尔哲学，等等，而是指对万事万物的一种统摄性的、百科全书式的认识。

安·科尔的批评无疑是中肯的。纽曼在解释"哲学的"（philosophical）一词时说，所谓"哲学的"，指的是"从所有的知识分支、用全面的眼光去看待真理，从科学与科学的关系，从科学对科学的相互影响以及它们各自的价值来看待真理"[128]。在1852年版的第五讲《普遍知识作为一种哲学》中，纽曼

124 Newman, John Henry. *Discourses on the scope and nature of university education*, Dubuque, Iowa: Reprint Library, 1852，影印本，目录。

125 A. Dwight Culler. *The imperial intellect -a study of Newman's educational ideal*, Yale University Press, 1955：187.

126 Newman, John Henry. *The idea of a university*, Notre Dame, Ind. : University of Notre Dame Press,1982，p.Xxi

127 David Cecil Smith, Anne Karin Langslow. *The Idea of a University*，Jessica Kingsley Publishers，1999：17.

128 Newman, John Henry. *Discourses on the scope and nature of university education: addressed to the Catholics of Dublin*, 1852：170.

指出，他所谓的哲学一词，指的是"对事物的理智把握"，"一种内在的意识" [129]，是"诸科学的科学" [130]。这种理解接近中世纪的传统，尤其与中世纪将辩证法视为"诸技艺的技艺"、"诸科学的科学"相似。

这种哲理性的知识指的是一种高于感觉的知识（因为动物也具有感觉），是在感觉的基础之上进行理性演绎的知识，"它把握了通过感官而感知的东西，它对事物采取一种观点，它看见的远比感官传达的更多。它在观看时对所看到的东西进行推理，它对看见的东西赋予一种理念"（纽曼，1994：113）。纽曼在这里的论述显然受到亚里士多德在《形而上学》一书中相关论述的影响。[131]

就其涵盖范围而言，这里的哲学应当指的是广义的哲学。例如，神学也属于哲学的一部分（纽曼，1994：215）。因为神学是人类理性在研究上帝时所产生的学问（纽曼，1994：219）。

这种哲学性的知识也是一种"解放性的"、"自由的"知识，"哲学的"知识使我们从"奴隶"或"儿童"般的无知状态中解放出来：

> "不了解事物之间的相互关系，那就是处于奴隶或小孩的状态；
> 弄清宇宙的全貌，这是哲学的自豪，或至少是抱负" [132]。

---

129 Newman. *Discourses on the scope and nature of university education*, Dubuque, Iowa: Reprint Library, 1852：143.

130 Newman. *Discourses on the scope and nature of university education*, Dubuque, Iowa: Reprint Library, 1852：144.

131 试对比两段文字：

1、"知识是否可以在任何恰当的意义上被称为兽类的属性，这是一个问题。……在我看来，把兽类也拥有的那种对于事物的被动的感知或感觉也称为知识，那是很不恰当的。当我说到知识的时候，我指的是某种理智的东西，它把握了通过感官而感知的东西，它对事物采取一种观点，它看见的远比感官传达的更多。它在观看时对所看到的东西进行推理，它对看见的东西赋予一种理念"。（Newman, John Henry. *The idea of a university defined and illustrated*, 1994，112-113）

2、"动物生来自然具有感觉，它们中有一些从感觉得到了记忆，有些则没有。由于这个缘故，那些有记忆的动物就比不能记忆的动物更聪明，更善于学习。那些听不到音响的动物，虽然聪明但不能学习，例如蜜蜂，以及这类的其他动物。只有那些不但有技艺而且有感觉的动物才能学习"。（亚里士多德《形而上学》，北京：中国人民大学出版，1993，p.27）

132 （Not to know the relative disposition of things is the state of slaves or children; to have mapped out the Universe is the boast, or at least the ambition, of Philosophy.）

正是在这段文字中，纽曼将知识与自由明确联系了起来。在另外一段文字中，纽曼则通过囚徒的比喻，说明知识的增加使人如同囚徒卸掉脚镣一样获得"自由"：

> "通过这种知识的增加，我们似乎获得了某种新的官能，或者对我们的官能有了新的训练，就像一个囚犯已经习惯于手铐脚镣，却突然发觉自己的手脚是自由（free）的那样"（纽曼，1994：131）。

纽曼指出，大学是一个传授普遍知识的场所，所以某一门特定的学科，在大学之内传授和大学之外传授，其效果截然不同。在大学之外，具体的学科教学注定会陷入狭隘的倾向，惟我独尊，孤立排外。而在大学之中，某个具体学科的教授面临着其他学科的竞争，并从其他学科的研究汲取教益，获得"一种特殊的启发，心灵的扩展，一种自由和沉着"（纽曼，1994：167）。

作为哲学性的知识，博雅知识是一种内在化的知识。由于博雅知识指向心智的培养，因此博雅知识一旦被知识主体掌握，便永远存留在知识主体的心灵深处，不再失去，成为"一种后天获得的启悟，一种个人的拥有，一种内在的禀赋"（纽曼，1994：113）。任何学习的行为，都应该是积极的，而非消极的。学习的目的不是学握一堆杂乱无章的材料，背诵一些五花八门的事实，学习者必须用整体的、联系的观点去看待知识，使知识成为一种能力。学习应该是一种积极的对话，无论是读书，还是听讲座，都应当包括学习者与传授者之间的"对话"（纽曼，1994：489）。

要特别指出的是，在十八世纪，甚至在纽曼的时代，公学等文法学校也被认为是接受博雅教育的场所，但纽曼明确指出，他所说的博雅教育，*指的就是大学教育*，并不包括公学的教育。只有这样，我们才能理解，为什么纽曼将博雅知识等同于哲学性的知识或哲学，将博雅教育等同于哲理性的教育。关于中小学校和大学的区别，纽曼曾有如下阐述：

> "识字读本、拼写教材、文法、句法分析，这些几乎都不能培养理性、想象力、品位和判断力，它们几乎也不能宣称真理是其目标；无论如何，它们是心智发展的第一步，它们属于中小学校，而不是大学"[133]。

---

133 Newman, John Henry. *Discourses on the scope and nature of university education: addressed to the Catholics of Dublin*, Dubuque, Iowa: Reprint Library, 1852：138.

自文艺复兴以来，英国的公学教育就以古典语言为主，其中"文法和句法的分析"又为重中之重。牛桥的教育也仍然带有这种痕迹，注重文法、写作，忽略内容和思想，很多学者甚至批评牛桥和公学没有区别，仍然是"学校"，而非"大学"。纽曼将博雅知识等同于哲学或哲理性知识，一个主要的写作意图就是将大学和公学区分开来，将基础心智训练的使命赋予公学，将哲学教育的使命赋予大学。

3.6 博雅知识是"善"的知识

博雅知识是一种"善好"（good）的知识。在有些时候，纽曼将博雅教育等同于"善好的教育"（good education）："'思考及原创性探究的才能'，以及'将事物推向第一原则的习惯'是善好的或博雅的教育（good or liberal education）的主要组成部分"（纽曼，1994：163）。因为博雅教育即善好的教育，博雅的知识即善好的知识，所以，和宗教知识一样，博雅知识的宗旨是"使人更善"（纽曼，1994：120）。

为了更深入地把握博雅教育＝善好教育这一命题的理论内涵，我们需要回到"善好"这个概念。纽曼所说的善相当于古希腊词 agathon（αγαθον）。按照亚里士多德的观点，善分为三种，即身体的善、外在的善、灵魂的善。那么，在纽曼看来，博雅教育在何种意义上使人"更善"呢？

根据纽曼的说法，博雅教育可以培养人的"良好的判断力"[134]，使人更为"雅致"，使人拥有"受过教养的心智"，使人拥有"精致的品位"，"正直、公正、冷静的头脑"，"高贵、谦恭有礼的行为举止"，等等（纽曼，1994：120）。

但博雅教育对人的善的促进是有限度的。因为，"知识是一回事，美德是另一回事"，博雅知识，或者说哲学，均无法直接造就人的良知，更无法使人具有基督徒的谦卑美德。而且，"无论哲学如何开明，如何深刻，都不能有效地控制激情，不能提供有重大影响的动机，也无法提供赋予生命力的原则"（纽曼，1994：120），因为后两者属于"意志"的范畴。博雅教育可以造就绅士，但却无法培养天主教徒，这就是博雅教育的"善的局限性"。

将博雅教育等同于善好的教育，这至少可以追溯至西塞罗，西塞罗除了使用"自由人技艺"这一术语之外，还同时大量使用善的技艺（bonae artes）

---

134 高师宁译本将 good sense 译为"好的意识"，不够准确。（英）约翰·亨利·纽曼. 大学的理念.高师宁等译.贵阳：贵州教育出版社，2003：120.

的说法。正是在博雅知识是善的知识、博雅教育是善好的教育这一立论基础之上，纽曼论证了博雅教育的"实用性"。要注意的是，在论证博雅教育是"实用的"时候，纽曼对"实用"一词进行了限定。所谓实用，是指"倾向于善"或"通向善的途径"。在这个意义上，实用和"善"存在本质的区别（纽曼，1994：164）。

纽曼对博雅教育的有用性的论证采用的是三段论的形式：

大前提："有用的并不总是善的，但善的总是有用的"。

小前提：博雅教育是善的。

结论：博雅教育必然是有用的。

注意，纽曼所说的"有用"，指的是博雅教育可以培养我们的理智能力，而理智本身可以"扩散善"，它是神的恩典，是一种禀赋、力量和财富。这种理智所包含的美、高贵、力量首先使理智的拥有者获益，其次则通过理智的拥有者自身作用于社会、服务于社会。但是，这种有用性不是指博雅教育有利于增加我们的感官享乐，因为那是"低级的"，也不是指通过博雅教育来增加我们操控自然的能力，也不是指通过博雅教育来获得金钱上的好处（纽曼，1994：164）。

但是，纽曼又明确说过博雅知识是与实用知识相对的知识，博雅知识是"自为目的的"，这是否自相矛盾呢？

美国学者库勒认为，纽曼在这里事实上推翻了自己原来的看法：

> 这就是纽曼的第七次演讲的结论，一个比较勉强的结论。"如果一个人必须持有一种功利主义的教育目的，这就是目的"。但一个人为什么必须主张这样一个目的？整个第五讲都在论述人不一定要有这样一个目的，"自由"知识是自为目的的，现在，在进一步推进论点的伪装之下，纽曼事实上推翻了自己的论点[135]。

并非如此。因为，当纽曼说博雅知识是与实用知识相对的知识时，实用指的是物质上的好处，当纽曼说博雅知识是善的知识因此也必然是有用的知识时，这里的实用指的是博雅知识在理智训练方面的价值。其次，知识是"自为目的的"，这并不意味着知识不能作为更高目的的手段，因为"本身自为目的的东西，也具有自身的用处"（纽曼，1994：162）。例如，健康的身体本身即是目的，但健康的身体同时又是有用的。

---

135 A. Dwight Culler., *The imperial intellect -a study of Newman's educational ideal,* Yale
University Press, 1955：222.

"有用的"和"善的"之间的区分由来已久。十八世纪的思想家维柯早就在其关于大学教育的系列演讲中指出，苏格拉底否认德性（honestum）[136]与功用（utile）之间的区别，因为凡是符合德性的，必为有用的。[137]西塞罗在《论义务》一书中也反复指出，在德性和功用之间不可能存在真正的冲突，也在是说，在善和功用之间不存在真正的冲突。纽曼对《论义务》一书非常熟悉，这里的论证很可能受到了西塞罗的影响。

3.7 小结：语义分析与翻译问题

综上所述，在纽曼的时代，liberal 一词的含义非常丰富，它具有"适合于绅士的"、"开明的"、"绅士般的"、"宽容的"、"慷慨的"、"丰富的"、"广泛的"（extensive）、"博大的"、"自由的"、"高尚的"、"出身高贵的"等多重语义。作为一个名词，liberal 意指"自由主义者"。在论述博雅教育的观念时，纽曼充分地利用了 liberal 一词的多义性。作为一位操纵语言的天才，纽曼最大可能地利用了 liberal 一词所赋予的"自由空间"，通过连缀、对比、并置的手法，在语言的嬉戏中，收放自如地表达自己的教育观念，从而将"博雅知识"一词的教育学意蕴发挥得淋漓尽致。综合纽曼之论述可知，"博雅知识"之"liberal"，具有"与奴性相对的"、"与实用相对的"、"独立自足的"、"自我主张的"、"自为目的的"、"符合绅士身份的"、"哲理性的"[138]、"善的"、"普遍性的"、"非专门职业性的"、"博大的"（Large）、宽宏的（Generous）等多重语义。只有理解 Liberal 一词的多义性，才能更准确、深入地把握纽曼赋予"博雅知识"这一核心概念丰富的教育学意涵，这一点恰恰是以往的研究所缺失的。无论是国内学者，还是外国学者（如德莱特·库勒、弗盖里·麦格里斯），都没有对博雅知识这个概念进行详尽的语义学分析。例如，库勒指出，博雅知识（liberal knowledge）有两个基本的含义，一为适合于自由人的知识，二为自身"自由"（free）的知识[139]，这一分析失之简单，且不够准确。事实上，纽曼将 liberal 理解为"适合于绅士的"，而不是"适合于自由人的"。

---

136 Honestum 可译为正直（honesty）或德性（virtue），这里译为德性。

137 （意）维柯.论人文教育.王楠译.上海：上海三联书店，2007：17.

138 在纽曼那里，liberal knowledge 等同于 philosophical knowledge.参见 Newman, John Henry. The idea of a university defined and illustrated, London, England: Routledge/Thoemmes Press, 1994：115.

139 A. Dwight Culler., *The imperial intellect -a study of Newman's educational ideal*, Yale University Press, 1955：213-214.

在纽曼那里，"博雅知识"是一种使人的心智扩大的知识，是一种普遍性的知识，是与专业性知识相对的知识，而且他常常将"博雅知识"（liberal knowledge）等同于博大的知识（large knowledge），因此，liberal 具有"博"的含义，这一层含义是与十八世纪的传统一脉相承的；其次，liberal knowledge 是指符合绅士身份的知识，liberal 的语义为"绅士般的"（gentlemanlike），liberal 一词因此也具有"雅"（这里指绅士区别于普通大众的社会地位）的含义；第三，liberal knowledge 指"非实用的"、"自足"的知识，在英文中，文雅、优雅（elegant）一词恰好可以传达这一层含义。例如，在十八世纪，优雅艺术（elegant arts）指的就是非实用的艺术。基于以上三个理由，笔者将 liberal knowledge 翻译为"博雅知识"[140]，将 liberal education 译为"博雅教育"。当然，这一译法也有一定的局限性。

首先，在纽曼这里，判断一种行为、知识是否 liberal 最重要的标准是"自成目的的"，而非审美意义上的"文雅"或"优雅"。纽曼强调教育是一个高级的词汇，是为知识所做的准备，是与这种知识准备相适应的知识的传递。因此，绘画、击剑，以及制作鸟类标本、弹奏弦乐器等"高雅消遣"都不是真正的教育（纽曼，1994：144）。[141]

其次，在论述博雅知识时，纽曼并没有采用在十八世纪非常流行的词汇文雅艺术（polite arts）和文雅知识（polite learning）。在纽曼的时代，文雅（politeness）的观念已经不再是教育领域主导性的概念。

第三，纽曼所说的"博雅知识"，对应的是亚里士多德《政治学》一书中的概念 eleutherios episteme[142]。根据纽曼的说法，liberal 所对应的是希腊词 eleutheria，而这个词一般被翻译为"符合自由人身份的"、"自由的"或"自足的"。据古典学学者库尔特·拉弗罗布的研究，在希腊语中，eleutheria 一词的含义是"免于某种事物的自由"[143]。

---

140 "博雅知识"是高师宁等所译《大学的理念》一书所采用的译法。

141 类似地，在我们看来十分"高雅"的活动，如琴、棋、书、画，在纽曼看来是不配称为"liberal education"的。

142 比如芝加哥大学社会思想委员会的教授、著名哲学家罗伯特·皮平（Pippin, Robert）曾经作为校方代表向刚入学的新生发表演讲，皮平在演讲中指出，亨利·纽曼的"知识自为目的"的观念来自亚里士多德。

143 Kurt Raaflaub. *The discovery of freedom in ancient Greece*, Chicago: University of Chicago Press, 2004：154.

在纽曼这里，博雅教育仍然与"自由"有一定的联系。在他看来，博雅教育的作用是使学生形成一种"哲学的心智习惯"，这种哲学心智习惯的特点包括*自由*、公平、冷静、适度和智慧。自由属于一种心智习惯的属性，因此自由是与心灵、心智联系在一起的，它是一种精神层面的自由，而非行动的自由、政治的自由（纽曼，1994：101）。

然而，无论如何，博雅教育的译法都要比自由教育的译法更加准确。博雅教育的译法至少可以传达 liberal 一词最为基本的三个语义：1、博大的、通识性的、非专业性的（博）；2、符合绅士身份的（雅）；3、与实用相对的、自足的（雅）。在纽曼的时代，这三种语义是博雅教育中 liberal 一词最为基本的语义，不管是保守主义者，还是自由主义者，都基本认同这三层语义。

纽曼曾明确指出 liberal 可以理解为"自足的"、"与奴性相对的"，这时，liberal 的含义有些接近中文的"自由"。因此，"自由教育"的译法可以传达一种语义，即"非功利的"、"非实用性的"、"自足的"、"自为目的的"，但这层语义或许用"雅"字来传达更为精准。

此外，自由教育的译法容易误导读者。在原初的意义上，liberal 确实含有"适合于自由人的"这一层语义，但"适合于自由人的"不等于"自由"的，前者的拉丁文形式为 liberalis，后者的拉丁文形式为 libera[144]。从词源上讲，liberal 源自 liberalis，而非 libera。因此，当十九世纪的英国学者威廉·威尔金森试图将博雅教育（liberal education）重新阐释为"自由的、没有限制的教育"（unrestricted education）时，他不得不特别说明，他倾向于在"更宽泛"的意义上使用 liberal 一词，即将 liberal 的词源追溯至 libera，而非 liberalis。他也承认，"博雅教育"的原初意义是"适合于自由人的教育"，在当时的英国被理解为"绅士的教育"[145]。这充分证明，在十八、十九世纪的英国，"博雅教育"（liberal education）被理解为"适合于绅士的教育"，而非"自由的、没有限制的教育"。

还需指出，纽曼及其母校牛津大学，一向都是保守主义而非自由主义的堡垒。德国等欧陆大学所推崇的教学自由、探究自由、学习自由、宗教自由等现代自由主义原则根本不见容于牛津大学。就探究自由而言，牛津大学一直到1850年代都不崇尚研究，在神学研究领域，英国国教的正统地位是绝对不容僭越的。对于德国大学神学院所表现出来的"自由"精神和哲学思辨，牛津的教

---

144 在拉丁文中，Libera 的含义是 free，independent，unrestricted。
145 William Francis Wilkinson. *Education, elementary and liberal*，London，1862：98.

师们视为洪水猛兽，唯恐避之不及。毕业于牛津奥利尔学院的汤姆斯·休斯在其刻画牛津的小说《汤姆·布朗在牛津》中，主人公汤姆的一番话生动地表达了英国人对于德国式的自由思辨和怀疑主义的惴惴不安："在牛津，德国化的人比书册派更加危险……因为我们知道书册派所要去的最糟糕的地方是什么，他们也许会去罗马，这就是终点。德国化的人所去的是无底洞，没有人知道它在什么地方"[146]。和德国大学相比，牛津也没有所谓的学习自由，学生要转学院或者转学校是非常麻烦的，在学校、教师、课程的选择方面，牛津并没有太多的自由度。就宗教自由而言，牛津就更加缺乏了。学生在入学的时候必须签署三十九条信纲，而且非国教徒没有在牛津接受教育的权利。而在同一时期的德国大学，并不存在这种宗教排斥的现象。就教学自由、探究自由、学习自由、宗教自由这几项标准来说，牛津大学所提供的并不是"自由教育"。

综上所述，就教育的对象而言，博雅教育指的是绅士的教育，相对于大众的教育；就教育的制度形式而言，博雅教育指的是大学教育，相对于公学和文法学校的教育；就教育内容而言，博雅教育指的是博雅学科（liberal studies）或博雅知识（liberal knowledge）的教育，相对于实用技能的教育；就教育的层级而言，博雅教育指的是非专业性的教育，相对于专业性的（神学、法学、医学）的教育；就教育的形式而言，博雅教育指的是哲理性的教育；就教育的目的而言，博雅教育是一种非功利性的教育。

我们可以用这样一个等式来概括纽曼的博雅教育概念：博雅教育=绅士教育=非功利性的教育=大学教育=博雅知识的教育=非专业性的教育=通识性的教育=宽宏的教育=善的教育=哲学性的教育。在有些地方，纽曼侧重于博雅教育与绅士的联系；在有些地方，纽曼侧重博雅教育的哲学性；在有些地方，他则侧重博雅教育的非专业性。

第四节 博雅知识的范围

在纽曼的时代，博雅教育应该包括哪些内容，这是一个聚讼纷纭的问题。我们在上面对纽曼所说的博雅知识概念进行了比较深入的分析，那么，纽曼心目中的博雅知识都包括哪些呢？在回答这个问题之前，我们有必要考察一下牛津的本科生课程传统，因为纽曼就是在这个传统中接受教育的。

---

146 M.G. Brock and M.C. Curthoys. *The History of the University of Oxford – v.6. Nineteenth-century Oxford（pt.1）*, Oxford：Clarendon Press, 1997：138.

4.1 以古典学为核心的牛津课程

意大利的人文主义传统发轫于十四世纪，但直到十七世纪末，人文学的传统才在牛桥两校取得相对优势。也就是说，只有到这个时候，古典语言和古典文本的学习才开始占据绝对优势。即古典文本本身不再仅仅是学习伦理学、逻辑学和神学的手段，它自身已经具有权威，被视为整个人类文明的遗产、精华。[147]。到十七世纪末，英国大学课程才从经院课程转向古典文学。古典文学提供了一个道德范例的丰富宝库，因而被认为是培养绅士的有效工具。数学课程由于可以训练学生的逻辑推理能力而受到重视，其中剑桥大学对数学尤为侧重。从十七世纪开始，剑桥就已经在牛顿等人的影响下开始重视数学课程。早在十八世纪中叶，剑桥大学就建立了数学荣誉学位考试制度，而古典学荣誉学位考试制度一直到 1824 年才建立，学生要取得古典学荣誉学位，也须先修习数学。[148]那些参加数学荣誉学位考试的学生，更是将最主要的精力用于学习数学，以致于当时有学者批评说，这些学生"仅仅完成了博雅教育的一个部分（即数学，笔者注），就离开了大学"[149]。除了数学和古典学、神学之外，十九世纪剑桥大学本科教育课程的另一个主体部分是"形而上学和道德哲学"，这部分课程的主要教材是洛克的《人类理解论》和威廉·佩利的《道德哲学和政治哲学原理》。因此，十九世纪剑桥大学的本科教育模式是神学+数学+古典学科+形而上学[150]和道德哲学。

牛津也不忽视数学学科。在三年级之前，牛津的学生还需参加名为"Sophista Generalis"的考试，其内容主要包括初级几何学和代数、奥尔德里奇（Aldrich）的逻辑学以及希腊拉丁语文本翻译。[151]数学和逻辑学的主要价值在于它们有利于培养严格的逻辑推理能力，有助于演说辞的谋篇布局。曾两度担任英国首相、1807 年毕业于牛津大学的罗伯特·皮尔（Robert Peel, 1788-1850）在荣誉考试中获得双料（即古典学和数学）第一。他不仅熟读西塞罗、昆体良

---

147 Sheldon Rothblatt. *Tradition and change in English liberal education*，Faber and Faber，1976：42-43.

148 Sheldon Rothblatt.*The Modern University and its Discontents*，Cambridge University Press，1997 ：159.

149 Robert Aris Willmott, *Conversations at Cambridge*，London：1836：274.

150 这里所说的形而上学其实指的是心智哲学。

151 Sheldon Rothblatt.*The Modern University and its Discontents*. Cambridge University Press，1997：159.

和荷马，而且数学才能也非同一般，在口语考试中，他有关圆锥截面的回答尤其博得考官的赞赏。[152]1831年，英国首相格拉斯通成为第二位获得古典学和数学双料冠军的牛津学子[153]。不过，与剑桥对数学的极端重视相比，数学在牛津的地位是非常边缘的，一直到十九世纪五十年代，牛津的一些学院都不提供任何形式的数学教学，参加数学荣誉学位考试的学生更是少之又少。[154]

与德国、法国等大学相比，牛桥的数学教学体现出鲜明的英伦特色。首先，总的来说，牛桥的数学课程是基础性的，所教授的并不是当时最尖端的数学知识，而是以欧几里德的《几何原本》为基础的数学知识；其次，在法国大学中，数学和军事、经济学结合起来，服务于实用的目的，而在牛桥，学习数学的目的是培养学生的逻辑推理能力，使学生成为一个"绅士"[155]。因此数学也是一门绅士学科。

一直到十八世纪，逻辑辩论依然是大学的常规性课程训练。在英国人文主义教育家的教育学说中，逻辑学亦是一个不可或缺的部分。他们认为，逻辑学是未来的政治家、社会精英所不可缺少的一种心智训练。十七世纪末，随着拉谟斯学派影响的增强，牛桥两校的学者开始削弱亚里士多德逻辑学中的某些部分，但1690年代牛津大学基督教堂学院的院长奥尔德里奇在对亚里士多德哲学进行修正的基础上重新恢复了它的统治地位。结果，在整个十八世纪，牛津大学的学生都受到亚里士多德逻辑学的影响。1808年，牛津又增加了艺学学士学位初试（responsion），考试科目包括拉丁文、希腊文、逻辑学和几何学[156]。十九世纪初，牛津大学的逻辑学教师里查德·威特里[157]在奥尔德里奇的基础上继续巩固了逻辑学的地位。直到此时，在牛津的官方课程中，

152 Sheldon Rothblatt.*The Modern University and its Discontents*. Cambridge University Press，1997：159

153 Noel Annan. *The dons: mentors, eccentrics, and geniuses*, Chicago: University of Chicago Press, 1999：25.

154 James Heywood. *The Recommendations of the Oxford University Commissioners*, London，1853：266.

155 Hilde de Ridder-Symoens. *Universities in early modern Europe, 1500-1800*, New York: Cambridge University Press, 1992：506.

156 Fergal McGrath. *The consecration of learning: lectures on Newman's Idea of a university*, New York: Fordham University Press, 1962：5

157 查德·威特里（Richard Whately，1787-1863），1829-1831年人任牛津大学逻辑学教授，1831-1863年任都柏林大主教，威特里反对书册派运动，主张为新教徒和天主教徒提供非教派性的宗教教育。

逻辑学都是核心科目。除非是贵族出身，学生必须经过逻辑学考试，才能获取学位。逻辑学在牛津的显赫地位引起了某些教育家的不满，例如，维塞斯莫·诺克斯就建议其母校牛津大学废除逻辑学这种"过时的训练"，并援引培根的学说作为支持。诺克斯甚至认为逻辑学教学是当时牛津衰败的一个原因[158]。一直到 1811 年，牛津大学的学者爱德华·泰瑟姆还批评经院逻辑在"古典人文学"（literae humaniores）考试中的分量过重，他批评说，经院逻辑的分量是如此之重，以至于培根或牛顿都无法拿到牛津的学位，因为他们两个人都不精通经院逻辑[159]。

相对而言，牛津大学最为重视的还是以拉丁语和希腊语为基础的古典学科。十七世纪末，英国大学课程从经院课程转向古典文学，并逐渐形成了深厚的人文传统。牛津大学的口语荣誉学位考试称为"古典人文学"[160]，其内容主要包括古希腊和罗马经典文本（如希腊语《新约全书》、亚里士多德、昆体良、荷马、品达、阿里斯托芬、修昔底德、塔西佗、李维、西塞罗和朱文诺）、宗教教义问答、宗教史、修辞学、道德哲学和逻辑。纽曼也自承，英国人的心灵特性偏于文学和古典学，而爱尔兰人的心灵特性则偏向于科学。而之所以如此，是因为"文学包含了权威和规则的观念"（纽曼，1994：219）。由此可见，对于文学与政治之间的关联，纽曼自己并非全无知觉。但对纽曼来说，文学尽管鼓励对权威的服从，但同时也是文明的守卫者，人类通过阅读诗歌和文学而培养起"文雅、温柔的情感"，这种情感对于维护文明的秩序是极为有益的（纽曼，1994：210）。

牛津大学的古典人文学和同一时期德国以语文学为基础的精神科学有很大的区别。古典人文学代表的是雄辩家和诗人的"纯美文学"传统，注重的

---

158 Vicesimus Knox. Liberal Education，London: Charles Dilly,1785，卷二，p.112.

159 Edward Tatham *A Second Address to the Member of Convocation at Large, on the proposed New Statute Respecting Public Examination in the University of Oxford*，Oxford，1811：5

160 literae humaniores，本义为"更具人性的文学"。Humaniores 为 humanus 一词的比较级形式，humanus 意为"人的"、"人性的"、"文雅的"，而 humaniores 则表示"更为人性化的"等含义。在不同的时期，literae humaniores 包含的范围有所不同，逻辑学和历史学有时包含其中，有时又不包含在内。尽管如此，literae humaniores 一向的重点是希腊语、拉丁语和古希腊罗马经典文本。参见 James Heywood. *The Recommendations of the Oxford University Commissioners*，London，1853：258-259.

是古希腊罗马经典的审美价值和道德价值，其目的是通过古典名著来培养社会精英，即绅士。因此，它强调的是知识的广博，而非精深。德国的语文学侧重的是以考据、分析为基础，"科学地"研究古希腊罗马文明。[161]

在 1800-1850 年的牛津，那些试图获得普通 B.A 学位的学生必须通过两次考试，既"小通过"（Little-Go）和"大通过"（Great-Go）。前者又称为 responsions，一般在第一学年末或第二学年举行，内容包括古典学、逻辑学和欧几里德《几何原本》；后者为公共考试，一般在第三或第四学年举行，内容包括古典学（他们一般只需要阅读欧里庇得斯的四本戏剧、希罗多德的历史、六卷李维的罗马史、贺拉斯诗歌的一半）、拉丁写作和翻译（学生需要将一段英文翻译成拉丁文，翻译《福音书》中的任意一个段落）、宗教基础知识（复述三十九条信纲，并用圣经解释之；回答一些与《旧约》、《新约》相关的历史事实）。[162]

近代实验科学在博雅教育中的地位一直没有得到承认。在纽曼的时代，是否应该将近代实验科学纳入博雅教育成为一个如火如荼的话题。为了解决这种争议，约翰·密尔认为大学应该既教授人文科学，又教授自然科学。密尔认为，没有必要在古典和科学之间分个高下，两者缺一不可。他指出，如果教育不把文学与科学两者都包括进去的话，就不能称为好的教育[163]。近代科学的倡导者如赫胥黎等激烈地批评大学落后守旧，拒斥近代实验科学。赫胥黎曾亲口说过这样一番话："如果我想让我儿子去制造业工作的话，我压根不会想到让他去读大学"[164]。

161　1850 年代之后，英国的高级人文学也被迫向德国的语文学看齐。尤其是 Mark Pattison（1813-1884）访德之后，对德国学术深为叹服，在 1861-1884 年担任牛津大学林肯学院院长期间，他不遗余力地提升牛津高级人文学的学术水准，鼓励院中导师从事德国式的学术研究。1880 年，第一份古典学研究杂志《希腊研究学刊》（Journal of Hellenic Studies）创刊，1887 年，《古典评论》（Classical Review）创刊。参见 Hilde de Ridder-Symoens. *A History of the university in Europe（v.2）: Universities in early modern Europe, 1500-1800*, New York: Cambridge University Press, 1992：427.

162　James Heywood. *The Recommendations of the Oxford University Commissioners*, London，1853：262.

163　John Stuart Mill. *Inaugural address delivered to the University of St. Andrews* London：Routledge/Thoemmes Press，1994：12.

164　D. C. Coleman. "Gentlemen and Players".*The Economic History Review*, New Series, Vol. 26, No. 1.（1973），pp. 92-116

当然，这不意味着纽曼时代牛津的学生无法接触到近代自然科学。在牛津，学生可以在教授的讲座中，接触到大量有关历史、政治经济学、法律、语言学、自然科学方面的知识，以使他们快速跟上时代的发展。这些讲座并不属于大学正式课程的一部分，然而它们却是大学智性生活不可或缺的成分。[165]总而言之，在纽曼时代的牛津，博雅教育的课程核心为逻辑学和古典学，其课程组合为神学+基础数学+逻辑学+古典人文学。

4.2 遭到围攻的古典学

十七世纪末以后，牛津大学的课程即以古典学、逻辑学为基础。在其他国家的大学纷纷受启蒙运动影响而转向现代学科和近代自然科学的情况下，牛津和剑桥成为古典学问最为坚定的庇护者。

然而，到十八世纪中叶，古典教育的统治地位已经开始受到质疑。受孟德斯鸠的影响，十八世纪热心教育的人士如大卫·威廉斯、托马斯·谢里丹等人都主张以英语为基础对公民进行教育。在他们看来，对英语的忽略是政府动荡、道德败坏的根源。英国政制名为君主制，但实质上类似于共和制，因此必须依据共和的原则来教化国民，这就要求打破古典语言的垄断地位，使更多的人接受以英语为基础的教育。[166]

1800 年，牛津大学在奥利尔学院院长约翰·伊夫利[167]、基督教堂学院院长西里尔·杰克逊、贝列尔学院教师约翰·帕森斯[168]的支持之下，对古老的大学体制进行改革，并于 1800 年颁布了新的牛津大学考试条例，在学士和硕士学位中，用正式的考试制度取代了以前的口头辩论方法[169]。考试条例颁发之后，牛津的学风逐渐开始好转。然而，正当牛津大学自以为自己走在"改革"之路上的时候，在外界看来，它已经大大落后于时代了。1808-1809 年间，创刊不久的《爱丁堡评论》以三篇书评的形式对牛津大学这座古老的学府发

---

165 Peter R. H. Slee.*Learning and a Liberal Education*, Palgrave Macmillan, 1988：13-14.

166 F. T. H. Fletcher. *Montesquieu and British Education in the Eighteenth Century*.The Modern Language Review, Vol. 38, No. 4.（Oct., 1943），pp. 298-306

167 约翰·伊夫利（John Eveleigh, 1747-1814），牛津神学博士，曾任奥利尔学院院长和威斯敏斯特公学校长。

168 约翰·帕森斯（John Parsons, 1761-1819），1798-1819 年间担任贝利尔学院院长。

169 Fergal McGrath. *The consecration of learning*, New York: Fordham University Press,1962：5.

起了攻击，攻击手分别是约翰·普莱费尔[170]、理查德·奈特[171]和悉德尼·史密斯[172]，其中尤以悉德尼·史密斯的批判最为犀利。

出身牛津的悉德尼·史密斯在评论理查德·埃奇沃斯的《专业教育散论》一书的文章中对古典学在英国教育中的统治地位发起了质疑，

> "对于几乎每一个有教养的英国人来说，从三岁到二十四岁这段时间中，古典知识是他存在的主要目的；没有人愿意怀疑，或者愿意听到这样的话，他花这么长时间所学的东西一无所值。……引经据典是学者们的标志，他们通过这个来区别于那些无知的、没有文化的人；在不知不觉中，希腊文和拉丁文成了有教养者的唯一标准。"[173]

在他看来，"每一种类型的教育，其唯一正确的标准都是——它在日后生活中的功用"[174]。悉德尼·史密斯所指的功用主要指的是物质上的好处，他指出，大部分人类知识的目的是"满足人的肉体需要"，这一点在他对数学的看法中表现得尤为明显："如果不将其应用到航海、天文、机械学中去，数学的功用又是什么呢？"[175]而古典学已经逐渐脱离了和生活的联系，或者说，已经不再符合功用的标准。悉德尼·史密斯对古典学的第二个批评在于它只培养人的想象力，没有培养人的理智："现在的古典学教育过多地培养了想象力，对于其他的心智习惯则关注太少"[176]。他还指责拉丁语和希腊语在入学中的垄断地位是"用优雅的愚蠢来培养许多年轻人"[177]。英国人只重视想象

---

170 约翰·普莱费尔（John Playfair，1748-1819），先后担任爱丁堡大学数学教授和自然哲学教授，他的主要贡献是推广了 James Hutton 的地理学学说。

171 理查德·奈特（Richard Payne Knight，1751-1824），英国学者，业余考古学家，提倡宗教自由，主张用异教哲学取代基督教正统。

172 悉德尼·史密斯（Sydney Smith，1771-1845），英国牧师，辉格党政治家。毕业于牛津大学，1802年创办《爱丁堡评论》。

173 Fergal McGrath. *The consecration of learning: lectures on Newman's Idea of a university*, New York: Fordham University Press,1962：8-9

174 Fergal McGrath. *The consecration of learning: lectures on Newman's Idea of a university*, New York: Fordham University Press,1962： 9

175 Fergal McGrath. *The consecration of learning: lectures on Newman's Idea of a university*, New York: Fordham University Press,1962：33.

176 Fergal McGrath. *The consecration of learning* New York: Fordham University Press ,1962： 11

177 Fergal McGrath. *The consecration of learning*, New York: Fordham University Press 1962：11.

性的文学作品，即便在古典文学中，诗人和雄辩家也比哲学家更受欢迎，大学所培养出来的年轻人"感觉敏锐，想象力丰富，*品位高雅*"，但是他们：

> "没有任何思考的才能和进行创造性研究的能力。他也没有形成那种将事物提升到第一原则的非凡才能，……他痛恨思考"[178]。

品位是十八世纪英国绅士教育的最高目标之一。但在悉德尼·史密斯看来，一个人如果仅仅具有在文学、艺术方面的高雅品位，那是显然不够的，时代要求的是思考的能力、进行创造性探究的能力、推理的能力。在这里，我们已经看到十九世纪的博雅教育理论开始背离十八世纪。悉德尼·史密斯指出，以古典学为基础的教育是狭隘的，它已经不能满足时代的要求，英国大学必须拓宽自己的课程，学生应该：

> "知道自己国家的政体——它是如何演进到今天的状态的——它曾经面临哪些罪恶的威胁，它曾遭受哪些恶毒的攻击……应该了解国民财富的原因，外国贸易的关系，鼓励制造业和农业，票据信用所造成的虚拟财富，人口的规律，对贫穷和乞丐的管理，垄断的利弊，征税的理论，公债的后果"[179]。

大学非但不传授这些知识，而且如果谁敢于在牛津讨论出口进口这些贴近生活的问题，他将遭到众人的鄙视。[180]虽然牛津的古典文学取得了骄人的成绩，但是，如果"所有对人类生活有用的文艺和科学都能在那里教授，如果有些人致力于化学，有些人致力于数学，有些人致力于实验哲学，……这样的大学制度会更有价值"[181]。

面对悉德尼·史密斯等人的指责，爱德华·考普斯顿挺身而出，为牛津大学申辩。考普斯顿辩解说，每一所大学都有自己偏好的学科，例如，剑桥大学偏重数学，爱丁堡大学强调医学，正是这些特定的偏好塑造了一所大学的"场所精神"，因此，牛津也不应该因为自己鼓励古典学科而受到指责[182]。

---

178 Fergal McGrath. *The consecration of learning*, New York: Fordham University Press 1962： 12.

179 Fergal McGrath. *The consecration of learning*, New York: Fordham University Press 1962： 13

180 Fergal McGrath. *The consecration of learning*, New York: Fordham University Press 1962：16

181 Fergal McGrath. *The consecration of learning*, New York: Fordham University Press 1962：16

182 Edward Copleston. *A Reply to the Calumnies of the Edinburgh Review Against Oxford*, Oxford, 1810：84.

他还指出，对古典文本的阅读可以使人获得一种"人性的共通感"，这种共通感甚至对于医生和将军这样的专业人员也是必需的。古典学的学习能够为各个阶层的专业人士提供一种普通的文化。另外，考普斯顿将以古典学为基础的博雅教育视为医治商业主义和专业化的一剂良药。在博雅教育思想史上，这是一种真正新颖的观点，而且，这种新的理解延续至今[183]。在很多学者看来，二十世纪以来的现代大学，最大的痼疾就是商业主义和专业主义。对抗商业主义和专业主义，这也是美国"自由"教育运动的一个重要出发点。

　　悉德尼·史密斯与爱德华·考普斯顿的论争表面上以后者的胜利而告终。但如理查德·詹金斯所论，历史地看，真正的胜利者是悉德尼·史密斯，在此后的数十年中，历史学和哲学作为"可靠的、男子气概的"科学逐渐压倒了对文学品位的培养[184]。

　　四十多年之后，纽曼在关于大学理念的演说中重提这场论争，其意图无非有两个，其一为反对功利主义的知识观，其二则是为古典学辩护。

4.3　博雅知识的范围

　　自十七世纪以来，如何处理新兴的实验科学，博雅教育是否应当包括近代自然科学，便构成了教育论著中一个常见的话题。关于两者的关系，十八世纪颇有影响的教育理论家维塞斯臭·诺克斯的话颇能代表当时的普遍看法，他说："虽然我特别推荐古典学问，但我没有排外地推荐这门学问"，学生一旦具备良好的古典学基础，可以在余暇时继续涉猎自然科学方面的知识，诸如自然哲学、化学、植物学、绘画、雕塑、建筑，等等。接触自然科学的途径是阅读一些语言比较生动的科学著作，不过，"如果学生一开始就厌恶这些知识，他也许会永远放弃它们"[185]。

　　然而，到纽曼发表大学理念系列演说的时候，古典教育的支持者已经无法如此从容地打发近代自然科学了。越来越多的人呼吁将自然科学纳入博雅教育的范畴，也就是说，将自然科学纳入公学和大学本科教育的范畴。纽曼曾指出，博雅教育的内容包括自然科学与文学："自然之书叫做科学（science），

183　W.B. Carnochan. *The Battleground of the Curriculum-Liberal Education and American Experience*，Stanford, Calif.：Stanford University Press,1993：29.

184　M.G. Brock and M.C. Curthoys. *The History of the University of Oxford － v.6. Nineteenth-century Oxford* （pt.2），Oxford：Clarendon Press,1997：515.

185　Vicesimus Knox. *Liberal Education*.卷一，London: Charles Dilly, 1785, p.315.

人之书叫做文学（Literature）。这样一来，文学与科学差不多构成了博雅教育的主要内容"（纽曼，1994：219）。按照这一说法，博雅教育的内容包括科学与文学。换言之，人文学科与科学都属于博雅知识的范畴。不过，仍然有两个悬而未决的问题：第一，纽曼所说的科学包括哪些内容；第二，神学是否属于博雅知识的范畴？

第一个问题，纽曼所说的科学包括哪些内容？在《大学的理念》一书的序言中，纽曼在提到训练心智的手段时，除了文法之外，还谈到了数学、年代学和地理学这三门学科（纽曼，1994：xix）。这三门学科无疑属于博雅知识的范畴。数学历来都属于博雅学科的组成部分，纽曼对数学一向都比较感兴趣，在学生年代，数学一直是他的强项之一。1830年，纽曼已经是奥利尔学院的院士，学习新知识对他来说已经不再是一种义务，不过，年近三十的他还是重新开始了知识的探索，并将触角伸向了数学，他向朋友们表示，自己要学习一些更加高深的数学知识，为此，有朋友给他寄去了有关三角法、微积分、力学、流体静力学和光学的完整书单。是年夏天，他开始进一步学习三角法、圆锥曲线论以及牛顿的《自然哲学的数学原理》。在三一学院读书的时候，纽曼就学习过牛顿《自然哲学的数学原理》的前三卷，这一次他准备更深入地学习全书[186]。年代学和地理学之所以包括在内，是因为这两门学科对于研读古典著作甚有帮助。尤其是阅读希腊史和罗马史时，年代学和历史学的知识更是不可或缺。1827年，纽曼曾受命担任牛津大学荣誉学位考试的主考官，在为此做准备时，他特别阅读了英国历史学家威廉·米特福德（1744-1827）五卷本的《希腊史》、德国历史学家尼布尔两卷本的《罗马史》以及亨利·克林顿（1781-1852）的《希腊年表》，可见他当时已经很关注年代学方面的研究成果。

不过，对于以实验为基础的近代自然科学，纽曼的态度有些暧昧不清。在牛津时，纽曼曾经听过威廉·巴克兰的矿物学讲座，并感觉这是一门很有意思的学科。巴克兰是矿物学、地质学的创始人之一，也是当时牛津唯一在科学上做出原创性贡献的自然科学讲座教授。在巴克兰的影响之下，矿物学和地质学成为当时牛津最受欢迎的自然科学讲座课程。在巅峰时期，巴克兰地质学讲座的听众多达九十人。除纽曼之外，牛津运动的主要领导人约翰·基

---

186 A. Dwight Culler., *The imperial intellect -a study of Newman's educational ideal*, Yale University Press 1955：81.

布尔和爱德华·普西都曾听过巴克兰的讲座[187]。有意思的是，后来纽曼担任牛津圣玛丽教堂的布道牧师，吸引了大量的牛津学生，致使昔日的老师门庭寥落，听众骤减，最后巴克兰不得不黯然离开牛津，另谋高就。巴克兰本身也是一位神学家，曾获牛津神学博士学位。他的地质学研究，其最基本的问题关怀在证明上帝设计论和上帝创世说。这种自然神学的取向后来为纽曼所抛弃，在纽曼看来，自然神学不能在基督教教义上给人以任何的启发。

在纽曼的时代，近代自然科学已经取得了非常巨大的进步。纽曼没有无视近代自然科学，而是严肃地探讨它。然而，出于以下几个方面的考虑，纽曼对近代自然科学充满怀疑：

1. 自然科学在某种意义上是"无神论的"（纽曼，1994：222），它与天主教的敌人———新教教徒——的关系更为密切，几乎所有杰出的近代自然科学家都是新教教徒（纽曼，1994：225）。

2. 由于受到培根哲学的影响，现代的自然科学已经脱离了自然哲学的范畴，变成了服务于人类利益的"实用性"知识，也不再属于人类博雅的追求（纽曼，1994：109）。在《基督教与文学》的演讲中，纽曼明确指出化学、电学和地质学不属于博雅知识的范畴，它们并非博雅教育的合宜之选，因为这些"受到培根哲学影响"的近代自然科学并不是心智培育的最佳手段，或者说，至少还没有经验能够证明这些学科能够和古希腊罗马的诗人、历史学家和哲学家的作品一样有效地加强、提高和丰富"理智的力量"（纽曼，1994：263）。在这里，纽曼对近代实验科学的排斥是基于建立在"经验"而非"理论"的基础之上的。纽曼并没有在理论上否认近代实验科学也可能在训练理智方面具有和古典学、数学同样的效果。

尽管对近代自然科学是否属于博雅知识这个问题上暧昧不清，但纽曼并不是一个盲目乐观的科学进步主义者，这点断无疑义。在纽曼看来，培根的现代科学（哲学）可以最大限度地消除此世的匮乏，技术的应用充分利用了大自然的馈赠，将自然的礼物转化为人工的制品，服务于人类的富饶、健康、奢侈的需求。但纽曼同时也暗示说，如果不加限制地利用这种大自然的馈赠，大自然的资源总有一天是会枯竭的（纽曼，1994：119）。而且，与永恒的救赎相比，我们从利用大自然中所得到的不过是"现世的暂时利益"（纽曼，1994：118）。

---

187 M.G. Brock and M.C. Curthoys. *The History of the University of Oxford－v.6. Nineteenth-century Oxford （pt.1）*.Oxford：Clarendon Press， 1997：547.

不过，在另外一些地方，纽曼也承认近代科学具有培育理智的价值，他曾公开说过自然科学"在博雅教育中有一席之地"[188]。1851 年，纽曼担任爱尔兰天主教大学筹备委员会其中一个下属委员会的委员，为未来大学的组织结构设计草图。根据这一方案，大学的组织结构遵循中世纪的传统，分为艺学（arts）、医学、法律、神学四个学部。艺学部又分为文学院（letters）和科学院（science）。文学院课程包括"拉丁语、希腊语、闪族语与现代语言、古代史与现代史、民族史、宗教史、考古学、英语文学、文学批评"。科学院课程包括"逻辑学、形而上学、伦理学（包括经济学和政治学）、宗教哲学、数学、自然哲学、化学、自然史、矿物学与地质学，等等"[189]。显然，根据这个方案，arts 包括广义的文学以及科学，"化学、地理学、矿物学"也属于博雅知识的范畴。

第二个问题是，神学是否属于博雅知识的一部分？纽曼曾经指出神学属于普遍知识的一个分支，而且是其中最重要的一个分支。根据这个观点，神学自然属于博雅知识的范畴，因此也自然属于博雅教育的一部分。当然，这时的神学属于知识而非信仰的范畴。

纽曼在演讲中反复提到十九世纪初期《爱丁堡评论》和牛津大学的那场论争，并表明自己站在母校的立场。当时爱丁堡学派对牛津最主要的批评是牛津只将课程局限在古典文学之上。这一点正好说明，虽然博雅知识包括广义的文学和非实用主义的科学，但古典文学占据最重要的位置。纽曼在论述博雅知识的特征时，念兹在兹的正是古典学。例如，他强调博雅知识是与实用知识相对的知识，而当时古希腊语和古拉丁语确实已经是两门"死语言"，在日常的政治、经济生活中已经不发挥直接的作用，因而被称为"装饰性的学问"。

综上所述，纽曼理想中的博雅知识或博雅学科主要包括古典学（希腊文，拉丁文，古希腊罗马经典）、数学、逻辑学、地理学、年代学等学科，在这其中，尤以古典学、逻辑学和数学为重。

---

188 Fergal McGrath. *The consecration of learning: lectures on Newman's Idea of a university*, New York: Fordham University Press,1962：90.

189 A. Dwight Culler. *The imperial intellect -a study of Newman's educational ideal* , Yale University Press, 1955：133.

第五节 博雅教育是"造就绅士"的教育

纽曼指出，博雅教育的"理想人格"是绅士：

"博雅教育并不能造就基督徒，不能造就天主教徒，而只能造就绅士。做一个绅士是好的，拥有受过教养的心智，精致的品位，正直、公正而冷静的头脑，言行举止高贵而彬彬有礼，都是很好的——所有这些都是一种博大知识（large knowledge）的固有品质。它们正是一所大学的目标"（纽曼，1994：120）。

因此，按照纽曼的说法，博雅知识等同于绅士知识。所谓博雅教育，指的是绅士教育[190]。

在纽曼的时代，绅士的定义已经较十七世纪远为不同，其中最明显的变化是，一个人完全可以通过良好的教养或者教育成为绅士，这一变化始自十八世纪，关于这一点，我们已经在上一章做了相应的论述。

纽曼显然会赞同从文化和教育而非出身、财富的视角来界定绅士。而且，在筹办的爱尔兰天主教大学中，更多的学生来自中下阶层，而非上流社会。因此，在《大学的理念》一书的前言中，纽曼明确指出，他所说的绅士不是传统上那种"狭隘和虚幻的"的"英国绅士"，这种绅士是"过时的人性类型和封建制度的残余"。显然，纽曼也不同意仅仅以出身为基础来定义绅士。

另外，从纽曼对"绅士自费生"的批评当中，也可以看到他对以出身为基础的绅士观念的反感。牛津大学一般将学生分为五个等级，即工读生（Servitor，以在学校打工挣取学费）、奖学金学生（scholar，拿奖助学金、成绩优异的贫困学生）、自费生（commoner）、绅士自费生（gentleman-commoners，拥有绅士头衔，缴纳的费用比自费生更高）、显贵（Nobleman，又称为 tuft）。这五类学生的差异不仅体现在缴纳费用上，还体现在服饰、饮食上。贵族学生可拥有两套学袍，其中一套为带黄金花边的紫色绸缎礼服，专为出席公共场合所用，另一套为黑色丝绸礼服，两套礼服都有金流苏及黑色丝绒方形帽；绅士自费生也拥有两套学袍，均为黑色丝绸礼服，这两套礼服也有黑色丝绒

---

190 以往的研究对 liberal knowledge 即 gentleman's knowledge 这一命题没有给予足够的重视如 A. Dwight Culler 在阐述纽曼的 liberal education 理论时，完全是围绕知识来写，并没有把绅士作为一个单独的主题来阐述。参见 A. Dwight Culler. *The imperial intellect -a study of Newman's educational ideal*, Yale University Press, 1955：173-244.

方形帽，差别在于，流苏是丝绸，而非金制的；普通自费生则只有一套学袍，其用料较前两者为差，且没有袖子；工读生的学袍和自费生差不多，不过帽子没有流苏[191]。

纽曼出身中产阶层，以自费生的身份进入牛津，[192]对于贵族子弟，本身就有些格格不入。在牛津，绅士自费生是一个令人瞩目的学生群体，他们拥有很多特权，如和院士一同在高脚桌上进餐、提前毕业（理由是他们比一般的学生需要更早地进入公共生活），等等。这种等级关系不仅在学生中存在，在教师队伍中也普遍存在。在纽曼看来，这一整套制度是"封建制度的残余"。在牛津，绅士自费生是最游手好闲、无心向学的一群纨绔子弟。在纽曼所在的奥利尔学院，大约有五分之一的本科生是绅士自费生，这些学生最热衷的是穿着、赌博、打猎。纽曼对此深恶痛绝。因此，等到他成为奥利尔学院的院士，并逐渐执掌大权时，便千方百计削减学院中绅士自费生的人数，强化纪律，端正学风。[193]在他看来，大学首先是一个"培育理智"的场所，自然也就容不下不求上进的贵族学生。纽曼的改革遭到了学生们——尤其是绅士自费生——的抵制，纽曼回忆说，那些绅士自费生"依仗自己的家庭出身和好运道，千方百计地反对我，并到处散布有关我的流言"[194]。纽曼还主张取消绅士－自费生所享有的一些特权，他认为绅士自费生享有与院士共同进餐的习俗应该废除，并因此与亲近贵族学生的院长霍金斯发生冲突。

在纽曼看来，博雅教育的目的，或者说天主教徒学生所迫切需要的不再是"绅士的言行举止、礼仪风度"（manners and habits of gentleman），因为这些东西可以通过适宜的社交、国外旅行等途径获得，而且天主教思想本身已内蕴了一种"优雅和尊严"，无需苦心孤诣去寻找。换言之，培养学生的礼仪风度并非大学正当的目标。那么，在纽曼的心目中，真正的有教养的绅士应该是什么样的呢？在《大学的理念》一书中，纽曼曾经这样定义绅士：

---

191 Oxford Herald-Office. *The Oxford University and city guide*，Oxford，1821：174-175.

192 Joyce Sugg. *John Henry Newman: Snapdragon in the Wall*，Gracewing；New Ed edition，2001：14.

193 Joyce Sugg. *John Henry Newman: Snapdragon in the Wall*，Gracewing；New Ed edition，2001：31.

194 A. Dwight Culler. *The imperial intellect -a study of Newman's educational ideal*, Yale University Press, 1955：54.

首先，绅士的最大的特点是"一个不会给别人带来痛苦的人"（纽曼，1994：208）。从伦理品格的角度而言，绅士应该和蔼、友善、仁慈。

其次，和传统的绅士定义不同的是，绅士必须具备"训练有素的心智"（纽曼，1994：210），必须是"有教养的人"（纽曼，1994：191）。心智的训练对于塑造文雅的绅士是不可或缺的，因为绅士需要不断地和不同的人交谈，只有经过全面、稳定、严格的心智训练，绅士才能得体地处理不同的谈话题材，而且一旦与别人发生争执，"他训练有素的心智能使他不会表现失礼"[195]。

最后，绅士不一定是宗教徒，但真正的绅士即便不是宗教徒，也应该是宗教的同情者。即便他不信奉宗教，他也应该有所信仰，比如美和高尚。

《大学的理念》一书中对"绅士"的定义能否完全代表纽曼心目中的理想绅士，是大可怀疑的。在描述绅士的著名段落之前，纽曼大段引述了沙夫兹伯里伯爵的话，然后说："因此，这差不多就是绅士的定义，一个绝不会给别人带来痛苦的人"（纽曼，1994：208）。在很大程度上，纽曼对绅士的定义沿袭了前者的定义，明显带有十八世纪绅士教育、礼貌教育的痕迹，受到礼貌／文雅观念的影响，并不完全代表纽曼本人的看法[196]。

纽曼对十八世纪的文雅观念显然并不陌生，他在演讲中大段引述文雅观念的代表人物沙夫兹伯里伯爵的著作《人、礼仪、观点、见解的特征》一书。尽管纽曼将沙夫兹伯里伯爵视为理性宗教的代言人，批评他对基督教的攻击，但纽曼本人的绅士概念显然受其影响。在英国十八世纪的语境当中，文雅是一种与交谈、社交相联系的德性。从词源学的角度，polish，police，poli（希腊词"城邦"）和 politizmos（希腊词 civilisation）这四个词之间存在有趣的联系。polite 源自拉丁语的过去分词形式 politus，意为优雅的（polished）。诺贝特·埃利亚斯的研究表明，文明（politizmos）是人类学会控制自己的身体、言行和态度的过程，是一种自我控制和社会控制的有效方法[197]。根据学者拉可夫在 1975 年的定义，文雅指的是"社会所发展起来的减少个人交往过程中的摩擦的策略"。卡斯培（1990）则指出，交谈总是潜在地充满危险和敌意，

195　（英）约翰·亨利·纽曼.大学的理念.高师宁等译.贵阳：贵州教育出版社，2005：182.

196　A. Dwight Culler 也指出，纽曼在这一节中对绅士的描述常常被认为是"纽曼的正面理念的严肃的表达"，这种现象是"讽刺性的"（ironic）。参见 A. Dwight Culler. *The imperial intellect -a study of Newman's educational*, Yale University Press, 1955：238.

197　Richard J. Watts. *Politeness*，Cambridge University Press，2003：32.

文雅是一种策略，致力于消解危险，使对抗状态最小化[198]。综合以上学者的研究可知，在十八世纪，"文雅"的主要目的是通过文雅、礼貌的言行举止使交谈的双方能够愉快、惬意。

纽曼所描绘的"绅士"恰恰符合十八世纪的理想。绅士最大的特点是"一个不会给别人带来痛苦的人"（纽曼，1994：208）。他严格遵守交谈和交往的文雅原则，不冒犯任何一个人，对所有人一视同仁。同时，他不居高自傲以致于挫伤别人的自尊心。他与人为善，即便是敌人，也考虑有朝一日与之成为朋友。总而言之，纽曼在这里给绅士所下的定义完全符合拉可夫在1975年给文雅所下的定义："……减少个人交往过程中的摩擦的策略"。

在纽曼看来，以品位、文雅为基础的十八世纪绅士，其优点在于体现了仁慈、人道的原则，例如，十八世纪的绅士不赞成决斗。但是，纽曼显然并不满足于十八世纪的以品位、礼貌为准则的"绅士"定义，因为十八世纪的绅士定义仅仅是文明的产物，与基督教无涉，纽曼给这样的绅士加了一个引号，以表达他的保留态度（纽曼，1994：203）。纽曼暗示说，绅士应该不停留于表面，在内心深植虔诚、信仰、贞洁、奉献等基督教美德。换言之，纽曼心目中的理想绅士应该是一个"基督教化的绅士"。

在纽曼的心目中，理想的绅士不仅仅是"基督教化的绅士"，而且应该具备"训练有素的心智"，这种理解不仅偏离了十六世纪绅士定义中对"武功"的强调，而且与十八世纪之前的绅士形象大异其趣。十六至十八世纪的"绅士"对于教育和文化甚至是抱有蔑视的态度的。十八世纪之前，英国绅士教育的宗旨是培养社交礼仪和道德品性，也即所谓的"品格塑造"。心智训练根本不是绅士教育的重点所在。自中世纪以来，英国的绅士向来都对学者阶层的"学问"不以为然，对于学究式的学问，更是深恶痛绝。有些贵族子弟进入牛桥之后，甚至可以免于考试，整天以猎狐、骑马为乐，流连于咖啡馆、酒馆等休闲场所，生活十分安逸。贵族子弟并没有很高的知性追求，甚至认为过分刻苦与绅士身份不符。在牛津求学时，纽曼就因为学习过分用功而遭到同学的攻击和侮辱。在重新定义"绅士"时，纽曼的革命性意义在于强调真正的绅士必须是一个"具有哲学心智的人"（Man of Philosophic mind）[199]。

198　Richard J. Watts. *Politeness*，Cambridge University Press，2003：50-51.
199　A. Dwight Culler. *The imperial intellect -a study of Newman's educational ideal*, Yale University Press, 1955：189-211.

纽曼并不否认博雅教育可以使人更为文雅。然而，博雅教育的作用不止于此，它所起的作用"要比这大得多"，这个作用就是心智的训练，通过"心智的训练"来"塑造心灵的形状"（纽曼，1994：xvi）。

第六节　以心智训练"塑造心灵的形状"

纽曼指出，大学的目的是博雅教育，也就是心智的培养（cultivation of the intellect，纽曼，1994：121）。在这个意义上，博雅教育在本质上是一种"理智教育"（intellectual education）。理智的培育（cultivation of the intellect）这个短语，纽曼有时又称之为心智的训练（discipline of mind），心智的培育（cultivation of mind），理智的训练（discipline of intellect），理智的改进（refinement of intellect），心智的拓展（enlargement of mind）（纽曼，1994：xv，501），等等。在纽曼看来，大学的目的既不在道德，也不在宗教，而在于理智。教会可以利用大学来达成宗教或道德之目的，但"就其自身而言"，大学的本质在于理智的培育。纽曼的这种观点曾遭到宗教人士的诟病，但他不为所动，依然坚持己见。

6.1 新的"学术气质"：纽曼之前的心智训练学说

布鲁斯·金博尔认为，心智训练学说是建立在官能心理学的基础之上的，并且主要受到苏格兰常识学派哲学家托马斯·里德（1710-1796）的影响[200]。事实上，这种观念可以追溯至更早。教育是对心灵官能的训练和培育，这种观点并非十八世纪的发明。十七世纪的教育家俄巴底亚·沃克尔在《论教育，尤其是年轻绅士的教育》一书中即已指出，技艺或科学可以培养三种官能，即智慧、记忆力和判断力[201]。沃克尔指出，判断包括周到、洞察力、谨慎、远见，培养这种官能的学科是建立在理性推理基础上的科学，如自然哲学、道德哲学、实践医学、法律、司法、和平与战争时期的治理术，记忆力的官能特别为律师所需[202]。

---

200 Bruce Kimball. *Orators & philosophers,* New York: College Entrance Examination Board 1995：151-152.

201 Obadiah Walker. Of Education Especially of Young Gentlemen, London, 1673：124.

202 Obadiah Walker. *Of Education Especially of Young Gentlemen* , London, 1673：124-129.

与沃克尔同一时代的洛克在《教育漫谈》中指出，自然哲学的学习可以作为"我们心智的扩展"，使我们更真实、更完整地把握理性和启示所揭示的"理智世界"[203]，阅读、写作等文化活动可以"改善心智"[204]，但若过度从事，则有害健康。除此之外，洛克还著有《人类理解论》一书，系统地阐述了自己的知识理论。

要注意的是，心智训练学说已经是十八世纪博雅教育理论的一个组成部分。我们在上一章所提到的十八世纪三位论述博雅教育的作家（普莱斯特里、乔治·特恩布尔、诺克斯）都在教育论著中使用了"改善心智"、"扩大心智"、"训练心智"等概念，而且，这些概念在其教育学说中已经占据要津。深受洛克影响的乔治·特恩布尔指出通过知识的教育可以装备心灵，"改善心智"[205]。维塞斯莫·诺克斯则将"扩展心智"视为古典学科的一个合法性基础，"古典学科最出色、最高贵的效果是心智的扩展、精致和修饰。"[206]普莱斯特里指出，阅读地理学、天文学、历史学、哲学著作均可以"改善心智"，其中阅读圣经"最能扩展心智／心灵"[207]。不过，在普莱斯特里这里，"mind"的含义更接近"心灵"而非"心智"。例如，勇敢就是"心灵的一种品质"[208]。因此，对普莱斯特里来说，心灵的磨练（discipline of mind）就不仅仅是理智的教育，而同时是道德德性的教育。例如，游学可以"拓展心灵"（enlarge the mind），通过了解各个民族的习俗、法律、文化，一个人可以在宗教、公民政治等问题上变得更加开明。[209]

纽曼的理智训练学说更多地扎根于英格兰的哲学传统，而非受惠于苏格兰启蒙运动（没有证据表明纽曼阅读过托马斯·雷德的著作）。纽曼的理智训练学说受到另一位年代比托马斯·雷德更早的学者以撒·瓦茨（Isaac Watts，1674-1748）的影响。早在19世纪二十年代，纽曼就精读过他的著作《心智的

203　John Locke. *Some Thoughts Concerning Education*（1693）.Oxford: Clarendon Press; New York: Oxford University Press, 1989:225.

204　John Locke. *Some Thoughts Concerning Education* （1693）.Oxford: Clarendon Press; New York: Oxford University Press, 1989:：242

205　"improvement of the mind"，George Turnbull. *Observations upon liberal education* （1742），Indianapolis, Ind.：Liberty Fund，2003：206

206　Vicesimus Knox. Liberal Education. London: Charles Dilly, 1785.卷一，第七版，P.3

207　Joseph Priestly. *Miscellaneous observations relating to education*, 1778：136.

208　Joseph Priestley. *Miscellaneous observations relating to education*, 1778：72.

209　Joseph Priestly. *Miscellaneous observations relating to education*, 1778：143.

改善：或，对逻辑技艺的补充》（1741），该书其中一章的内容为"论扩展心智的能力"，纽曼关于"心智的扩展"的论述直接受到了这一章的启发，并从中引用了一些例子[210]。《心智的改善》一书在十八、十九世纪影响非常之大。如果再往前追溯，便可发现以撒·瓦茨的观点受到洛克《人类理解论》一书的影响。显然，洛克才是现代英国理智培育学说的主要源头。

当然，纽曼的心智训练学说也带有官能心理学的痕迹，这也体现在他的论述当中，比如他指出"知识的增加"和"官能的训练"之间存在因果关联："通过这种知识的增加，我们似乎获得了某种新的官能，或者对我们的官能有了新的训练，就像一个囚犯已经习惯于手铐脚镣，却突然发觉自己的手脚是自由的那样"（纽曼，1994：131）。

到十九世纪，理智的培育、心灵的拓展等等这一套心智哲学词汇在教育界几乎成为无孔不入的流行语。在1809-1810年间和十九世纪三十年代发生的两场关于牛津、剑桥课程的大争论中，论争的双方都采用了这一套术语，从而使其更广为人知。考普斯顿指出，大学的目的不是培养某一个行业的人才，而是通过古典学和数学的学习，训练他们的心智，使其能够适应不断变化的社会，胜任不同的工作岗位。古典学和数学是训练心智的最有效工具，一方面，他们是最为困难的科目，不管是希腊文法，还是数学定理，都属于高深的学问，要掌握它们，必须付出非常艰苦的努力，人类的心智在此过程中必然得到精心的训练。经过爱德华·考普斯顿的阐释，新的大学观念，亦即一种"学术气质"浮出了历史地平线，并成为了权威性的、规范性的观念。从此以后，"心智的训练"几乎与"大学的理念"同义。[211]

十九世纪三十年代，另外一场论争在威廉·汉密尔顿[212]和剑桥大学副校长威廉·休厄尔之间展开。论争的焦点是数学是否属于训练心智的有效手段。在威廉·休厄尔看来，最具有心智训练价值的科目是数学（尤其是几何学）和古典学，近代自然科学、历史学、现代文学都不具备"教育"价值。数学之所以具有"最高"的教育价值，是因为它所提供的是无可辩驳的真理，它们体现了知识的尊严。而在近代科学领域，真理的共识尚未

---

210 A. Dwight Culler. *The imperial intellect -a study of Newman's educational ideal*, Yale University Press, 1955：207.

211 Peter R. H. Slee.*Learning and a Liberal Education*, Palgrave Macmillan, 1988：11-12.

212 威廉·汉密尔顿（William Hamilton），爱丁堡逻辑学和形而上学教授，毕业于牛津 Balliol 学院。

达成，歧见异说层出不穷，威廉·休厄尔预言，至少要等到一百年后，近代自然科学的发现才能进入大学课程。[213]。1836 年，在评论威廉·休厄尔的《论数学学习作为博雅教育的一部分》的文章中，威廉·汉密尔顿指责剑桥大学将数学学科作为"整个博雅教育的主要目标"[214]，指出这种做法违背了学术界的共识，背离了大学的传统。威廉·汉密尔顿所用的概念也是"心智的培育"、"心灵的体操"、"心智的训练"、"心智的改善"[215]，但他认为在所有的知性学科当中，数学在心智培育方面的价值最小，因为它所训练的官能的数量最少[216]。

而到纽曼发表《大学的理念》系列演讲的十九世纪五十年代，心智训练与心灵塑造的理论更是登峰造极、无远弗届。按照这一理论，知识比信息高级，而心智（minds）比知识更加高级。牛津大学学者爱德华·普西的说法最典型地体现了*信息－知识－心智*这三者的层级关系。在他看来，近代自然科学仅仅是一些信息，因此无法有效地塑造心智。牛津的课程模式以古典学为主，剑桥的课程模式以数学为主，但两者均能有效地塑造心智。尽管学生会在若干年后将几何学定理或亚里士多德《伦理学》的内容忘得所剩无几，但心智在这个过程中已经得到塑造，所扬弃的仅仅是信息和知识[217]。

自由主义者约翰·密尔 1867 年在圣安德鲁斯学院的演讲也在官能心理学的基础之上为古典语言学辩护，他指出，大学不必将重心置于现代语言之上，重心应该是古典语言。现代语言简单易学，只消花几个月的时间就能掌握，在大学花大力气讲授现代语言纯属浪费。基于差不多相同的理由，在大学和学校中讲授历史和地理亦不必要。因为这两门学科除了训练人的记忆力之外，对人的官能训练没有大用[218]。

---

213 J. P. Powell. "Some Nineteenth-Century Views on the University Curriculum".*History of Education Quarterly*, Vol. 5, No. 2. （Jun., 1965）, pp. 97-109.

214 Hamilton, William. *Discussions on philosophy and literature, education and university reform : chiefly from the Edinburgh review*，New York，1853：258.

215 Hamilton, William. *Discussions on philosophy and literature, education and university reform*. New York，1853：260.

216 Hamilton, William. *Discussions on philosophy and literature, education and university reform* . New York，1853：268..

217 *Report and evidence upon the recommendations of her majesty's Commissioners For Inquiring into the state of the University of oxford*. Oxford：1853，evidence，p.5

218 John Stuart Mill. *Inaugural address delivered to the University of St. Andrews*，London：Routledge/Thoemmes Press，1994：20-21.

心智训练的话语不仅在英国广为流行，而且在十九世纪美国的博雅教育理论中也随处可见。著名的 1828 年《耶鲁报告》即在心智训练的基础上为古典语言和数学的教育价值辩护，并将"心智的训练"视为教育的"首要目标"[219]。哈佛大学的希腊文教授约翰·波普金在 1836 年的《关于博雅教育的三次演讲》中指出，古典语言学科、逻辑学、道德哲学等学科可以"塑造心智、装备心智、扩展心智，提升心智、启蒙心智，它们用不同的知识补充心智的给养，它们用不同的资源提供心智的养料，它们用不同的能量使心智充满力量，而且，这些学科可以在各行各业中大显神通。[220]"

6.2 "理智培育"的界定

综上所述，理智培育、心智培育、心智扩展、心智改善等概念术语始于洛克的时代，并深受洛克的影响。在纽曼使用这些概念之前，这些教育学概念以及心智训练学说已经广为流行，成为当时教育思潮的重要组成部分，成为博雅教育的合法性基础。早在 1852 年发表《大学的理念》系列演讲之前，纽曼就已经开始经常性地使用心智的训练、心智的培育、理智的训练、理智的改进、心智的拓展这一套术语，由此可见，纽曼深受十八、十九世纪理智训练学说的影响。当然，对于这一学说，纽曼并非全然被动接受，而是推陈出新。

在纽曼看来，心智的培养不同于知识或信息的获取（acquirements and attainments），也不同于在某种技艺和职业中的专业造诣（expertness in particular and pursuits）或者道德和宗教上的进步（纽曼，1994：127）。

在说到 acquirements 和 attainments[221] 时，纽曼非常微妙地在 acquirements 和 attainments 之间做了区分。acquirements 指的是像仓库一样被动地储存大量的历史学、编年学、年代学、语言、自然史等各个方面的知识，或者通过游历获得一些见识（如水手通过游历获得关于各地风土人情的印象）。attainments

---

219　Jeremiah Day，*Reports on the Course of Instruction in Yale College by a Committee of the Corporation and the Academical Faculty* .New Haven ，1828：7.

220　John Snelling Popkin. *Three Lectures on Liberal Education*, Cambridge: Folsom, Wells, and Thurston，1836：37-38.

221　高师宁的译本将这两个词译为"获取和达到"，因而完全没有把握纽曼赋予这两个词的准确含义。参见（英）约翰·亨利·纽曼.大学的理念，贵阳：贵州教育出版社，2003：125.

则一般用于自然科学知识，指的是对数学知识、实验科学知识的掌握，所以纽曼用"scientific"来修饰"attainments"这个词（纽曼，1994：130）。在纽曼看来，一般人把心智训练理解为"知识的获取"，恰恰大错特错：

> "如果他们只不过是一些博览群书、见多识广的人，他们就没有任何东西配得上心智培养的名称，或者被认为是完成了博雅教育这一类教育（纽曼，1994：135）。"

因为只有心智习惯的培养（也即哲学思维）、心智的扩展才称得上是博雅教育。当然，知识的获取并非毫无价值，因为它是哲学（真正的心智训练）的一个"前提"（纽曼，1994：129）。和西塞罗一样，纽曼提倡博览群书，熟读历史、诗歌、文学等各种文体的书籍，广泛摄取各方面的知识。因为，真正经得起历史考验的思想必须建立在前人的基础之上（纽曼，1994：131）。

但心智训练不是简单地获取知识、信息，"而是将知识的客观对象从主观上构成我们自己的东西"（纽曼，1994：134）。心智训练要求我们养成一种哲学的心智习惯，它要求我们不能停留在静态的知识层次之上，而应该把握知识之间的联系，用联系的、整体的眼光看问题。在纽曼看来，能够代表这种心智训练之果实的人物有亚里士多德、托马斯·阿奎那、牛顿、爱德华·吉本、柯勒惠治、歌德、等等。

心智训练不是简单地获取信息或知识，所以纽曼对当时新兴的大众教育运动形式——如技工学校、大众阅览室、科学馆、大众小说，等等——感到不以为然。在他看来，这些并非真正的"教育"。

其次，理智的培育不是娱乐或才艺。在纽曼看来，绘画、剑术、制作鸟类标本等等都不是教育，而是娱乐或者才艺（纽曼，1994：144）。此外，纽曼批评 1830-1850 年间的大学犯了一个致命的错误，即大量增加了课程的数量，并试图通过学生社团、讲座等形式向学生灌输大量的知识，以使学生在古典学和数学之外，掌握地质学、天文学、政治经济学等各个方面的知识。纽曼反对这种做法，认为这是将教育降低到了"娱乐"的层次，应该收缩课程的数量，因为精通一门学科胜于肤浅地涉猎许多学科。

在传统的绅士教育话语中，才艺主要指绘画、音乐、剑术、骑马、舞蹈、军事训练、音乐等体育或艺术方面的才能[222]。才艺还可以指一些知识或创作

---

222 Vicesimus Knox. *Liberal Education.* London: Charles Dilly, 1785 卷一，，p.140, 158.

方面的才能，例如写作拉丁诗即可算是一种才艺[223]。在十六至十八世纪的绅士教育理论中，这些才艺是一个绅士所必须具备的。传统的博雅/绅士教育理论认为舞蹈可以美化形体、丰富生活。军事训练不仅可以塑造形体，而且可以培养绅士的男子气概。十八世纪博雅教育理论的代表人物维塞斯莫·诺克斯在他讨论博雅教育的著作中专门用一章的篇幅来谈论舞蹈、击剑、军事训练、音乐、绘画这些才艺，不过，他也指出这些只是一些"装饰性的才艺"，与道德理性和理智德性相比，它们是次要的。[224]与诺克斯相比，纽曼对才艺态度更为决绝，表明他对传统的绅士教育是有所保留的。

在否定了大学或心智训练的目标是学习或知识获取、才艺、娱乐之后，纽曼指出，大学教育的真正目标是"思想，或作用于知识的理性，或所谓的哲学"（纽曼，1994：139）。在他看来，心智训练的主要目的是"理智的精熟和完美"，但纽曼发现，在英语当中找不到一个恰当的词汇来描绘这种理智的完美状态。在缺乏恰如其分的词汇的情况下，纽曼勉为其难地称这种理智的德性和完美为"哲学、哲理性知识、心智的扩展或启悟"（纽曼，1994：124），换言之，形成哲学的心智习惯，或哲学的心智。哲学的心智习惯包括良好的判断力、清醒的思维、理性、公正、自制、有主见、善于用联系和整体的观点看问题，等等。而且，这种哲学的心智习惯一旦养成，就可以广泛地应用于各个领域。它是一旦掌握就持久拥有的善。尽管这种理智的培育面对的仅仅是思维和心智，但这种培育即便对于诗歌艺术也是有助益的。仅仅将诗歌的天赋局限于心灵的知识，那是一种常见的谬误[225]。

由此可见，纽曼所说的理智的培育，指的是一种哲理性的教育，这恰好又与纽曼将博雅知识等同于"哲理性的知识"相呼应。

6.3 具有哲学心智的人

纽曼指出，人类的心智在未经训练之前是粗糙的、不成熟的、幼稚的，心智和身体一样需要塑造。经过良好培育的心智在人的身上表现为"健全的见识、清醒的思想、理性、公正、自制、见解前后如一"，等等。心智训练之

---

223 F.W.Farrar. *Essays on a liberal education.*, London, 1867：370.

224 Vicesimus Knox. *Liberal Education.* London: Charles Dilly,1785 卷一，p.157.

225 John Henry Newman. *Poetry, with reference to Aristotle's Poetics*, Boston, Ginn & Company,1891：19.

所以如此重要，是因为时代向人们提出了"心智能力"（纽曼，1994：xvi）的要求。大学教育的目的是培养社会所需要的各行各业的人才，他们必须具有良好的理智，才能担当时代所赋予的使命。纽曼认为，当时的社会生活中到处充满了心智衰弱的症状。报纸、杂志的兴盛催生了社会交谈的热情，交谈成为社会生活中极其重要的一部分，然而，在这其中却充斥了心智不健全的征兆，夸夸其谈之徒无所不在，他们往往只看到问题的表面，却无法洞悉问题的本质；逻辑不连贯、前言不搭后语的现象普遍存在。皈依天主教后，纽曼对天主教在理智上一片混乱、缺乏哲学指引的现状也深感不满。

纽曼关于大学教育的系列演讲的"听众"是爱尔兰天主教徒。早在1611年，爱尔兰的天主教徒就被剥夺了教育子女的权利。在整个大不列颠，爱尔兰天主教徒的读写能力是最糟糕的[226]。因此，纽曼在《大学的理念》中开宗明义地指出，作为天主教徒，我们迫切需要的不是"礼貌、文雅、温顺"的品格，宗教信仰本身已经成功地给我们灌注了这些品格。天主教群体最为迫切的需求是改善自身的心智，而这正是哲理性的博雅教育所能提供的。

纽曼如此强调哲学和理性思维，反对材料的堆积、信息的收集，其中包含了他对某种退化的古典学的不满。文艺复兴盛期过后，以古典学为核心的人文学在大学中日益占据主导地位。与此同时，古典学也在开始朝着一种不良的倾向发展，即日益陷入烦琐、无聊的考证，沉浸于脱离社会的好古情结，对此，纽曼旗帜鲜明地表示反对。他指责法国古典学者萨尔马修斯（1588-1653）、荷兰古典学者伯尔曼（1669-1741）、德国教会史家莫斯海姆（1694-1755）、法国天主教神学家杜邦（1657-1719）等人空有惊人的记忆力，却无法达到整体性的认识。他们是材料的牺牲品，不是大学所追求的理想目标（纽曼，1994：140-142）。

纽曼对哲学式心智的强调同时还来自于他对日益专业化的教育的反思。纽曼指出，专业化的教育会使人的心智狭隘，只有通过普遍知识的教育和哲学心智的养成，方能防止此种弊端。

据库勒分析，纽曼对哲学的心智习惯的强调同时还来自他对个人教育经历的反思。纽曼求知欲极盛，还在牛津求学时，他"一次又一次地沉浸于新兴的科学和课程外的知识"，并因此耽误了考试科目的学习，每当临近考试，

226 Thomas P. Miller. *The Formation of College English: Rhetoric and Belles Lettres in the British Cultural Provinces*, University of Pittsburgh Press, 1997：121.

都大为恐慌，甚至神经衰弱。这时他才发现，自己所学的知识原来是那样地杂乱无序。这种经历使他日益深感养成哲学心智之必要[227]。就纽曼的个性而言，虽然他拥有杰出的文学才能，但却并不是一个浪漫主义者，"他的生活首先是受他的理智所支配的……他的情感同样服从于理智"[228]。

再者，纽曼之所以从"心智训练"的角度为博雅教育辩护，也是形势所迫，不得不然。纽曼心目中博雅教育的基础还是古典文学和数学，而被古典教育的批评者诟病最多的地方就是古典教育仅仅培养"想象力"、"高雅品位"，既无法培养"心智的习惯"、"思考以及原创性探究"的才能，也无法培养人的"理解力"[229]。

最后，纽曼对心智训练的重视并非完全出于世俗的关怀，而是有其信仰上的考虑。宗教信仰之虔诚、圣洁，遵循美德的生活方式，对感官享受之怀疑，都可能受到激情和自我意志的威胁。对天主教徒来说，不断侵扰的感官欲望对虔诚和圣洁总是一种极大的威胁。和古希腊罗马的经典作家一样，纽曼也认为人是"理性的动物"（纽曼，1994：186），但芸芸众生总是活在感官状态之中，无法超越有形之物，恢复自性。为此，必须找到另外一种适合于天性的、能够牢牢扎根于人心之中的、与感官享乐相对抗的"工具"或"对策"。这种工具就是"理智"。求知是所有人的本性，因此也是能够抵御感官享乐的力量。通过理智的培育，合法官能的对象（譬如说，一首诗歌，一篇美文，一段哲理性的文字）驻扎在心灵之中，占据一定的空间，从而成为医治感官欲望、抑制恶性激情的良药（纽曼，1994：184-186），"这就是理智培养提供给我们的重要帮助，因为它能拯救激情和自我意志的受害者"（纽曼，1994：185）。当然，理智的力量是有局限性的，它不能提供宗教的动机，也不能导引出超自然之物。关于这一点，我们将在下一节中述及。

227　A. Dwight Culler. *The imperial intellect -a study of Newman's educational ideal*, Yale University Press,1955：205-206.

228　Martin, Brian. *John Henry Newman: his life and work* Continuum International Publishing Group Ltd，2000：9.

229　Newman, John Henry. *The idea of a university defined and illustrated* , London, Thoemmes Press, 1994: 162.这个词应该是纽曼对于亚里士多德著作中 nous 一词的翻译。

6.4 古典学科、数学与心智训练

我们在前面已经指出，纽曼强调知识的非功利性，其最主要的写作意图是为古典学科辩护。在阐述心智训练学说时，纽曼又将理智培育、心智训练特别地和古典学科联系起来，并将理智训练视为古典学科的一个合法性基础。

纽曼指出，心智训练的第一个步骤是使学生形成有关科学、方法、秩序、原则和系统的观念，法则和例外的观念，丰富与和谐的观念，等等。在这个步骤当中，最重要的学科是文法和数学，因为这两门学科都是规则性的。

作为一位拥有高超语言天赋的神学家，纽曼十分强调文学在博雅教育中的地位，因为，"语言不仅是个人理智才能的表现，也是一个人的灵魂之镜"（纽曼，1994：280）。和柏拉图、西塞罗一样，纽曼强调雄辩与智慧的结合："理性和言语无法分开，就如光与影不可分开一样"（纽曼，1994：277）。

除了文法、数学，纽曼尤其推崇古典学在培育理智方面的价值，"古希腊罗马的诗人、历史学家和哲学家"是训练心智的最有效的工具和最主要的手段，长期的历史经验表明，它们能够"增强、改善、丰富心智的力量"，而实验科学却还没有证明这一点（纽曼，1994：263）。纽曼还提到了年代学和地理学、韵律学，这三门学科其实也是为学习古典学科而服务的。显然，纽曼将古典学科视为训练心智最有效的手段。当然，这里所说的"古希腊罗马的诗人、历史学家和哲学家"不仅仅是我们现在所理解的"古典学"，而且还包括古希腊的数学[230]。

纽曼曾在牛津听过矿物学的讲座，他认为这门学科"非常有趣"，但"不成系统"。纽曼认为实验科学在心智训练上的价值不如古典学（包括逻辑学和数学），这一点并非他个人的偏见。在英国，古典教育传统源远流长、树大根深，英国人对古典学科的心智训练价值一直深信不疑。十八世纪著名的英国历史学家爱德华·吉本对当时法国古典教育传统的衰落感到痛心疾首，为此专门用法文出版了题为《散论文学学习》的著作，其主要目的是试图通过自己的例子证明"学习古典文学可以训练并发展*所有心智的官能*"[231]。一直到1861 年，牛津大学的教师、政治经济学的学者詹姆斯·罗格斯还认为机械学、

---

230 Ian Ker. *Newman's Idea of a University: A Guide for the Contemporary University?* .David Cecil Smith, Anne Karin Langslow. The Idea of a University. Jessica Kingsley Publishers，1999：11-30.

231 Edward Gibbon. *The Miscellaneous Works of Edward Gibbon.* Vol.1, London, 1814.: 123.

化学仅仅是"信息"，而非知识。[232]牛津大学的希伯莱语教授爱德华·普西也认为近代自然科学只涉及"信息"的摄取，或眼睛的观察，因此它们无法像亚里士多德、柏拉图、修昔底德、塔西佗等人的著作一样有效地"塑造心灵"[233]。另外一位出身牛津、并执掌威斯敏斯特公学达二十七年之久的乔治·莫伯利（1803-1885）则说，

> "每一位受过博雅教育的人最好能无所不知；不过，与其他知识相比，科学的事实，……事实上不能对男孩的心智产生任何效果。它仅仅是空洞的事实……这些东西是没有任何教育价值的。……不管是年轻人，还是老年人，了解一些自然科学终归是有好处的。……但就教育和心智训练而言，……我不觉得它们有任何价值。……如果我们要培养化学家，我们可以用这种方式来教育他；但我们所需的是通识教育，是能引向其他事物的教育，这些'其他事物'拥有更加普遍的价值"[234]。

牛津大学后来增加了自然科学的荣誉学位考试，不过，参加自然科学荣誉学位考试的学生一直很少，而且人们普遍认为自然科学荣誉学位考试要比古典学荣誉学位考试简单得多。詹姆斯·罗格斯说，他不止一次听到有人仅仅通过六个月的阅读就获得了自然科学荣誉学位[235]。而要获得古典学荣誉学位，往往需要经过系统性的公学和大学的学术训练，耗时十余年都是正常的。

6.5 心智训练学说与博雅教育的转型

以上的分析表明，纽曼所谓的博雅教育，指的就是理智培育和心智训练，在这个意义上，博雅教育相当于理智教育。在纽曼看来，理智教育是大学最为根本的特性和本质[236]。美国学者谢尔顿·罗斯布拉特曾这样阐释英国乔治

---

232 James Edwin Thorold Rogers（1823-1890）. *Education in Oxford: Its Method, Its Aids, and Its Rewards*，London 1861：9.

233 *Report and evidence upon the recommendations of her majesty's Commissioners For Inquiring into the state of the University of oxford*.1853，Evidence，p.3.

234 William Parsons Atkinson. *Classical and Scientific Studies, and the Great Schools of England*，Cambridge，1865：17-18.

235 James Edwin Thorold Rogers. *Education in Oxford: Its Method, Its Aids, and Its Rewards*，London ，1861：43.

236 Newman, John Henry. Historical sketches（v.3）. London: Longmans, Green and Co., 1909：183.

王朝时期（1714-1830）的博雅教育与乔治王朝之后的博雅教育理论的区别，即前者关注的是社会和道德层面的教育，目的是塑造人的品格，后者则关注的是心智训练和追求真理：

> "人们发现了新的中心，并开始从新的角度对博雅教育进行合法化论证。……这种合法化话语首先出现在维多利亚时期，它是一系列变革的后果：知识革命、研究的理念、对理智力量的信奉、专门化与职业化、目的论，甚至实证主义宇宙观的破灭认为教育能培养可信赖的社会群体的传统信仰的瓦解，等等。博雅教育的新意涵是追求真理——不是亘古不变的真理，而是建立在事实和资料基础上的暂时性的真理，它取代了其他所有的含义"[237]。

罗斯布拉特的概括有值得商榷之处。例如，"博雅教育的新意涵是追求真理——不是亘古不变的真理，而是建立在事实和资料基础上的暂时性的真理，它取代了其他所有的含义"这一概括并不适用于很多十九世纪博雅教育理论的倡导者，起码不适用于纽曼及很多维多利亚时期的牛津学者。事实上，"建立在事实和资料基础上的暂时性的真理"，这种真理观更适用于德国学术，而不适用于牛津、剑桥。一直到十九世纪下半叶，牛津和剑桥的教育家们都没有将追求"暂时性的真理"作为教育的主要目标。即便是近代自然科学的同情者威廉·休厄尔，也认为最具教育价值的是那些"永恒科目"，即古典语言和欧氏几何。真正鼓励自由探究，并认为应当将学术从宗教信条中解放出来的是位于牛桥阵营之外并且不信奉基督教的约翰·密尔。密尔指出，必须完全废除英国大学的教派性，中止大学中宗教教义的教学，使其能够像德国的大学那样致力于"自由探究"[238]。密尔的这种观点，几乎是所有当时牛桥的教师都反对的。

不过，谢尔顿·罗斯布拉特对乔治王朝时期博雅教育理论和维多利亚时期博雅教育理论的两分是很敏锐的，博雅教育理论在十九世纪发生了重大的转型，这一点无庸质疑，纽曼的理智培育学说正是这种转型的表征。心智训练学说对博雅教育转型的影响主要表现在以下两个方面：

237　Sheldon Rothblatt. *Tradition and change in English liberal education.* Faber and Faber，1976：159-160.

238　John Stuart Mill. *Dissertations and Discussions*，London，1859：201-202.

　　首先，人们越来越期待教育的理想人格是一个具有良好心智能力的学者型绅士，或学者。在十八世纪，教育的理想人格是"文雅绅士"，文雅绅士的标志是良好的谈吐、高雅的文学品位、彬彬有礼的待人之道。文雅绅士应当浸润于装饰性的学问，即文雅知识，或者说，文学，他们无需具备哲学才能，对于哲学、数学、逻辑学等"高深"的学问，只需肤浅涉猎，甚至一无所知也无妨。而在十九世纪的博雅教育学说中，纽曼所说的"具有哲学心智的人"逐渐取代了十八世纪的文雅绅士。由于理智训练成为博雅教育的圭臬，因此通过何种手段、何种课程实现这种目的便成为教育论争的焦点。在十九世纪的教育大论争中，课程问题成为讨论的起点和焦点。

　　其次，"理智的培育"、"心智的扩展"等等诸如此类的术语成为十九世纪博雅教育大讨论中最为流行的概念，是否有助于心智训练日益成为一门学科是否"博雅"的标准。例如，约翰·戴维森指出，在挑选教育科目时，"*唯一需要问的问题是，它们在多大程度上训练理智*"[239]，根据这个标准，他认为化学等自然科学的教育价值远远不如诗歌、历史、修辞学和哲学。例如，一直到 1870 年代，数学课程依然在剑桥的本科教育中处于核心地位。剑桥的一位教师在谈到数学的教育价值时，所用的词汇是"培养心智"[240]。

　　总而言之，理智训练是各种知识和学科的合法性根基。在十九世纪末的课程改革运动中，理智训练同样成为论辩双方借以攻击对方或自我辩护的理论依据。十九世纪末的美国著名教育家、新泽西学院（后来的普林斯顿大学）的院长詹姆斯·麦考士在反对哈佛大学校长埃利奥特的选课制时指出，选修课制度会使学生倾向于选择那些"轻松的课程"，这些课程不利于"扩展或改善学生的心智"[241]。

　　在古典的教育体系中，人们认为只有少数的科目具有理智训练的价值。到十九世纪下半叶，越来越多的科目被赋予了理智训练的价值。在英国，现代历史一直没有进入博雅教育的体系，理由在于，人们认为这门学科内容过于琐碎、庞杂，不成体系，无法使学生获得良好的心智训练。1873 年之前，

239　John Davison. *Review of Edgeworth on Professional Education（1811）*Oxford, 1841：451.

240　J. P. Powell. "Some Nineteenth-Century Views on the University Curriculum". *History of Education Quarterly*, Vol. 5, No. 2.（Jun., 1965）, pp. 97-109.

241　W.B. Carnochan. *The Battleground of the Curriculum-Liberal Education and American Experience*, Stanford, Calif. : Stanford University Press,1993：16.

英国大学没有独立的历史学学位。但到 18 世纪末，历史学的地位迅速提升，到 1914 年成为牛津人数最多的单一性荣誉学位。历史学的成功使得一位历史学教师满怀信心地说：

> "每一门重要的学科，只要系统地、严肃地加以讲授，都能提供对心智的良好训练……历史学特别适合于某些人。[242]"

在 20 世纪的美国，理智教育和心智训练更是成为几乎所有"自由"教育提倡者的理论依据。大学不再是像十八世纪牛津、剑桥那样收留闲散绅士和纨绔子弟的所在，用亚历山大·米克尔约翰的话来说，大学不是身体的场所，也不是感觉的场所，而是"一个心智的场所，一段思索的时间，一次求知的机遇"[243]。每一位进入大学的人，都必须经历精神的炼狱，接受严格的理智训练。

第七节　"心灵的教育"：博雅教育的限度与宗教教育的出场

纽曼堪称英国博雅教育最著名的辩护者，但鲜为人知的是，纽曼与此同时也是博雅教育最深刻的反省者和批评者。在纽曼的时代，博雅教育旨在养成绅士和培育理智，这两种观念深深地扎根于十九世纪初期牛津大学的教育传统。纽曼继承并拓展了这种观念。但同时，在纽曼神学思想的观照下，绅士品格和理智教育本身都是有限度的。

7.1　绅士与圣人

在"基督教与文学"这个演讲当中，纽曼追溯了博雅教育课程的历史形成过程。他谈到了基督教和雅典文明的两种不同教育模式。即基督教的教育手段是圣徒生平信仰的篇章和教义问答集。而雅典文明所采取的文明化手段是"arts"。

纽曼一再强调，知识、理性、理智、博雅知识都是有局限的，他同意亚里士多德的观点，即"知识是一回事，美德是另一回事"（纽曼，1994：120）。因此，以心智训练为主要宗旨的博雅教育也是有限度的，"博雅教育并不能造

---

242 Hilde de Ridder-Symoens. *A History of the university in Europe*（v.2）: *Universities in early modern Europe, 1500-1800*, New York: Cambridge University Press, 1992：471.

243 Alexander Meiklejohn. *The liberal college*，Boston: Marshall Jones, 1920：30.

就基督徒，不能造就天主教徒，而*只是造就绅士*"（Ibid.）。绅士品质可以"附丽于一个耽于享乐者，可以附丽于荒淫无耻者，可以附丽于冷酷无情者"，因此，它们不是良心的保证，也不是圣洁的保证。这是绅士人格类型的缺陷，也是致力于培养绅士之博雅教育的局限所在（纽曼，1994：120-121）。

当然，这并不意味着绅士完全不具备道德的内涵。一个绅士应该拥有受过教养的心智，精致的品位，正直、公正、冷静的头脑，待人接物谦恭有礼而不失高贵（纽曼，1994：120-121）。不过，按照纽曼苛刻的标准，正直、冷静的头脑，精致的品位，谦恭有礼，这些还算不上是"美德"，尽管它们似乎具有美德的外表，容易迷惑别人。但从长远来说，这些都不是真正的美德，它们常常被指责是**伪善**之举。绅士德性的伪善性一直是它所面临的主要责难之一，尤其是查斯特菲尔德勋爵给儿子的书信出版后，绅士德性的伪善性便彻底暴露在了人们面前。查斯特菲尔德勋爵在家信中直言不讳地告诉儿子，谦恭有礼、礼貌亲切这些绅士品性，其目的不过是为了让自己在社会中如鱼得水、飞黄腾达。[244]纽曼曾经阅读过查斯特菲尔德勋爵的《给儿子的信》，并曾在 1852 年版的《关于大学教育的演说》中引用该书，他批评绅士的文雅或礼节很可能是"伪善"之举，或许直接受到了该书的刺激。

在纽曼看来，认为绅士是文明的最高产物，认为绅士的修养是一种至善而无需上帝的恩典，这种观点是一种"理性的宗教"，或"哲学的宗教"、"文明的宗教"。纽曼用这三个词所表达的含义事实上即我们所说的"人文主义"或"人本主义"。哲学的宗教或文明的宗教可以追溯至古希腊。理性宗教的当代代言人是历史学家爱德华·吉本和沙夫兹伯里伯爵。在沙夫兹伯里伯爵看来，基督教是道德德性的敌人，因为基督教利用"惩罚和奖励"的观念来鼓励善行，而不是教导人类出于对善本身的热爱而行善。

就类型而言，绅士的德性和基督徒的德性是不同的。基督徒的德性包括谦卑、敬畏、罪感、苦行、虔敬、贞洁、信、望、爱、仁爱，而绅士的德性主要表现为谦虚、自谦、荣誉、自尊、慷慨、高贵，等等。

绅士的德性是谦虚（Modest），而基督教徒的德性却是谦卑（Humble）。两者不可同日而语。[245]在绅士的眼中，对上帝的崇拜是"平庸的、奴性的、

244　（英）查斯特菲尔德勋爵. 查斯特菲尔德勋爵给儿子的信：一位外交家关于品行、礼仪、处世与学识的忠告. 北京：中国发展出版社，2002.

245　亚里士多德的《尼各马克伦理学》中并没有把谦卑、苦行、虔诚列为道德德性。尼采甚至称这些为奴隶道德。

怯懦的”。被基督徒视为美德的谦卑在绅士看来只不过是奴性的表现，是缺陷，而非美德。古代文明甚至根本就没有“谦卑”这个概念，即便有，古代文明也只是将其视为心灵的缺陷。

亚里士多德是西方第一个对绅士德性进行系统阐述的哲学家。在亚里士多德看来，体现绅士德性之极致的是他所说的“大度的人”。大度的人是最佳政制中的理想公民。纽曼曾在一次布道辞中专门对这一人格类型予以批评，指出所谓的“大度”是对别人的蔑视，是傲慢的表现。[246]

纽曼指出，理性宗教或哲学宗教在当代的主要代言人是沙夫兹伯里伯爵。因此，在论证绅士德性的局限性时，纽曼特别详尽地征引了沙夫兹伯里伯爵的名著《人、礼仪、观点与时代的特征》，并予以批驳。

除此之外，在说明哲学家德性和绅士德性的局限性时，纽曼特别举了罗马皇帝朱利安的例子。按照纽曼的说法，朱利安简直是哲学德性的典范。他生活简朴、不事奢华，谦逊待人，和蔼可亲，不仅英勇善战，而且多才多艺、学问渊博。总而言之，“他是有史以来世界上最杰出地体现了异教德性的人物之一”（纽曼，1994：194）。然而，就是这样一个人，最后成了叛教者。朱利安缺的是什么呢？在纽曼看来，他缺乏的是罪（sin）的意识、良心（conscience）的意识和敬畏（fear）的意识，过多的是自信和自满。朱利安所代表的宗教，纽曼称之为“理性的宗教”（纽曼，1994：195）。

在分析了基督教德性和绅士德性的差异和冲突之后，纽曼又分析了基督教德性和绅士德性赖以建立的不同基础。

首先，绅士德性建立在品位而非良心的基础之上。由此，理性宗教者将良心问题还原为美的问题。最典型地体现这种观点的是沙夫兹伯里伯爵。在他看来，道德中的丑恶现象源自不正确的品位，品位而非良心才是道德行为的基础。文明与仁慈是一种品位，残暴、傲慢、放荡也是一种品位，其区别仅仅在于前者是好的品位，后者是坏的品位。因此，培养良好德性的途径是培养“有关生活和行为风度的正确品位”，使人成为“有教养的、文雅的”人（纽曼，1994：198）。在纽曼看来，将德性建立在品位的基础之上，其有害的后果是将德性外在化、表面化了：“德性只不过是优美的举止”（纽曼，1994：193）。

---

246 A. Dwight Culler. *The imperial intellect -a study of Newman's educational ideal*, Yale University Press,1955：229.

和这种理性宗教不同，基督教将德性建立在良心的基础之上。由于良心总是预设了一位立法者，而且这位立法者必然就是上帝，因此基督教的德性的终极基础是上帝（纽曼，1994：199）。与此相反，理性宗教将德性的终极依据追溯至"自我"，清除罪孽、获得道德标准的方法不是祷告、忏悔，不是与上帝的对话，而是"内心独白"（纽曼，1994：200）。

其次，在品性上，绅士的宗教是高雅的（liberal）和慷慨的（generous）。哲学家和绅士的美德以"荣誉"为基础。在哲学家和绅士看来，邪恶之所以是有罪的，乃是因为它们"与身份不符、遭人鄙夷、令人作呕"（纽曼，1994：193），或者说，是粗俗的（vulgar）、不符合绅士身份的（ungentlemanlike，纽曼，1994：201）。

理性宗教的错误在于它只将眼光局限于现世的生活，对灵魂的拯救漠不关心，对于宗教的敬畏感无动于衷（纽曼，1994：204）。因此，以理性宗教为基础、建立在"品位"和"美"的基础之上的绅士德性，"本质上是肤浅的"（纽曼，1994：201）。基督徒应当追求的理想人格是圣人（Saint），而非绅士。在纽曼的心目中，罗马奥力托会的创始人、16 世纪的基督教圣徒圣·菲利普·奈里（St. Philip Neri）才是完美人格的代表。

7.2 理智教育的限度与宗教教育的出场

十八世纪的英国教育家维塞斯莫·诺克斯指出，完整的博雅教育应当是理智教育、宗教教育与道德教育的结合。值得特别注意的是，纽曼对博雅教育（或大学教育）的定义与十八世纪的传统截然不同。在纽曼看来，大学的宗旨是博雅教育，也就是理智的培育，这种教育*与道德无关*，也许正是因为如此，纽曼在《大学的理念》一书中极少谈及学生的道德教育和性格塑造问题。

然而，这不代表纽曼不重视道德教育和宗教教育。恰恰相反，纽曼认识到，理智培育或心智训练从根本上讲是有局限性的，换言之，以理智培育为宗旨的博雅教育是"残缺的"。

1. 就理智与激情的关系而言。"理智"不是万能的，与人类的激情和傲慢相比，知识与理性的力量实在微不足道。即便是阿贝拉德这样拥有世所罕见之理智的中世纪学者，也没能成功地抵御肉欲的诱惑，和自己的学生艾洛伊斯坠入爱河[247]。阿贝拉德拥有过人的理智，但却不懂得何谓"真正的智慧"，因此受到上帝的惩罚。现代学者大多同情阿贝拉德的遭遇，而在纽曼看来，阿贝拉德纯属罪有应得。

2. 就理性（或理智）和道德的关系而言，理性不足以成为道德的基础："理性不能引导我们必然地遵循道德的本能，也不能证实这种本能。[248]"

3. 就"知"与"行"的关系而言。知识与行动、情感与行动往往是割裂的。例如，文学能够培养正确的"情感"，但却不能保障我们正确地"行动"。当我们在阅读那些品位良好的文学作品时，我们会敬仰那些德性高尚的人物，同情那些遭遇不幸的英雄，为勇敢的举动所激发，为慈善的行为所感动。但这并不能保证我们能够和那些德性高尚的人一样去行动。一个为阿喀琉斯的勇敢行为所感动的人，在现实面前，很可能是一个懦夫。总而言之，"文学能让我们正确地思考、感觉、认知、言说，但不能让我们正确地行动；文学能让我们的举止更加温柔，让我们的谈话更加宜人惬意，然而，它却不可能使人的行为和实践*符合德性*"[249]。而在纽曼看来，行动比认知或情感要重要得多。

4. 就理性与信仰的关系而言，理性和信仰存在根本的差异。理性（尤其是纽曼所说的世俗理性）本身不能证明宗教信仰的真理性，也不能成为信仰的基础，理性更不是信仰的本源。我们不能像证明数学真理那样证明宗教真理，也不能像逻辑三段论那样推导出信仰[250]。同样，理性（或理智）也不能否证启示的真理性。纽曼更多地把信仰看成是一种道德品质，然而，"在我们的本性之中，理智原则和道德原则之间没有必然的联系"[251]。因此，理智也不能决定一个人是否信仰宗教。信仰的力量来自爱，而非理智的培育。信仰的基础是"意志"而非"理智"：

---

247 Newman, John Henry. Historical sketches（v.3）London: Longmans, Green and Co.,1909：201.

248 John R. Connolly. *John Henry Newman: A View Of Catholic Faith For The New Millennium*, Rowan and Littlefield, 2005：17

249 John Henry Newman. *Parochial Sermons*，New York，1843：424-425.

250 这是《赞同的文法》（The Grammar of Assent）一书的核心观点。Joyce Sugg. *Ever Yours Affly: John Henry Newman and His Female Circle*，Gracewing Publishing，1996：58.

251 John R. Connolly. *John Henry Newman: A View Of Catholic Faith For The New Millennium*, Rowan and Littlefield, 2005：17.

"我认为，考虑到信仰需要意志的行为以及宗教优势的应许的
展现，在这样一个*理智的时代*，在一个如此这般的世界中，某种形
式的无信仰是不可避免的。"[252]

显然，理智已经侵蚀了信仰的道德基础。按照纽曼对宗教史的解读，启
示真理胜利的历史就是道德力量战胜理智力量的历史[253]。

5. 理智的卓越往往会使人变得傲慢自大，这就是纽曼所说的"理智的傲
慢"，这种傲慢会使人的自信心极度膨胀，并进而向上帝的信仰发起挑战。基
督教初期的诺斯替教、巴黎大学的创始人阿贝拉德均以理智的卓越著称，但
他们都在不同程度上走向了异端[254]。天主教徒应该用启示的真理来指导自己
的"生活和行为"，而以理智教育为指向的博雅教育却可能使天主教徒在"生
活和行为"上用哲学来取代启示（纽曼，1994：217）。因此，不管这种理智
如何完美，都不能确保一个人接受基督教的真理，甚至在某种程度上会妨碍
一个人接受基督的恩典。

尤其是当宗教信仰者与非宗教信仰者相遇时，这种危险就更加大了。虔
诚的宗教教徒会突然以为自己开启了心智，获得了启悟，尽情地享受"知识
之树"的果实，并将自己以前的信仰视为一种"迷信"而加以抛弃，并最终
背离造物主的教诲，背弃上帝的真理（纽曼，1994：196）。

理智的卓越容易导致傲慢和虚荣，这不仅是纽曼对人性的洞察，也是他
的切身体会。他深深地感到，自己的内心就充满了理智的傲慢和虚荣。终其
一生，纽曼都在与自己身上的"理智的傲慢"相搏斗。库勒指出，在理智自
由主义和宗教服从主义之间的摇摆构成了纽曼整个生活的核心模式，这种摇
摆和冲突在纽曼从少年时期到中青年时期的五次疾病中得到了淋漓尽致的表
现[255]。在 1815 年到 1833 年，纽曼经历了几次精神危机和家庭灾难（亲人之

---

252 斜体为笔者所加。（I hold that unbelief is in some shape unavoidable in an age of intellect and in a world like this, considering that faith requires an act of the will, and presupposes the due exercise of religious advantages.）Newman, John Henry. *The idea of a university defined and illustrated*, London, Thoemmes Press, 1994：382.

253 John R. Connolly. *John Henry Newman: A View Of Catholic Faith For The New Millennium*, Rowan and Littlefield, 2005：17.

254 Newman, John Henry. Historical sketches（v.3）London: Longmans, Green and Co.,1909：192-193

255 A. Dwight Culler. *The imperial intellect -a study of Newman's educational ideal*, Yale University Press, 1955, p.xii

死），这几次危机和灾难都多少与"理智的傲慢"有关。每当纽曼自感在理智和知识上飞速进步，并进而信心膨胀时，他就会反躬自省，叩问自己的虚荣和傲慢是否违背了基督徒谦卑的美德，是否背离了自己的宗教信仰。理智的傲慢与信仰的虔诚在关键时刻构成了不可化解的冲突，并最终导致精神的崩溃。纽曼在牛津大学荣誉学位考试中的经历就是明证。纽曼非常渴望能够在荣誉学位考试中大放异彩，并以获得古典学和数学双料一等成绩为奋斗目标，但与此同时，他又担心万一成功了，自己就会沉湎于"世俗的荣誉"，背离基督徒的美德，违背上帝的教导。在两股力量的交战下，信仰的虔诚最终战胜了理智的傲慢，结果，纽曼在考试时精神几乎崩溃，脑袋一片空白，最后不得不退出荣誉学位考试。第二次 "理智与虔诚"的冲突发生在 1827 年，是年 6 月，纽曼被告知他即将要担任荣誉考试委员会的面试主考官。主考官必须博览群书，因此一般的老师都不愿意承担这个苦差。纽曼对此非常重视，在随后的几个月中，他一直在不知疲倦地阅读古希腊罗马的经典著作，并潜心研读当时最新的古典学研究成果。过度的阅读使他很快就病倒了，当他十一月份回到考试委员会时，病情还不见好转："周六，我感到委靡不振，……周日，我感到血都涌到了我的头部；周一，我正在面试一名一等荣誉学位的候选人，发现自己失去了记忆和思考的能力，中午的时候，我不得不离开了考试委员会"[256]。圣诞节时，纽曼和家人团聚，病情稍解。但也是这期间，纽曼遭遇了他一生中最沉重的打击，他最疼爱的妹妹玛丽突然染疾死去。在回顾这两件事时，纽曼将其理解为上帝对他的惩罚，他在《自辩书》中说：

> "事实是，我正在开始偏爱*理智*的卓越过于*道德*的卓越；我在随着那个时代的自由主义漂浮。直到 1827 年底，遭遇两个沉重的打击——疾病和丧亲——之后，我才猛然从梦中醒来。[257]"

在这里，纽曼再次引入了"哲学与宗教"这一核心冲突。信仰与理性能否和解，这是每一个基督徒所面临的最重要的问题之一，也是西方博雅教育思想史上最重要的一对关系。赞成信仰和理性可以共存者大多支持世俗的博雅教育，而反对者往往排斥世俗的博雅教育。在基督教的历史上，对知识和理性的怀疑屡见不鲜。早期的不少基督教神父都认为，虔敬是最重要的，对

---

256 A. Dwight Culler. *The imperial intellect -a study of Newman's educational ideal*, Yale University Press,1955：59-60.

257 A. Dwight Culler. *The imperial intellect -a study of Newman's educational ideal*, Yale University Press,1955：62.

此理智和知识无能为力，因此不值得追求。纽曼始终强调理智的局限性，但他最后没有走向反理智主义，而是相信信仰和理性可以共存。他指出，知识可能使人自负，使人傲慢，但这种罪恶并非必然。研习文学和科学并不必然使人"自以为是"、"固执己见"或"烦躁不安"。知识和理智可以使人远离道德的罪恶，因此值得尊敬（纽曼，1994：186，503）。

正因为博雅教育具有无法弥补的局限性，所以理智的教育必须和心灵的教育（education of the heart）[258]结合起来（纽曼，1994：503）。完整的教育应该是理智教育与宗教教育之结合，即"博雅与宗教之教育"（liberal & religious education）。

关于知识与美德的关系，纽曼赞同亚里士多德的观点，坚持知识与美德之两分，而不认同苏格拉底的"知识即美德"的观点。纽曼之所以坚持"知识是一回事，美德是另一回事"，是因为他觉得哲学无法承担道德教育的责任：

> "在教会的影响之下，在其适当的发展过程之中，哲学的确可以服务于道德事业；但是，一旦它强大到拥有自己的意志，一旦它意识到自己的重要性，一旦它企图形成自己的理论，一旦它制定了原则，并且贯彻一个伦理体系来从事人的道德教育，那么，它到头来只会支持它开始本能地反对的罪恶。"（纽曼，1994：202）

以理智为指向的博雅教育的局限性必然要求道德教育和神学教育的补充。那么，如何弥补博雅教育，或者说理智教育的这种局限性呢？纽曼写给朋友的一封书信（1852年7月23日）为我们透露了一些消息，他在这封书信中说道：

> "我认为，大学与道德无关，这一点和大学与信仰的关系不同……我也认为，总的来说，教会开办大学并非出于道德目的（除了教授相关知识之外，但如此必然与信仰有关）。不过，我认为，教会利用大学中的小型组织、学院、馆舍等作为道德的保护剂，会显得更为自然而然"[259]。

---

258 在纽曼的教育学说中，"心灵的教育"是一个很重要的概念，他还提过"心灵的调教"（discipline the heart）的说法，参见 Newman, John Henry. *Discourses on the scope and nature of university education: addressed to the Catholics of Dublin*, Dubuque, Iowa: Reprint Library, 1852：447.

259 Avery Dulles. *Newman*, London and New York, Continuum, 2002，2005：148.

　　显然，纽曼希望通过英国大学的学院制度来解决道德教育的问题。注意，当纽曼说大学与道德无关的时候，他指的是与学院相区别的大学。这就涉及到了大学和学院的不同分工问题。我们往往很少区分学院和大学，但两者的区别对于理解纽曼的教育思想至关重要。在 1856 年出版的《大学的职责与工作》一书中，纽曼曾对大学与学院的不同功能进行过非常精彩的阐述：

　　　　"大学体现进步的原则，学院则体现稳定的原则；大学是前进的帆船，学院则是帆船里的压舱物；欲追求、扩展、传授知识，则它们自身都是不够的；它们对彼此都有益处。大学是热情的场景，是愉悦的发挥，是精彩的展示，是胜利的影响，是辐射四方、强劲有力的同情；学院则是秩序之所，是服从、谦虚，是保持勤勉，是忠于职守，是个人之间的互惠互利，是深厚持久的依恋。大学是为世界的，学院是为民族的。大学是为教授的，学院是为导师的；大学致力于哲学性的演说，雄辩的训诫，或者竞争性的辩论；学院则致力于问答式的教学。大学致力于神学、法学、医学、自然史与自然科学，以及一般性的科学及其传播；学院则致力于理智和道德方面的品性的塑造，心智的培育，个体的发展，学院致力于文学，古典学，以及入门性的科学，后者将增强、深化人的理智。大学是前进的因素，但它前行时也许会脚踩空地；学院具有保守的倾向，它肯定会原路折回，因为它不愿前进。如果一所大学能够坐落在众多学院之中，它也许就是最完美的机构，因为它兼备两种相反类型的机构之所长。[260]"

　　学院制度的核心是宿舍制和导师制。学院不仅仅是一群人的结合，而且这群人应该属于某一个特定的机构。学院拥有独立的法律地位，享有宗教特权。和大学不同，学院人数有一定之限，以确保每个成员都在学院住宿。学院应该有精良优美的建筑物。年轻的学子背井离乡，不远千里来到陌生的大学中求学，学院是他们在异乡求学旅途中的一个"家"。学院使年轻人远离外界的诱惑，端正为人处世之道。学院传授的是基础性的而非高深的知识，因为学院中的年轻人还不宜学习也无法掌握过于高深的学问，最后，纽曼用富有感情的笔触刻画了学院在他心目中的地位，"学院是我们最美好感情的神

---

260 Newman, John Henry. *Historical sketches*（v.3）London: Longmans, Green and Co.,1909：228-229.

龛，是贮藏我们最美好记忆的殿堂，是对我们来世的一种祝福，是厌倦世事的身心休憩之所，不管我们最终将被抛向何处，直到时间的终结。[261]"

大学是一个传授普遍知识的场所，大学存在的条件和学院制不同，而且无须以学院制为前提。中世纪的大学、法国的大学和德国的大学都没有类似于英国的学院制度，但这并不妨碍它们成为大学。在制度上，大学的核心特征是教授制度："教授制度就大学的存在而言是充分的"。大学的存在并不依赖于完善的物质条件。只要有三五个学问渊博的教师，学生就会受到求知欲的驱动聚拢而来。大学成立之初，条件非常艰苦，没有固定的校舍，教师和学生漂泊不定，他们要不是住在阁楼、地下室，就是和别人共用破旧的宿舍。在纽曼看来，大学的教授制度存在以下危险：

1. 大学的教授体制容易导致道德放荡和仇恨。由于没有完善的寄宿制度和导师制度，教师除了授课之外，对学生的道德品行基本不闻不问。由于无人约束，不少学生为非作歹、无法无天。[262]大学是一个国际性的学术团体，学生来自不同的地区、国家，校方对他们疏于管教，学生之间很容易拉帮结派，聚众滋事，这一切都会成为大学内部不稳定的因素。中世纪大学历史中大学师生与市镇百姓之间的冲突、斗殴就是明证。纽曼还指出，即便在他那个时候，德国大学中的派系冲突和决斗还是家常便饭。[263]

2. 教授制度的危险在于它有可能助长理智的傲慢，从而导致无信仰的罪恶。站在讲台上的教师很容易陶醉于听众的掌声，飘飘然忘乎所以，进而讲出对上帝大不敬的言辞。纽曼引用一则十二世纪的传说来说明演讲所能导致的危险。一位名叫西蒙的巴黎神学博士在一次讲课中非常有力地论证了基督教的神性，听众深深为他的口才所折服，面对一片叫好之声，兴奋不已的西蒙喊出了下面的话："啊，耶稣，如果我愿意的话，我也可以用同样的方法来驳倒你。"结果，上帝马上惩罚了他，他立刻变成了哑巴。[264]根据以上历史事

---

261 Newman, John Henry. *Historical sketches*（v.3）London: Longmans, Green and Co.,1909：215.

262 Newman, John Henry. *Historical sketches*（v.3）London: Longmans, Green and Co.,1909：184-185.

263 Newman, John Henry. *Historical sketches*（v.3）London: Longmans, Green and Co.,1909：188.

264 Newman, John Henry. *Historical sketches*（v.3）London: Longmans, Green and Co.,1909：187.

实，纽曼暗示说，教授体制比较容易导致（注意，不是肯定导致）三种*附带性的*罪恶：无信仰、道德放荡和仇恨，这三种罪恶违背了基督教徒的三种最主要的美德：信仰、贞洁和爱。[265]

纽曼认为，大学的教授制度容易滋生的上述弊端可以通过学院制来加以补救。总而言之，大学是一个理智的场所，只要存在理智的供给和需求，大学就能存在。就本质而言，大学与道德无关，因为大学不是道德宣讲所。大学的核心使命和本质特征是理智教育，但是，如果大学要"安康[266]"，它就必须辅之以学院制度，并通过学院制度来进行道德教化，弥补大学体制之不足。

在纽曼看来，学院体制虽不属于大学本质的必然组成部分，但它是对大学教授制度的完善和补充，是"大学的矫正物"[267]。学院制度对大学教授制度的矫正和补充作用主要体现在以下方面：

1．为了使学生远离罪恶和诱惑，容纳各种知识、吸引各种学生的大学应当在自己的范围之内建立一些小型的"共同体"，给学生创造"家园"的感觉，为学生抵制各种道德罪恶建立一面防护墙[268]。通过把大学细分为各大学院，还可以满足学生各个方面的情感需要：如归宿感、荣誉感，等等。

2．纽曼把学院视为联结大学与教会的一根纽带。大学具有独立于教会的"本质"，但是，倘若没有教会的帮助，大学也不能获得完整。大学与教会必须在某种程度上结合起来，两者实现结合的桥梁就是学院制度："学院是教会为了实现神圣的目标，在一所大学中所*利用*的直接而特殊的工具"（纽曼，1994：183）。更具体一点说，教会通过"导师"来实现这种结合。纽曼认为，导师与学生之间的关系不仅仅是学术性的关系，而且也是道德性与精神性的关系。依据牛津大学章程，导师不仅仅是"学术警察"，而且应该是学生的"道德和宗教监护人"[269]。

---

265 Newman, John Henry. *Historical sketches*（v.3）London: Longmans, Green and Co.,1909：189.

266 Well-being 对应的是亚里士多德的伦理学概念 Eudaimonia。

267 Newman, John Henry. *Historical sketches*（v.3）London: Longmans, Green and Co.,1909：213.

268 Newman, John Henry. *Historical sketches*（v.3）London: Longmans, Green and Co.,1909：189.

269 Fergal McGrath. *The consecration of learning: lectures on Newman's Idea of a university*, New York: Fordham University Press,1962：80.

3. 在学院体制中，学院导师不但负责学生的道德品行、性格塑造，也负责学生的学业。学院导师往往采取问答式的方法来检查学生读书的进度、效果，通过这种方式，学生的口头表达能力得到了提高，而且学生也因此知道自己是否已经确实掌握了教授在课堂上所教的知识。因此，学生导师制度对于学生的理智教育是有益的，导师制度和教授制度是一种互相补充、相互促进的关系[270]。

纽曼当然很清楚，学院制度对牛桥学生道德品行的约束并不总是那么成功的。即便在他发表演说的年代，牛津、剑桥中道德放荡的学生也为数不少。但纽曼辩解说，即便在严格的纪律管制之下，人类的"骚乱和放纵的冲动"仍然是如此强大，这一事实恰恰说明了学院制的必要。[271]

纽曼在牛津学院制度的沐浴之下度过了三年宝贵的大学时光，此后，他又作为院士、导师，生活在这种制度的庇护之下。纽曼衷情于以学院制为中心的英国大学制度，并亲切地称之为"母校"。母校不是锻造厂、造币厂，而是一个由亲密的情感联结起来的共同体，"母校"熟悉"她"的每一个"孩子"（纽曼，1994：14-145）。显然，"母校"与德式大学截然不同。

首先，启蒙运动之后，德国、苏格兰、荷兰、法国等国家的大学都大力发展法学、医学等专业教育。在十八世纪的德国，法学取代神学成为主导性的学科，官房学等致力于培养公务员的专业性学科也有长足的发展。苏格兰的大学发展出了政治经济学，荷兰的莱顿大学则以医学教育著称于世。惟独在英国，传统的艺学院仍然保持优势地位，医学、法学等专业性教育在大学中几无容身之地。对于英国这种独特的大学体制，史家一般称之为"学院式大学"[272]。构成这种学院式大学的核心要素是导师制、寄宿制。

与德国式样的讲授制度相比，纽曼更欣赏英国旧式的导师制度。因为，在导师制度之下，学生有更多的时间用于"自我教育"。而在讲授制度之下，学生仅仅是被动的学习机器，无法有效地"内化"知识（纽曼，1994：148-150）。

270 Newman, John Henry. Historical sketches（v.3）London: Longmans, Green and Co.,1909：190.

271 Newman, John Henry. Historical sketches（v.3）London: Longmans, Green and Co.,1909：221.

272 "collegiate university ". James McConica. *The collegiate university* , Oxford: Clarendon Press, c1984

对于亲身经历过的牛津大学竞争性的学位考试制度，纽曼也有所保留（并非全然反对）。在竞争性的考试制度之下，学生囫囵吞枣地学习各式各样的学科，通过"背诵"的方法学习这些知识，考试一过，就将知识抛之脑后，甚至忘得一干二净（纽曼，1994：145）。因此，非考试性的制度环境反而对心智训练更为有益。当然，纽曼并不认为学院体制十全十美。正如他所认识到的那样，学院体现的是稳定的原则，因此天生保守、排斥革新。在《大学的职责与工作》一书中，纽曼曾专门用一章的篇幅来讨论学院制的弊端。在英国，学院是一支强大的政治势力，牛桥各大学院的校友遍布英国政界、律师界和宗教界，这些人在感情最为纯真的时候在学院中度过了人生最难忘的岁月。在学院中，他们长大成人，他们甚至有机会和校长同在一桌吃饭，学院的方庭，如茵的草坪，雄伟的建筑在他们脑海中留下深刻的印象。他们对学院充满感情，甚至将学院视为第二个家。一旦外界试图挑战学院的权力，或者试图改变学院的现状，各地的校友就会起来维护学院。学院因此成了一股非常保守的力量，不思改变。无所事事、顽固保守，这些都是学院制度滥用所导致的弊端，这在十八世纪体现得尤为明显：

> "上个世纪，学院自由放任，并因此陷入了令人羞耻的懒惰和无为状态。它们绝不再是教育的场所；在很大程度上，它们仅仅是俱乐部、闲差部门和养老院，那些住在里面的人除了享受玩乐之外，几乎一事不做。他们（指学院教师）对那些委托给自己的年轻人几乎不闻不问；他们其身不正，并容许那些年轻人群起效尤，享用他们自己的自由。事实上，他们没有大学监察员，……唯一能够对它们施加权力的是大学，……但大学什么也做不了。大学没有管理学院的手段；大学仅仅是一个名号，或一个特权；它没有自己的组织或权力。在我看来，当今英国大学的严重罪恶不在于学院的强大，而在于大学没有针对学院的实质性权力"[273]。

学院制度最大的弊端在于放松了对学生在心智训练方面的要求。十九世纪初期，牛津正是最衰败的时候，学生获得学位几乎不需要名副其实的考试。在学院生活三到四年后，希望拿毕业证书的学生会在考试典礼之前选定自己的考试官，并请他们吃饭[274]。

---

273 Newman, John Henry. *Historical sketches*（v.3）1909：235.
274 Newman, John Henry. *Historical sketches*（v.3）1909：236.

因此，纽曼认为学院制度与教授制度缺一不可，一所完整的大学应该将这两种制度同时结合起来：

> "教授制度实现了大学的严格理念，而且，教授制度就大学的*存在（being）*而言是充分的，但对大学的*良好存在（well-being）*就不充分。学院是大学的*完整（integrity）*所不可或缺的一部分"（斜体为原文所加）[275]。

在自己数十年的教育实践中，纽曼也正是通过学院制度（如导师制度）来进行道德教育、宗教教育。1826 年，纽曼当选为奥利尔学院的导师。在指导学生时，纽曼不仅负责指点他们的学业，甚至关照学生的宗教信仰。这一点曾经引起一些同事的不满，但纽曼不为所动。直到他成为主教之后回忆自己的导师生涯时，仍然不改初衷：

> "当我还在牛津我们学院担任公共导师时，我就十分坚持认为我的任命是直接与牧师有关的。我认为，依据大学的章程，导师这个工作本质上是关乎宗教的。我不允许这样的事情发生，即在教授古典学时，我们可以不通过古典学在学生的心智中进行道德训练。我认为，大学导师要关照灵魂。在接受这个职务之前，我写下了一个私人备忘录，一旦不能执行自己的这个观点，我就会考虑是否继续留职。终其一生，我都恪守这一原则。[276]"

由他出任校长的爱尔兰天主教大学虽然在体制上效仿比利时的卢汶大学，但其教学结构却是牛桥模式。纽曼在天主教大学建立了教授制度，建立了医学院，设置了农学和工程学教授席位，但同时还建立了三所学院式的馆舍，每个馆舍大概十五到二十个学生，和牛桥一样，馆舍配有导师。根据纽曼的设想，导师的角色亦师亦友，纪律事宜则由馆舍长负责[277]。这些都充分遵循了英国古典大学的传统。

综上所述，在纽曼看来，大学的本质、目的在于博雅教育，即"理智的培育"和"绅士之养成"，然而，理智和绅士都具有自身的局限性，必须用宗

---

275 Newman, John Henry. *Historical sketches（v.3）*1909：182.

276 A. Dwight Culler. *The imperial intellect -a study of Newman's educational ideal*, Yale University Press,1955：72.

277 M.G. Brock and M.C. Curthoys. *The History of the University of Oxford－v.6. Nineteenth-century Oxford（pt.1）* Oxford : Clarendon Press, 1997：302.

教和道德的力量来加以弥补，只有辅之以宗教和道德的力量，大学才能在其本质之外，获得完整[278]。

第八节 纽曼与博雅教育的思想谱系

《大学的理念》是在演讲词的基础上成书的，就形式而言，该书一开始就是一个对话性的文本。这种对话性的特点不仅体现在文体上，也体现在内容上。这一系列演讲并非纽曼个人思想的"独白"，而是建立在前人思想基础之上、与前人谈学论道的"精神对话"之中。《大学的理念》、《大学的职责与工作》这两本书是典型的"对话性文本"。

纽曼认为，任何深刻的思想都必须建立在与传统对峙的基础之上，那些忽视传统、自铸新词的学说也许能风靡一时，但注定无法传之久远。在《大学的理念》一书的序言中，纽曼谦虚地表示，自己的观点并没有什么"创新之处"（纽曼，1994：x）。博雅教育的理论建立在"人类的理性和人类智慧"的基础之上，对博雅教育的论证与教会的权威无关（纽曼，1994：7）。《大学的理念》一书典型地体现了纽曼与传统的对话。纽曼在书中提到苏格拉底、色诺芬、柏拉图、伊索克拉底、亚里士多德、西塞罗、塞涅卡、奥古斯丁、爱留根纳、沙里斯伯里的约翰、弥尔顿、洛克、沙夫兹伯里伯爵等与博雅教育思想史最为密切相关的人物，在阐发博雅教育的观点时，纽曼对他们的思想多有借鉴。在这场精神的对话中，纽曼向他的精神导师们——如亚里士多德、西塞罗、基督教教父们——表达敬意，并向自己的思想对手们——伊索克拉底、智者派、洛克、霍布斯、《爱丁堡评论》派、吉本、沙夫兹伯里伯爵——发起攻击。

纽曼对雅典文明充满景仰，称赞雅典人是"天生的教师"，"仅仅生活在他们中间就是**心智的培育**"[279]。对古希腊的作家，纽曼提到了苏格拉底、柏拉图、伊索克拉底、智者派、亚里士多德和色诺芬。如果诚如布鲁斯·金博尔所言，"自由"教育思想史存在哲学家和雄辩家这两条路线，前者由柏拉图、亚里士多德所肇端，强调数学与逻辑；后者由伊索克拉底所肇端，强调修辞与文法。那么，纽曼几乎就是一个无法归类的思想家。在课程上，纽曼侧重古典文学和数学，尤其是古典文学，而在理念上，纽曼对亚里士多德和西塞罗

---

278 本质（essence）和完整性（integrity）的区别对于理解纽曼的大学理念非常重要。
279 Newman, John Henry. *Historical sketches*（*v.3*）Oxford：Clarendon Press, 1909：81.

青眼有加。尤为耐人寻味的是，对于被布鲁斯·金博尔推为雄辩家版本的"自由"教育思想之父的伊索克拉底，纽曼认为他和智者派乃一丘之貉，这两者都"为言辞所束缚，忽略思想或事物"，因此纽曼表示"我无法为他们辩护"（纽曼，1994：282）。而所谓的"哲学家"与"雄辩家"之争，诗歌与哲学之争，在纽曼看来并非如此壁垒分明，"我们有时将柏拉图和西塞罗的著作看成是哲学作品，有时则看成是文学作品"（纽曼，1994：269）。值得注意的是，对于十九世纪知识分子心目中的英雄苏格拉底，纽曼却颇为不敬，认为苏格拉底应该和塞涅卡一样"被剥掉那件美丽的圣日外衣"（纽曼，1994：269）。纽曼反对苏格拉底"知识即美德"的命题，坚持"知识是一回事，美德是另一回事"。

在论述博雅教育的特征，尤其是讨论"适合于自由人的运动"（liberal exercise）这个概念时，纽曼提到了色诺芬的著作："在色诺芬的书中我们读到，那位年轻的波斯贵族既被教授如何骑马，又被教导要说真话，两者都属于绅士的才艺"（纽曼，1994：107）。这里所提到的色诺芬著作显然指的是《居鲁士的教育》[280]一书。

《大学的理念》一书引证最多、最为倚重的古典作家当属亚里士多德。纽曼尊亚里士多德为"古代的伟大哲学家"（纽曼，1994：408），"分析型的哲学家中最伟大者"[281]，"古代最博学的知识分子"[282]，称赞亚里士多德的《修辞学》是"大名鼎鼎的"（纽曼，1994：415），《诗学》是"最真实和哲学性的"[283]诗学理论。在《赞同的文法》一书中，纽曼甚至直呼亚里士多德为"我的导师"[284]。在牛津大学读书时，纽曼在荣誉学位考试中所选的书目就包括亚里士多德的《尼各马可伦理学》，他对这本书非常熟稔，并做过详细的评注。纽曼还为亚里士多德的《诗学》做过评注[285]。当然，纽曼对亚里

280　该书已有中译本，参见（古希腊）色诺芬. 居鲁士的教育，沈默译笺. 北京：华夏出版社，2007.

281　John Henry Newman. *Poetry, with reference to Aristotle's Poetics*, Boston, Ginn & Company, 1891：2，5.

282　A. Dwight Culler. *The imperial intellect -a study of Newman's educational ideal*, Yale University Press, 1955:187.

283　John Henry Newman. *Poetry, with reference to Aristotle's Poetics*, Boston, Ginn & Company, 1891：9.

284　关于亚里士多德对纽曼的影响，可参见 Joshua P. Hochschild. "The Re-Imagined Aristotelianism of John Henry Newman". *Modern Age*.2003，Fall：333-342.

285　John Henry Newman. *Poetry, with reference to Aristotle's Poetics*, Boston, Ginn & Company, 1891.

士多德的诗学观点也颇多批评，例如他认为亚里士多德过分重视情节在悲剧中的地位，在纽曼看来，"那些在情节上最为完美的戏剧往往并不是最具诗性的戏剧[286]。

纽曼的博雅教育思想深受亚里士多德的影响。纽曼指出，博雅教育、博雅知识的理念独立于基督教的教义，尽管亚里士多德是一个异教徒，但是在博雅教育理论方面，他永远是一个权威，是值得信赖的贤者：

> "只要我们还是人，我们在很大程度上就不能不是亚里士多德
> 主义者，因为这位伟大的导师的确分析了人类的思想、情感、观点
> 与见解"（纽曼，1994：109）。

《大学的理念》一书处处可见亚里士多德的权威论述。例如在描绘理智的完美状态时，他引用了亚里士多德在《尼各马克伦理学》中一个独特的希腊词 τετραγωνοσ（Tetragonos）来加以阐释[287]。书中四度引用了亚里士多德在《尼各马克伦理学》中对"大度的人"所做的阐述（纽曼，1994：280，383，431，469）。关于"自由"知识、哲学的心智习惯、知识的等级与相互关系的论述，也处处可见亚里士多德的影子。就思想史的谱系而言，纽曼所说的"博雅知识"和亚里士多德的"eleutherion epistemon"一脉相承，他们都坚持知识的内在价值，在论证的过程中都使用了"自由－奴役"的比喻。

当然，亚里士多德和纽曼之间也存在显著的差异。纽曼首先是一个天主教教徒，他总是从宗教的角度看待各门知识之间的关系。他对"心智训练"的强调是亚里士多德所没有的。亚里士多德是古典理性主义的代表人物，纽曼则反复强调"理性"的局限性，认定启示高于理性。

对于亚里士多德等人所代表的雅典文明，纽曼没有盲目崇拜。在纽曼看来，雅典文明的弊病在于过分神化"美"，美成了唯一的标准，其后果是正当的尺度被取消了，"如果美是判断正当的唯一标准，那么，没有任何优美、宜人的东西会是错误的。[288]"

---

286 John Henry Newman. *Poetry, with reference to Aristotle's Poetics*. Boston, Ginn & Company, 1891：2，5.

287 John Henry Newman，*The idea of a university defined and illustrated*，London，Thoemmes Press, 1994：138. Tetragonos 这个词见于亚里士多德的《尼各马克伦理学》1100b18-20。

288 Newman, John Henry. *Historical sketches*（v.3）London: Longmans, Green and Co., 1909：84.

　　亚里士多德和西塞罗关注的都是针对拥有闲暇的自由人阶层（绅士）的教育，他们都没有提到奴隶或者妇女的教育。基督教主张教育的权利应该向所有的等级、阶层、种族的人开放。在这个问题上，纽曼自然也站在基督教的立场上。这是纽曼的绅士教育理论与亚里士多德的又一区别。

　　西塞罗是古罗马时代最早提出"自由人的技艺"（artes liberales）这一概念的作家，也是古罗马时期博雅教育理论最为重要的代表人物，他恰好也是纽曼最为心仪的文学大师。纽曼在伊林学校时即开始阅读西塞罗的《论友谊》、《论老年》等著作。在正式入住牛津的前几个月中，纽曼精心研读古希腊罗马名著，其中就包括西塞罗的《论义务》一书[289]。1824 年，纽曼还曾为《大都会百科全书》撰写西塞罗的词条。《大学的理念》一书对西塞罗的引用主要集中在《论义务》一书。西塞罗对纽曼的影响主要表现在两个方面，其一是知识的自为性（当然，这里也有亚里士多德的影响）；其二是言辞与思想、理性与语言不可分割的观念。纽曼指出，理性和言语是不能分开的，就像光与影不可分开一样（纽曼，1994：277），这一思想的源头显然是西塞罗。

　　古罗马的斯多葛学派对纽曼的教育思想也有一定的影响（纽曼，1994：138）。纽曼在《大学的理念》一书中说到，"健身学校对莱克格斯是一种自由的训练，对塞涅卡而言却不自由"（纽曼，1994：109-111），而塞涅卡的这一观点出自他的第 88 封书信，这表明纽曼读过塞涅卡的这封书信。在 1859 年所写的另一篇文章中，纽曼再一次谈到了塞涅卡的第 88 封书信，提到了塞涅卡对于 artes liberales 的否定性态度，"塞涅卡谈到了他那个时代的文法、音乐、几何和天文学，虽然他并不是那么推崇这些学科。[290]"

　　在《大学的理念》一书中，培根是出现次数最多的现代作家（共 9 次）。纽曼将其视为现代功利主义哲学的始祖来加以批评。在论证"知识自为目的"时，纽曼的最大理论对手就是培根。

　　在纽曼之前，英国教育理论著作中影响最大的两本著作当属弥尔顿的《论教育》和约翰·洛克的《教育漫谈》。尤其是洛克的《教育漫谈》一书，对十八世纪的绅士教育理论有着异常深刻的影响。《大学的理念》一书对这两位作者均有所涉及。纽曼在书中以赞赏性的口吻引用了弥尔顿的《论教育》一书。

---

289 A. Dwight Culler. *The imperial intellect -a study of Newman's educational ideal*, Yale University Press, 1955：5.

290 John Henry Newman. "The Benedictine Centuries". *The Atlantis*. London, Dublin, 1859, vol.2, January-July: 1-43.

纽曼在牛津大学读书时曾经仔细阅读过洛克的著作，[291]但显然并不赞同洛克的功利主义教育思想。

十八世纪是英国博雅教育理论的一个重要阶段。纽曼在书中大量引用了十八世纪英国绅士教育的理论话语。《大学的理念》一书大量引用爱德华·吉本的《散论文学学习》以及沙夫兹伯里伯爵的《人、礼仪、观点与时代的特征》。在牛津读书时，纽曼曾遍览吉本的著作，并深深为吉本的写作风格而着迷（纽曼，1994：322）。

不过，《大学的理念》一书和十七、十八世纪、十九世纪初期的绅士教育理论著作存在一些关键性的区别。在某种意义上，纽曼已经和十八世纪的绅士教育理论分道扬镳了。

首先，纽曼将博雅教育提升到了"理念"的高度。纽曼处理的是原则性的、哲学性的问题。他明确表示，他所讨论的是大学的"理念"、大学的"本质"、大学的完整性、教育的目的和原则、大学和教会的关系、大学和神学院的关系等根本性的、哲学性的问题。而所谓大学的"理念"，指的是大学区别于学院、教会、神学院、政府等机构的本质性特征，是大学"独有的特性"[292]和独立于教会的"本质"[293]。十七、十八世纪的很多绅士教育著作充满了如何学习拉丁语、如何处理师生关系、游学注意事项[294]、职业选择等细枝末节的问题。维塞斯莫·诺克斯在其流布甚广的著作《博雅教育：或，关于获取实用与文雅知识的应用性论文》中自我标榜说，以前的很多教育论著（包括洛克的著作）都"太过思辨以致一无所用"。他写这本书的目的就是要纠正这种风气，他的这本书是实践性的，而非哲学性的[295]。而在纽曼的著作中，这些具体的问题让位于原则性的思考，诸如理性与启示、博雅知识与专业知识

---

291 Fergal McGrath. *The consecration of learning: lectures on Newman's Idea of a university*, New York: Fordham University Press, 1962：75

292 Newman, John Henry. Historical sketches（v.3）1909：182.这里的 idea 指的是一个事物的本质，当译为"理念"。在 1852 年版第五讲《普遍知识作为一种哲学》的演讲中，纽曼明确将 idea 等同于"理型"（form）。（参见 Newman，1852：144，148）在英文中，form 一般用于翻译柏拉图的"IDEA"。

293 Newman, John Henry. Historical sketches（v.3）London: Longmans, Green and Co., 1909：183.

294 如 Obadiah Walker 在《论教育，尤其是青年绅士的教育》专门用三页纸的篇幅讨论了在国外游学时应该注意的事项，如要提防陌生人，等等。

295 Vicesimus Knox. *Liberal Education.* London: Charles Dilly, 1785.卷一，p206.

的关系、知识与学习的关系，等等。纽曼的《大学的理念》一书将博雅技艺、博雅知识、博雅教育这三个概念视为不可分割的整体。"博雅知识"成为最重要的论述对象，这在博雅教育思想史上实属前所未有。

其次，和十八世纪、十九世纪初期的博雅教育理论不同，纽曼并不强博雅教育和政治自由之间的关系。十八世纪博雅的主要阐述者约瑟夫·普莱斯特里是一个激进的政治自由主义者。约瑟夫·普莱斯特里继承约翰·洛克的传统，指出公民自由在博雅教育之间存在紧密的联系[296]。威廉·布克莱斯通也持相同的看法，他指出，法律知识，尤其是英国法的知识是"博雅教育"（liberal and polite education）最必不可少的组成部分。在英国，政府的统治以法律制度为基础，以政治自由和公民自由为宗旨。因此，以法律为主要内容的博雅教育必然也有利于促进公民自由和政治自由。[297]而在纽曼看来，博雅教育指的是理智的教育，因此是超越政治的。在政治立场上，纽曼是一个坚定的保守派，对民主和专制都有所批评。他所推崇的政府，应该既能提供保护（这是民主所不能提供的）又能提供自由（这是专制所不允许的）。纽曼主张，在和平时期，建立在权利制衡基础之上的宪政政府是最佳选择。而在战争时期，专制是可以备选的政制形式。政治的普遍参与只会促进平庸而非卓越。[298]

第三，纽曼认为，以沙夫兹伯里为代表的绅士教育理论将德性放在品位的基础之上，停留于表面和感官的层次，因而是不牢靠的，必须在这之上灌注宗教的精神，进行"心灵"的教育。

第四，与十八世纪的博雅教育理论相比，纽曼更强调"心智训练"的地位。十八世纪博雅理论，其核心旨趣在于塑造一种理想人格，这种理想人格奉慷慨、友善、开明为教育的圭臬。而在纽曼这里，教育重新又从"生活的技艺"转向了"认知的技艺"，"心智的训练"而非绅士风度才是博雅教育的首要宗旨。纽曼指出，所谓博雅教育，本质上就是心智的培育，是理智教育，而非道德教育或心灵教育，更不是十八世纪的礼貌教育。十七、十八世纪的博雅教育著作会用很大部分的篇幅讨论如何塑造绅士的品格和美德，而在纽曼的《大学的理念》一书中，有关品格塑造的论述非常之少，整本书几乎都

---

296 Heinz Rhyn. *Allgemeine Bildung und liberale Gesellschaft: Zur Transformation der liberal education in der angelsachsischen Aufklarung*, New York: Peter Lang,1997

297 William Blackstone, George Sharswood. *Commentaries on the Laws of England: In Four Books*，Philadelphia，1860：4.

298 Avery Dulles. *Newman*, London and New York, Continuum,2002，2005：163.

在讨论"知识"和"理智的培育"。当然，这并非《大学的理念》一书的特点，同一时期的威廉·休厄尔所著的《论普遍的"博雅"教育》一书也同样如此，处处不离"知识"的主题[299]。对理智教育的强调为纽曼的绅士教育学说注入了"现代性"的因素。这种现代性的因素使得纽曼的教育学说能够在二十世纪的才智社会、专业社会中继续发挥影响，"理智的培育"成为二十世纪各家"自由"教育理论学说的基础。

从 1816 年入学，到 1845 年底离开牛津，纽曼在牛津度过了几乎整整三十年的春秋。在三十年的牛津生活中，纽曼的角色经历了从学生到院士、导师的转变，在这段漫长的岁月中，他的人生始终与教育须臾不可分割。在担任院士、导师、学校牧师等角色时，纽曼始终在思考教育的问题。

作为一位牛津人，纽曼对教育问题的思考与牛津的古典教育模式密不可分。毫不奇怪的是，纽曼在《大学的理念》一书中所表达的观点与他的昔日同事们惊人地相似，而且，在很多地方，纽曼直接借用了他们的论述。十九世纪初期发生在《爱丁堡评论》学派和牛津大学之间的大论争对纽曼的影响尤为直接。在很大程度上，纽曼的博雅教育理论是对《爱丁堡评论》的一个回应。作为此次论战中牛津一方的代表，约翰·戴维森、爱德华·考普斯顿对纽曼的影响最为明显。在《大学的理念》一书中，纽曼甚至大量引用爱德华·考普斯顿和约翰·戴维森的论述以代替自己的论证。在第一次演讲中，纽曼也开宗明义地承认，自己在论述博雅教育理论时，大量依赖新教团体的成果（纽曼，1994：5）。约翰·戴维森和爱德华·考普斯顿都属于新教徒（考普斯顿后来还担任过兰代夫的新教主教），纽曼所指的新教团体的成果，主要指的是这两个人对博雅教育的阐述。

在十九世纪三十年代的牛津运动中，纽曼与赫雷·弗劳德、约翰·基布尔等人成为并肩作战的伙伴，纽曼的教育思想也直接受到牛津运动的影响，例如他曾在《大学的理念》一书中直接引用过约翰·基布尔的观点，虽然后者依然是英国国教的信徒。

在纽曼之前，十九世纪英国博雅教育理论的主要代表人物是为威廉·休厄尔。纽曼在 1853 年发表的《大学教育演说附录》中引用过休厄尔的《英国大学教育》一书的相关观点。[300]

---

299 William Whewell. *Of a Liberal Education in General*，London，1850

300 Newman, John Henry. *Discourses on the scope and nature of university education: addressed to the Catholics of Dublin*, Dubuque, Iowa: Reprint Library,1852：410.

在牛桥之外，纽曼的教育思想还受到柯勒惠治的影响。例如，纽曼划分了大学和学院，认为前者体现进步性原则，后者体现稳定性原则，这一划分显然受到柯勒惠治的启发。[301]

纽曼的博雅教育思想是希腊传统、古罗马传统、中世纪传统、文艺复兴传统、十八世纪绅士教育传统、十九世纪理智教育学说的一次交汇和综合。在主张知识自为目的方面，纽曼继承了亚里士多德的衣钵；在主张雄辩与智慧的结合方面，纽曼受到西塞罗的启发；纽曼的恩典真理观以及他对博雅教育局限性的强调，则沿袭了以奥古斯丁为代表的基督教教父传统。纽曼上承亚里士多德、西塞罗、奥古斯丁以及十八世纪的绅士教育传统，下启赫钦斯、白壁德，在博雅教育思想史上的地位举足轻重。在很大的程度上，亨利·纽曼几乎成了博雅教育的代名词，也正是在这个意义上，美国学者雅罗斯拉夫·帕利坎才对纽曼的《大学的理念》一书不吝赞美之辞，称其为"有史以来关于大学的最重要的一本书"[302]。可以说，在所有论述"博雅"知识或"博雅"教育的著作当中，纽曼的论述最成体系，也最为详尽深入。布鲁斯·金博尔在《雄辩家与哲学家》这本研究博雅教育思想史的著作中完全没有对纽曼的理论进行阐述，而且，在他看来，纽曼的《大学的理念》一书是"折衷主义的"、"不成系统的"[303]。布鲁斯·金博尔对纽曼的忽略使他的思想史研究缺少了重要的一环，而他对纽曼的评价也有失公允。

本章小结　纽曼博雅教育学说及其现代命运

纽曼的生命一直与教育相始终，他对教育问题的思索也贯穿他的一生。但总体而言，《大学的理念》一书乃"即兴之作"，整本著作都是由临时写就的演说词构成，语言汪洋恣肆、激情澎湃，与严格绵密的学理性论文自然不可同日而语。在演说时，纽曼面对的是一群特定的听众：爱尔兰的天主教徒以及爱尔兰大主教保罗·库伦。因此，他不得不使用一些夸张、渲染等修辞手法，以达到说服听众的效果。这就要求我们在阅读《大学的理念》一书时

---

301 M.G. Brock and M.C. Curthoys. *The History of the University of Oxford - v.6. Nineteenth-century Oxford（pt.1）*, Oxford : Clarendon Press, 1997：293.

302 Jaroslav Jan Pelikan. *The idea of the university -a reexamination.* New Haven: Yale University Press, 1992：190.

303 Bruce Kimball. *Orators & philosophers*, New York: College Entrance Examination Board , 1995：195.

特别留意该书的"修辞"[304]，否则就很可能误解作者的本意[305]。演说的文体也决定了《大学的理念》一书的论述有些"散漫"，本研究的目的是通过文本细读，对文本进行"理性的重建"，通过对核心概念的概念史考察，以探析其写作意图，提炼其理论命题。

本研究认为，绅士、博雅知识、心智的培育、心灵的教育是纽曼的博雅教育理论中最重要的几个概念。通过这几个概念，我们可以把握纽曼博雅教育理论的核心命题和写作意图。

"自由"知识或博雅知识的概念可上溯至亚里士多德，纽曼赋予"liberal"一词的含义异常繁复，但对纽曼来说，博雅知识最核心的特征是"自成目的的"、"非专业性的"、"符合绅士身份的"，面对"实用知识运动"的挑战，纽曼希冀重申知识的内在价值，从而为日益陷入危机的古典学辩护。

纽曼将普遍知识的概念追溯至百科全书教育传统和中世纪大学的"泛邦大学"。和前人一样，纽曼强调知识的整体性和相互关联性。纽曼最为关切的问题是，如何在日益世俗化的世界中捍卫神学的地位，普遍知识概念的提出，其最主要的意图在于捍卫神学教育在整个大学教育中的地位。

本文的研究表明，心智培育的概念在纽曼发表《大学的理念》一书之前的一百多年就已广为流行，并构成了弥漫于整个十九世纪高等教育场域的一种独特氛围。尽管反复强调理智教育的局限性，但纽曼始终坚持理性和信仰可以调和的立场，坚持博雅教育的本质是心智培育和理智教育。

教育的根本目的是塑造人，尽管对带有封建印记的绅士有所不满，但纽曼仍然坚持博雅教育旨在养成绅士（尽管是一个基督教化的绅士）。我们对纽曼的博雅教育学说的考察再次表明了教育的理想人格与知识挑选之间的关

---

304 这是英国研究纽曼的学者 Ian Ker 所特别强调的。

305 牛津大学研究纽曼的著名学者 Ian Ker 指出，一个长期的误解是认为纽曼反对在大学中进行科学研究。参见 David Cecil Smith, Anne Karin Langslow 主编. *The Idea of a University*，1999：12-15.纽曼在为天主教大学制定的规章中指出，教授不能有过重的上课负担，他应该有足够的时间去熟悉本学科的知识。纽曼曾提到教授的一个职责是著书立说。为此，纽曼创办了一个学术性的期刊《亚特兰蒂斯》（Atlantis），以供发表专业性的研究成果。另外，他还建立（或试图建立）了天文观察室、实验室和供研究之用的图书馆。A. Dwight Culler. *The imperial intellect -a study of Newman's educational ideal*, ale University Press, 1955：311.而且纽曼本人也在上面发表文章。参见 John Henry Newman. The Benedictine Centuries [J]. *The Atlantis*. London, Dublin, 1859, vol.2, January-July: 1-43.

系。纽曼希望塑造的教育理想人格是一个"绅士"，为了塑造理想的绅士，纽曼根据各种各样的原则（非功利的、哲学的、善的、非奴性的、符合绅士身份的）来进行"知识的挑选"，符合这些原则的知识，纽曼称之为 liberal 的知识，即博雅知识。由于纽曼对绅士的定义和前人不同，所以他对 liberal 的定义也有所不同。十八世纪的绅士教育学说更倾向于从"文雅／礼貌"的角度来定义绅士，因此注重用文雅知识来培养绅士。而在纽曼的定义中，绅士是一个具备"训练有素的心智"、拥有哲学式的心智习惯的谦谦君子，因此纽曼把博雅知识定义为哲理性的知识。

论者常常指出纽曼教育思想的"保守性"，有学者甚至认为纽曼的教育观念是"向后看"的大学理念。然而，需要注意的是，这种保守性并非源自纽曼个人的偏执守旧。有趣的是，在纽曼发表"大学的理念"系列演说之后，牛津大学也组织了一个专门的委员会，以对 1850 年英国皇家委员会对牛津大学所提出的建议做出回应。这份回应性的报告在 1853 年发表。该报告主体部分（即证词）的主要执笔人为二十多位牛津各学院的教师以及大学任命的教授，其中不少是纽曼昔日的同事，例如爱德华·普西、爱德华·霍金斯，等等。这些执笔人几乎逐条批驳了皇家委员会所提出的建议。绝大部分的执笔人均认为，大学的任务是给上层阶级和牧师阶层提供通识性的教育，而非专业教育；绝大部分的执笔人都认为牛津的导师制度优于德国的教授制度。和纽曼一样，他们都认为博雅教育的任务是心智的培育。这些观点几乎与纽曼在《大学的理念》一书中的观点如出一辙。在有些问题上，《1853 年牛津报告》的立场甚至比纽曼还要保守。这种惊人的一致性使我们有理由认为，《大学的理念》所表达的教育学观点代表了十九世纪上半叶"牛津人"的整体看法。威廉·休厄尔在 1837 年所发表的《英国大学教育的原则》一书中曾指出，英国大学的教育模式和德国大学的教育模式代表了"两种大学教育的模式" [306]。如果说，席勒、康德、费希特和洪堡等人代表的是十九世纪的"德国古典大学观" [307] 的话，那么，威廉·休厄尔、爱德华·考普斯顿、爱德华·普西、亨利·纽曼代表的则是"英式的大学观念"。

对于这两种大学模式的区别，威廉·休厄尔曾有如下的概括：在课程模式上，英式大学模式推崇古典学和数学，德式大学推崇哲学；在教学制度上，

---

306 William Whewell. *On the Principles of English University Education*，London，1838：50.
307 特别参见陈洪捷.德国古典大学观及其对中国的影响,北京:北京大学出版社,2006.

英国大学推崇学院制度，德国大学推崇教授制度；英式大学注重培养学生的"毕恭毕敬"的精神，德式大学则注重培养学生的"批判精神"[308]。古典学、数学、学院制度、尊崇传统，这些正是英国博雅教育的精髓所在。

不难发现，现代大学并没有沿着纽曼等人所设想的"英式大学理念"或"英国大学模式"的方向走。一直到纽曼发表《大学的理念》系列演说时，牛桥两校的教师们还对英式大学模式的优越性深信不疑，认为德国的大学制度根本无法与英国相比。然而，也正是从十九世纪五十年代开始，英国大学开始逐步背离传统，师法德国的大学模式，例如：提升大学教授的地位、开展专业化的学术研究，等等。

在纽曼发表《大学的理念》系列演讲时，传统的英国大学面临两大危机：第一，古典学的崇高地位受到功利主义者的质疑；第二，神学教育在大学中的地位受到新兴的"无神"大学的挑战。纽曼所谓的博雅知识和普遍知识概念，其目的是捍卫古典学和神学的地位，这是《大学的理念》一书最主要的"写作意图"[309]。而从十九世纪五十年代到二十世纪初英国大学的发展历程来看，纽曼的"写作意图"几乎是与这一历史进程相悖的。

首先，以古典语言、古典文学为基础的古典教育逐渐让位于以现代语言、现代学科为基础的现代教育。到十九世纪六十年代，即便是教授古希腊语和拉丁语的学者，也已经开始质疑这两种语言的教育价值。[310]此后，除了传统的数学和古典学之外，现代语言、现代历史、近代自然科学也成为了常规性的本科课程。进入二十世纪，传统的士绅阶层土崩瓦解，中产阶级成为新社会的顶梁柱，现代社会迈向一个追求平等、民主、自由、效率的新时代，教育开始步入"大众化"、"民主化"的阶段，中产阶级（商人、银行家、制造业主，等等）和工人阶级的子弟取代了传统绅士在高等教育系统中的主体地位。与之相伴，与有闲阶级"唇齿相依"的古典语言和古典文学[311]也在大学

---

308 William Whewell. *On the Principles of English University Education*，London，1838：51.

309 如果在阅读文本时不考虑作者的写作意图，就很容易犯下"时代错置"的错误。

310 F.W.Farrar. *Essays on a liberal education*, London，1867：207

311 关于古典学与有闲阶级之间的关系的分析，参见 Veblen, Thorstein《有闲阶级论》。何通爵士（Lord Houghton）在写于 1867 年的文章中已经清楚地揭示了古典语言教育和贵族阶层之间的联系，并指出在当时的教育体制之下，中产阶级（银行家、制造业主等等）成为"最明显的受害者"，参见 F.W.Farrar. *Essays on a liberal education*，London，1867：377.同一时期的美国教育家 William Parsons Atkinson

教育系统中普遍汨没，沦落为从事古典学研究之学者的专业语言[312]。

其次，大学的世俗化日甚一日。从十九世纪五十年代开始，牛津和剑桥的大门逐渐向那些非国教徒敞开。学院导师独身的要求也在十九世纪七十年代被废除了。二十世纪初，这两所学校彻底废除了参加宗教礼拜的义务性要求[313]。

尽管《大学的理念》一书的写作意图基本上未能在现代世界中落实，但纽曼关于大学理念——尤其是关于博雅教育理论——的论述已经成为世所公认的经典之作。英国历史学家乔治·扬[314]甚至认为，纽曼的《大学的理念》以及亚里士多德的《尼各马可伦理学》是有史以来最杰出的两本关于教育的著作，它们在教育思想史上的地位犹如双峰并峙[315]。

现代学者几乎毫无例外地肯定《大学的理念》一书的经典地位，但对于纽曼教育学说的"接受史"（或者说，纽曼的教育学说的经典化过程），学界还缺乏细致扎实的研究。可以肯定的是，纽曼关于大学理念的系列演讲，自问世之日起就迅速引起了广泛的关注，而且其影响在很短的时间内就跨越了国界，美国学者威廉·阿特金森在1865年的著作中就已经高度推崇纽曼关于大学教育的论述[316]。到二十世纪，纽曼的影响登峰造极，可以说，现代学者对于"自由"教育的经典理解在很大程度上都源自纽曼的《大学的理念》一书。

也认为古典语言是英国特权阶级用以显示自身独特身份的"无用的、肤浅的"学问。参见 William Parsons Atkinson. *Classical and Scientific Studies, and the Great Schools of England*，Cambridge，1865：33.

312　1917年，剑桥在入学注册中废除了希腊语的要求，在二十世纪中叶，又废除了拉丁语的要求。

313　Paul R. Deslandes. *Oxbridge Men: British Masculinity and the Undergraduate Experience, 1850-1920*，Bloomington: Indiana University Press,2005：4.

314　乔治·扬（George Malcolm Young，1882-1959），英国历史学家。

315　Colin Barr. *Paul Cullen, John Henry Newman, and the Catholic University of Ireland, 1845-1865*，Notre Dame: University of Notre Dame Press，2003：1.

316　William Parsons Atkinson. *Classical and Scientific Studies, and the Great Schools of England*，Cambridge，1865：28.

第六章　概念的现代转型：从博雅教育到自由教育

通过将重点放在 liberal 这个词上，我们可以更加贴切地理解 liberal education 这个短语的含义。当然，这个短语在以前指的是适合于一个自由人或一个绅士的教育。……现在我们到哪里去找这样一个独一无二的绅士阶层呢？不过，"liberal education"也许可以定义为铸造自由心灵（free mind）的教育，……而且，这种语义转变是合理的。

——George Trumbull Ladd（1899）[1]

"liberal education 成了这样一个名称，它意指社会中每一个成员所应接受的教育：这种教育解放他的能力（liberate his capacities），使他更加幸福，更加有用于社会……简而言之，*自由教育是使人自由的教育*（liberal education is one that liberalizes）。从理论上讲，任何形式的教育均可达此目的。事实上，几乎所有的教育都差之甚远"。

——约翰·杜威（1914）

在前面的章节中，我们分析了博雅教育概念从古希腊到 19 世纪英国的历史演变。在这一章中，我们将对 20 世纪至今的博雅教育概念及其变迁进行分析。

---

1 George Trumbull Ladd（1842-1921）. *Essays on the Higher Education*（1899）Kessinger Publishing，2008：114.

从十九世纪早期开始，德国和法国就已经不在大学中开设通识教育（general education）的课程。在这两国的高等教育系统中，普通教育（general education）的功能是隐性（implicit）[2]，因此在这两个国家中，人们很少将通识教育作为高等教育的问题来进行讨论。英国是近代博雅教育思想的发源地，在 19 世纪末之前，其高等教育模式一直被视为博雅教育的典范。但到 20 世纪，英国高等教育却走上了高度专业化的道路，其专业化的程度可以从英国著名高等教育研究者彼得·司各特（Peter Scott）的评论中得到印证："从很多方面看，不列颠或者英国是最没有资格谈论通识教育的——因为它们没有任何通识教育"。[3]

显然，20 世纪是专业化教育一路高歌、通识教育步步退却的时代。在德国、法国、英国等纷纷在高等教育系统中削弱"显性"通识教育的功能时，古典的博雅教育理念却在美国得到了复兴。在纽曼之后，欧文·白璧德、亚历山大·米克尔约翰（1920）、亨利·芮斯顿（1934）[4]、罗伯特·赫钦斯、列奥·斯特劳斯等美国学者接过纽曼的精神火炬，进一步延续了对"博雅"教育这一古老理念的探讨。更重要的是，通识教育在美国成为了一种制度性的安排。美国的大学，或以名著阅读，或以通选课的形式，在不同程度上继承了英国博雅教育的理念。尽管英国的学者依然时常探讨博雅教育的理念，但在二十世纪，在实践和理念方面推动博雅教育理念最得力且最引人注目者，当属美国。因此，在博雅教育思想史上，20 世纪是美国的世纪。

然而，不管是从语义解释的层面，还是从理念和实践的层面，二十世纪美国的通识教育或自由教育与十八、十九世纪英国的博雅教育均有所不同。尽管两者所采用的语汇都是 liberal education，而且两者存在一定的承继关系（例如，英国博雅教育和二十世纪美国的自由教育都强调"通识"），但这其中显然发生了非常显著的"概念变迁"。正如美国学者威廉·阿特金森在 1873 年的演讲中所指出的那样，到十九世纪末，博雅教育的概念已经发生革命性

2　Ben-David, Joseph. *Centers of learning: Britain, France, Germany, and United States*. New York: McGraw-Hill, 1977.p.71.

3　Peter Scott.The future of general education in mass higher education systems. *Higher Education Policy* 2002（15）,61-75.

4　Henry Wriston. *The Liberal Arts College*, Appleton, Wisconsin: Lawrence College, 1934.

的变化，"毫无疑问，自十六世纪学术复兴以来的古典博雅教育系统（classical system of liberal education）已经土崩瓦解了"[5]，取而代之的是一种"新的博雅教育概念"以及他所倡导的"现代博雅教育"（Modern liberal education）体系。

从概念史的视角来看，十九世纪末期之后，博雅教育概念的变化主要表现在以下几个方面：

1. liberal 的语义越来越被理解为自由的（free，liberalized）、解放的（liberating），而非绅士般的（gentlemanlike）或高雅的（genteel）。同时，博雅教育（liberal education）与通识教育（general education）成为可以互换的概念。在 19 世纪的教育学著作中并不流行或并不是最重要的 liberal arts 概念重新流行开来，并明确等同于"文理学科"（arts and siences）。

2. 博雅教育和自由主义的意识形态明确联系在一起，成为"自由主义中的教育"[6]；

3. 博雅教育概念脱离了和绅士阶层的联系，教育的对象从绅士变成了人民（即自由人）。

4. 由于博雅教育和绅士阶层脱离了联系，这种教育的主旨不再是塑造性格，而是训练理智。

5. 从课程模式来看，则从传统的古典学+数学+道德哲学的模式变成人文学科+自然科学+社会科学的通识模式。

6. 从制度层面来看，在十八、十九世纪的牛桥，整个大学四年的教育都是博雅教育或通识教育。而在二十世纪的美国，随着现代学科制度、学位制度、学系建制的建立，学生从进入大学起即隶属于不同的学科，通识教育只是大学本科教育的一部分，其课程量一般占整个本科教育的 30% 左右。

第一节　从"博雅"到"自由"："liberal"的语义变迁

经过自由、平等、民主等现代自由主义原则的改造，博雅教育（Liberal Education）从"绅士的教育"（纽曼的定义，1852）、"对上层阶级的教育"（威

5　William Parsons Atkinson. The Liberal Education of the Nineteenth Century. *The Popular Science Monthly*. VoL.IV.1873：1.

6　Harvard committee. *General education in a free society*, Harvard university press, 1945：57.

廉·休厄尔语，1845）变成"对自由人的教育"（赫钦斯）、"在自由主义之中的教育"（哈佛红皮书，1945）。尽管 17-19 世纪的英国人和 20 世纪的美国人同样采用的是"liberal education"这个"词语"，但两者实为有所区别的"概念"（尽管两者有着历史的联系）。

这种区别首先反映在语义上。如前所述，在 17-19 世纪，liberal 的语义主要是"文雅的"（genteel）、"宽宏的"（generous）、"绅士般的"（gentlemanly）、"博学的"（learned）、"广泛的"（extensive），而在 20 世纪的美国，liberal 的语义主要被理解为"自由的"（free）、"解放的"（liberating）。

美国学者、时任耶鲁大学形而上学与道德哲学教授的乔治·拉德（1842-1921）1899 年解释 liberal education 的一段话非常形象地说明了这个概念的"语义"在十九世纪末所发生的翻天覆地的变化：

"通过将重点放在 liberal 这个词上，我们可以更加贴切地理解 liberal Education 这个短语的含义。当然，这个短语在**以前**（黑体标记为笔者所加）指的是适合于一个自由人或一个绅士的教育。……现在我们到哪里去找这样一个独一无二的绅士阶层呢？不过，"liberal education"也许可以定义为铸造自由心灵（free mind）的教育，……而且，这种语义转变是合理的"。[7]

普林斯顿大学研究生院的院长、古典学家安德鲁·韦斯特在 1907 年出版的教育演讲集中将 liberal education 和政治自由放在一起谈论，并将 liberal 的语义阐释为"使人自由的"（liberalizing）。[8]无独有偶，俄亥俄州大学校长查尔斯·修波也将 liberal 的语义理解为 liberating："顾名思义，自由教育（liberal education）不能不对这种教育的接受者产生自由的影响（liberalizing effect）。"[9]

1912-1932 年间出任普林斯顿大学校长的约翰·吉尔在 1912 年的校长就职演说《自由教育的本质要素》中的一段话特别阐述了自由教育与自由之间的关系，值得详细征引，他说：

7　George Trumbull Ladd（1842-1921）. *Essays on the Higher Education*（1899）Kessinger Publishing，2008：114.

8　Andrew West, *Short Papers on Liberal Education* . New York: Charles Scribner's Sons, 1907,p.65,69.

9　Charles William Super （1842-1939）. A liberal education: with an appendix containing a list of five hundred best books. Syracuse, N.Y.: C.W. Bardeen, 1907,p.IX.

"自由是个性的独特标志。所有的教育过程必须确保这一本质的目标。因此，理想的大学教育应当包括两个阶段。一个阶段致力于获得自由，第二个阶段则要发展先前所获得的自由，在知识领域中寻求不同的追求和乐趣。因此，在大学的早期阶段，应当学习那些有利于训练心智的知识，并最终发展出自我决断、自我实现的意志。它们之所以能被称为自由学科（liberal studies），是因为它们将心灵从自然和人为的束缚中解放出来（free……from），实现持续的发展。如果说，世上有理智的力量，那必定是自由精神（free spirit）的力量。而这种自由精神又最终源自于顺从的精神"。[10]

几年后（1918 年），同为大学校长的著名教育家查尔斯·斯文则在文章中这样解释"自由教育"（liberal education）这个概念："教育之所以被成为是 liberal 的，乃是因为它是解放者（liberator），它构成了自由。[11]"这样，"自由"教育与"自由"之间构成了直接的联系。liberal 的语义也从"博雅"转向了"自由"。

在二十世纪三、四十年代，倡导通识教育与自由教育的风云人物芝加哥大学前校长罗伯特·赫钦斯以及他的得力助手艾德勒等人均将 liberal 的语义理解为"自由"。赫钦斯指出，所谓 liberal arts，就是"自由的艺术"（arts of freedom）。艾德勒则更加直截了当地表示，liberal arts 就是 free arts，从而明确将 liberal 的语义进一步坐实为"自由"（free）。

作为二十世纪对美国教育影响最大的教育思想家，杜威在如何开展通识教育、如何理解通识教育与自由教育方面与赫钦斯等人存在明显分歧，但是，与赫钦斯等人一样，杜威也将 liberal 的语义理解为"自由"。在 1945 年所发表的一篇文章当中，杜威明确地提出"a truly liberal, and liberating education"的说法，从而将 liberal 与 liberating 等同起来。

第二次世界大战之后，人们依然将"解放"（liberation）、"自由主义"（liberalism）、"使……自由"（freeing）等词汇和自由教育（liberal education）联系在一起。美国一所文理学院的院长在 1951 年的一篇文章中提出"自由教育是解放的教育"（liberating education），另一位学者则在 1969 年的文章中将

10　John Grier .*The Essentials of Liberal Education: The Inaugural Address*.1912. p.5-6.

11　Charles F. Thwing . Prospects of Liberal Education After the Great War（1918）. in *American society: interpretations of educational and other forces* .Books for Libraries Press, 1970：121-144.

liberal arts 等同于 liberating arts。[12]

在权威机构对 "liberal education" 的官方定义中，liberal 的语义同样被理解为自由。例如，美国学院与大学协会在关于 "liberal education" 的声明中指出："liberal learning 旨在使人从无知、宗派主义和短视中解放出来"（liberal learning aims to free us from the constraints of ignorance, sectarianism, and myopia ）。[13]

进入二十一世纪，美国学者对 liberal 一词的语义阐释仍然没有发生变化。教育哲学研究者凯文·加里在 2006 年的一篇文章中开宗明义地指出，"一般来讲，所谓 liberal education，就是为自由的教育"[14]。

二十世纪英国的教育学学者同样也将 liberal 的语义明确理解为"自由的"，这当中包括影响非常之大的两位教育哲学学者理查·彼得斯（R. S. Peters）和保罗·赫斯特（Paul Hirst）。彼得斯和赫斯特在 20 世纪 60 年代至 80 年代发表了一系列富有影响的有关自由教育的哲学论文，在英美学界影响非常之大。受他们的影响，彼得斯和赫斯特之后的英国学者纷纷从自由、自主、解放的角度来阐发"自由"教育的意蕴，进一步偏离了古典的语义和理解。

综上所述，在二十世纪，绝大多数学者将 liberal education 一词中 liberal 的语义阐释为"自由的"。他们或者将 liberal 的语义直接解释为"自由的"（liberating 或 free），或者将"自由教育"和自由、自由人、自由主义联系起来，从而实质上将"liberal"的语义理解为自由。当然，在如何理解自由教育之"自由"这一问题上，他们并没有达成一致。有的将之理解为政治的自由，因为自由教育被阐释为培养自由人的教育；有的则将之理解为一种心智上的自由，即克服无知所获得的自由；还有的将之理解为"免于……"意义上的自由，根据这种理解，自由教育之所以是"自由"的，是因为这种教育不必考虑功利、职业的需求，完全服从于个人心智的塑造和德性的养成，这是一种内在的自由，是一种与"闲暇"相联系的自由。

---

12 Kimball, Bruce A.. *Orators and philosophers：A history of the idea of Liberal education*, New York: College Entrance Examination Board: College Board Publications. 1995.. p.213.

13 AACU Statement on liberal learning. 1998.

14 Gary, K.（2006）. Leisure, freedom, and liberal education. *Educational Theory, 56*(2), 121-136.

表 6-1　liberal arts 和 liberal education 中 liberal 一词在 19、20 世纪的语义

		语义	解释
19世纪	Benjamin Rush，1806	没有解释	Liberal education 和 learned education 同义
	George Crabb，1823	"高贵的、值得修习的"[15]	包括建筑、文法、军事、音乐、航海、绘画、诗歌、等等
	George Crabb，1835	"适合于绅士学者的"	适合于绅士学者的教育
	William Whewell，1850	"宽宏的、通识性的"（enlarged and general）[16]	针对上层阶级的通识性的教育
	Henry Newman	"适合于绅士的"、"非实用的"、"博大的"（large）	培养有教养的、受过良好心智训练的绅士的教育
20世纪	安德鲁·韦斯特，1907	liberalizing	使人自由的教育，非技术性的教育
	查尔斯·斯文，1918	freedom	使人自由的教育
	赫钦斯，1936	free	培养自由人的教育
	杜威，1945	liberating	使人自由的教育
	Mortimer Jerome Adler，2000	free	

　　同时，17-19世纪英国和20世纪的美国对"liberal"语义理解的差别事实上反映了"贵族主义的 liberal education 概念"和"民主主义的 liberal education 概念"的本质区别。在贵族主义的概念中，liberal education 被认为是少数有闲阶层的特权，相应地，liberal 被理解为"适合于绅士的"、"文雅的"、"非专业的"；而在民主主义的概念中，liberal education 被认为是所有自由公民的权利，这种教育旨在解放自由公民的心智，使其获得最为一般的文化修养，并履行公民职责，因而 liberal 的语义被理解为"自由的"、"通识性的"。

　　除了语义的变化之外，博雅教育的语汇也发生了一些令人瞩目的变化。在19世纪的教育学著作中并不流行或并不是最重要的 liberal arts 概念重新流

15　George Crabb. *Universal technological dictionary*. 1823
16　William Whewell. *Of a Liberal Education in General; and with Particular Reference to the leading studies of the University of Cambridge.* ,London，1850，Part II，p.18.

行开来，并明确等同于"文理学科"（arts and siences）。在美国极具影响的卡内基教学促进会在 2000 年对高等教育的分类中，属于"liberal arts field"的专业包括以下这些：英国语言与文学、外国语言与文学、生物科学／生命科学、数学、哲学与宗教学、物理科学、心理学、社会科学与历史、视觉艺术与表演艺术、区域／种族与文化研究、文理综合课程专业、跨学科学习专业[17]。

第二节　"自由主义中的教育"

如前所述，博雅教育（liberal education）在历史上与自由主义的意识形态并没有必然的联系。十八世纪讨论博雅教育的重要学者普莱斯特里是一位自由主义者，但他并没有将这种教育定义为自由主义的教育或者明显将其与自由主义的意识形态联系起来。十九世纪博雅教育最著名的阐述者亨利·纽曼甚至是自由主义的反对者。

正是基于这种历史的考察，研究文艺复兴人文主义的著名学者克里斯特勒曾经在 20 世纪 70 年代在哥伦比亚大学所举办的"自由主义与自由教育"研讨会上指出：

"我们这一系列讨论的标题似乎表明，自由主义与自由教育是有关系的，或是互相依赖的。在我看来，这并非事实。在人们甚至还没有听说过政治自由主义的很多世纪之前，广义的自由教育就已经存在了。自由教育并没有诞生自由主义，而且在很多非自由的政治体制中也繁荣兴盛。反过来说，自由教育并非自由主义的必然产物，事实上，在一个政治自由的社会中，它可能会衰落，甚至于消失。"[18]

然而，在美国，自由主义的意识形态逐渐和 liberal education 一词发生了联系，这种联系萌芽于美国的独立战争时期。独立战争时期，启蒙运动的哲学在美国的影响达到极盛，洛克、卢梭等人的哲学对美国革命的领导人产生了深刻的影响。他们将知识、科学、平等、自由、进步等观念联系在一起，并对捍卫传统、固守权威的古典教育与绅士德性进行批判。知识逐渐与文雅、

---

17 Sanchez, Steven J. Conceptions and semantic representations of 'liberal （arts）education' and their influence on curriculum design [D] LOYOLA UNIVERSITY CHICAGO，2006：3

18 转引自 Kimball, Bruce A.. *Orators and philosophers：A history of the idea of Liberal education*, New York: College Entrance Examination Board:1995..p.236..

慷慨、宽宏等绅士德性脱离联系，而更多地被视为解放心智、实现个人自由、推动社会进步、促进社会平等的工具。

在美国的开国元勋中，杰弗逊对美国教育的影响尤为深刻。他指出，虽然权利面前人人平等，但人的天赋却是不平等的。那些天纵之才应该"不论财富、出身或其他偶然条件和环境"，获得"博雅教育"（liberal education），并通过教育来守护其他同胞神圣的"权利和自由"[19]。虽然人人都享有自然权利，但每个人都参与政治管理来保障自身的自然权利事实上是不可能的，为此，大多数的公民必须将这种权利和自由的保障交付给那些受过"博雅教育"的少数人。杰弗逊明确将博雅教育与"权利和自由"联系在一起，从而逐渐使这种教育服务于自由主义政制。杰弗逊的门徒塞缪尔·史密斯[20]在 1798 年获得美国哲学学会奖励的论文《论教育》中指出，

> "受到启蒙的公民将是最真实意义上的**自由人**（free man）。他知晓自己的权利，也理解他人的权利；他知道，他自己的利益与那些权利的保存密不可分，因此，他将如同保护自己的权利那样保护别人的权利。他洞悉一切，不会被蒙蔽，他品行高洁，不会被腐化，我们将看到坚定不渝的人类。他不可能一会是爱国赤子，一会又是专制的奴隶，我们将看到，他在原则上始终如一。"[21]

在这种意义上的"自由"教育，主要是一种公民教育和政治教育，共和制度下的公民将通过这种"自由"教育获得有关权利和政府组成原则的知识。诺亚·韦伯斯特在 1787 年一篇支持批准美国宪法的文章中指出，财产权是美国自由的基础。但是，除了财产权之外，美国宪政还有赖于"人民的知情"。在美国，人民最大程度地受到了教育，知晓自身的权利，了解政府运作的原则，这种关于权利与政治的知识，辅之以对于自由的敏锐感觉，将成为美国制度的坚实保障。在《论美国青年的教育》、《美国的每一位儿童》等文章中，诺亚·韦伯斯特指出，从儿童张开嘴唇起，他就应该熟悉美国的历史，了解

19　Roy J. Honeywell. *The Educational works of Thomas Jefferson*,（Cambridge, 1931）：199-200. 转引自 Eugene F. Miller. "On the American Founders' Defense of Liberal Education in a Republic". *The Review of Politics*, Vol. 46, No. 1.（Jan., 1984），pp. 65-90.

20　Samuel Harrision Smith（1772-1845）。

21　转引自 Thomas L. Pangle. *The Ennobling of democracy: the challenge of the postmodern era*, Baltimore ; London: Johns Hopkins University Press, 1992：175.

其祖先对于自由的热爱。美国联邦的运作规则、美国革命先驱的历史应该成为学校的主要教材，以培养儿童的民族自豪感。[22]

1828 年的《耶鲁报告》同样将博雅教育与政治自由联系在一起。报告指出，以古典文学为基础的博雅教育将会促进美国人民的政治自由，"古典文学的典范一旦交付青年学子之手，将不负使命，使其心灵欣然接受自由（liberty）的原则"，古人代表了"自由的质朴典范"，如果不能通过古典文学来欣赏这些典范，美国人的智力水平和道德水准将大为下降，他们也不能很好地实践自治的权利和特权。[23]

二十世纪二十年代到五十年代，在哥伦比亚大学、芝加哥大学、哈佛大学等学校的引领下，美国兴起了一股自由教育和通识教育的运动。这场运动的领导人罗伯特·赫钦斯、科南特、米克尔约翰、马克·范·多伦等人都是自由民主社会的支持者，并且将 liberal education 理解为"自由教育"。他们指出，自由教育与通识教育的最重要目的是为民主社会培养合格的公民，在民主社会中，每一个人都是"自由和平等的"，因此，自由教育和通识教育是对自由公民的教育。他们对自由教育与政治自由的理解继承了自杰弗逊以来的自由公民教育传统。

赫钦斯、马克·范多伦以及斯各特·布坎南等人在论述"自由"教育时，总是将其与自由（freedom）、解放（liberation）等观念联系起来。在他们那里，自由、解放成了最高的价值、教育之鹄的，成了教育理念的核心词汇。赫钦斯曾经对 liberal arts 做了一个近乎同义反复的有趣诠释："自由技艺是自由的技艺"（The liberal arts are the arts of freedom）[24]。"自由"一词也频频出现在他们的教育学著作中。赫钦斯 1943 年出版的一本教育学论著干脆就名之为《为自由的教育》。[25]

---

22 Thomas L. Pangle. *The Ennobling of democracy: the challenge of the postmodern era*，Baltimore；London: Johns Hopkins University Press, 1992：175.

23 Bruce Kimball. *Orators & philosophers: a history of the idea of liberal education* ，New York: College Entrance Examination Board:1995：152-153.

24 Robert Maynard Hutchins. *Education for freedom* ，Louisiana：Louisiana State University Press，1944：14.

25 Robert Maynard Hutchins. *Education for freedom* ，Louisiana：Louisiana State University Press，1944.

　　到 1940 年代，自由教育已经明确地和自由主义的意识形态联系在一起。哈佛大学的经济史研究者奥弗顿·泰勒（Overton H. Taylor）在 1945 年 1 月的一篇文章中指出，"liberal education" 这个概念在当时已经获得了三重 "交叠的，但很不一样的，在某些方面相互冲突的含义"，即：① 通识性的、广博的、完整的教育，与仅仅职业性的或狭隘的、专业的教育相对（a general, broad, rounded, or reasonably complete education, in contrast with a merely vocational or otherwise narrow, specialized education；② 自主选择的教育，自由的选修课体制，与指定的或统一的课程相对，他称之为 "教育中的自由主义"（liberalism in education）；③ "自由主义中的教育"（education in liberalism），培养学生成为良好的 "自由主义者"、或忠于自由社会与文明（"liberal", or free society and civilization）并积极参与其中的教育[26]。

　　在奥弗顿·泰勒发表《自由教育与自由主义》一文后不久，哈佛大学的通识教育委员会在经过多年的研究之后发表了《自由社会中的通识教育》（俗称《红皮书》）一书，该书是美国通识教育与自由教育思想史上的标志性文献）。和奥弗顿·泰勒一样，该报告明确地将自由教育和自由主义联系起来。报告指出，他们所谓的自由教育不是 "教育中的自由主义"（liberalism in education），而是 "自由主义中的教育"（education in liberalism）[27]。自由教育不是 "教育中的自由主义"，意思是说，自由教育不意味着彻底的选课自由，它必须有一定的形式和规范。所谓 "自由主义中的教育"，意思是说，自由教育是在 "自由社会" 中的教育，这种教育应当使学生认同自由主义的一些基本价值，如民主、平等、自由，等等。与此同时，自由教育旨在培养自由社会和民主政体中的积极公民。自由教育是面向所有公民的教育。在纽曼的时代，博雅教育（liberal education）与自由主义并无必然的联系，作为博雅教育的倡导者，纽曼本身就是自由主义的批评者。在二十世纪的美国，自由主义的意识形态及其所蕴涵的价值观（自由、民主、平等）已经成为主导性的价值观。尽管纽曼和《红皮书》都使用了 "liberal education" 这个术语，但严格来说，他们所赋予这个术语的含义是不尽相同的。在纽曼这里，liberal education 是以古典文学和数学为基础、以培养基督教绅士为宗旨的非专业性教育，这种教育与

26　Overton H. Taylor. Liberal education and liberalism. *Ethics*, Vol.55,（Jan., 1945），pp.88-109.

27　Harvard committee. *General education in a free society*, Harvard university press, 1945：57.

自由主义毫无瓜葛；而在《红皮书》这里，liberal education 是培养自由民主社会中的合格公民的教育，这种教育要求被教育者认同自由主义的基本价值，因此是"自由"的教育[28]。

第三节　自由教育与民主理念：从"绅士教育"到"自由人的教育"

如前所述，自文艺复兴之后，一直到纽曼的时代，英国的博雅教育指的是对绅士的教育。殖民地时期的美国高等教育模仿的是其母邦英国的体制，大学教育面向的是一个特殊的群体，即那些希望从事牧师、医生、律师等"博学职业"的中上阶层的子弟。在十九世纪，这种教育模式越来越难以为继，最终，"博雅教育"的概念本身发生了革命性的变化，它不再是对绅士的教育，而是对全体自由人（即人民）的教育。前民主时代的博雅教育（Pre-democratic "Liberal education"）[29]概念演变成了民主时代的自由教育概念。

在十九世纪的英国，亨利·纽曼、威廉·休厄尔、威廉·汉密尔顿等权威作者对博雅教育的定义都是与绅士阶层联系在一起的，博雅教育等同适合于绅士的教育或者"绅士教育"，在这些标准的定义中，基本不会出现"自由人"的字眼。

然而，在二十世纪的美国，博雅教育又频频地和"自由人"联系在一起，从十九世纪末的威廉·阿特金森、二十世纪初期的耶鲁大学校长亚瑟·哈德利（1899-1921 年在任），到二十世纪中期的芝加哥大学校长赫钦斯，再到大名鼎鼎的哈佛《红皮书》，都将博雅教育定义为"对自由人的教育"。哈德利指出，自由教育（liberal education）是培养自由人之德性的教育，这种非专业性的教育能够开阔人的视野，使人成为自由共和国的积极公民。他特别指出，这种旨在培养自由公民德性的教育是英美的特色，为德法所不备。这种教育的自由（liberality）不在于知识的数量，而在于知识与"公民自由"的联系[30]。

---

28 关于自由主义意识形态对 liberal education 概念的影响，可参见 Richard A Farrell .A History of Liberal Education and Liberalism: The Traditional Humanist in Conflict with the Liberal Ideologue. University of Massachusetts at Amherst，1986

29 这一说法参见 Overton H. Taylor. Liberal education and liberalism. *Ethics*, Vol.55,（Jan., 1945），pp.88-109.

30 Arthur Twining Hadley. *Education of the American Citizen*. Ayer Publishing，1989（1901）：145-146.

赫钦斯则指出，在当代美国，博雅教育仍然是针对自由人的教育，但它已经从"少数人的教育"变成了"面向所有人的教育"[31]。哈佛《红皮书》也指出，当今美国社会，公民取代贵族成为政府的统治者。相应地，"绅士的教育"就成了"公民的教育"[32]、自由人的教育。教育研究者托马斯·伍迪（Thomas Woody）则干脆将他的一本书命名为《为自由人的自由教育》（liberal education for freeman）。[33]

最为根本的一项变化是，在十七至十九世纪的英国博雅教育体制中，博雅教育是一项特权，仅为少数人所享有；而在二十世纪的美国，博雅教育或自由教育是公民的一项权利，人人皆可享有。这种巨变得以发生，可以归结为以下几个原因：

首先，是政体的变化。独立战争后的美国成为一个独立的共和制国家，必然也要求教育体制做出调适，以适应新政体的要求。威廉·阿特金森在 1873 年的一次演讲中已经敏锐地指出，"共和制使我们的 liberal education 概念发生了革命性的变化。"在共和制的政府当中，商人、手工业主、农民和专门职业阶层（律师、牧师、医生，等等）都分享政府的权力，换言之，所有的公民都成为了"统治者"。在共和制政府中，所有的人，不管是男人，还是女人，都是自由人，各种职业之间没有高下卑贱之分，必须将博雅教育的权利扩展到所有职业和阶层。由此，博雅教育或自由教育变成了对所有自由人（即人民）的教育：

> "我会毫不犹豫地说，我们的共和政制的最后成功，取决于我们的共和教育的成功，这种教育比其他任何东西都更为重要。……对人民的教育（educating the people）"（斜体为原文所加）[34]。

在博雅教育思想史中，这是一个翻天覆地的变化。阿特金森指出，不管是在古希腊罗马，还是在英国，博雅教育都是针对某个特权阶层的教育。在英国，接受博雅教育者很多从事的都是排他性的、封闭性的所谓博雅职

---

31 赫钦斯著.民主社会中教育上的冲突，陆有铨译.台北：桂冠图书公司，1994：61.

32 Harvard committee. *General education in a free society* , Harvard university press, 1945：244.

33 Woody, Thomas. *Liberal Education for Free Men*. Philadelphia, University of Pennsylvania Press.1951.

34 William Parsons Atkinson. *Classical and Scientific Studies, and the Great Schools of England*，Cambridge，1865：74.

业，或者参与政治，'针对人民的自由教育' 这一短语本身就是自相矛盾的"[35]。

其次，是社会阶层和社会结构的变动。十九世纪下半叶，随着美国工商业的大发展，商人、农场主、制造业主等与"博学职业"相对的"生产性职业"开始迅速崛起。以古典语言和数学为基础的博雅教育已经无法满足这些阶层的需求。1820-1850 年代，美国的很多大学都面临生源的问题。为了应对大学的困境，美国布朗大学的校长弗兰西斯·维兰德在提交给校董事会的报告中指出，布朗大学必须"考察不同阶层的需要……不是根据一个阶层的利益，而是根据所有阶层的利益来改造课程。[36]" 同样地，博雅教育或通识教育应该针对所有的阶层，而非传统的绅士阶层。

随着博雅教育脱离了和绅士阶层、文雅观念的联系，它和"通识教育"逐渐成为可以互换的概念。我们在上一章中已经指出，在十九世纪的英国，博雅教育的重心越来越从"雅"转向"通"和"博"，"通识教育"已经在当时的英国成为一个常用的教育学概念。和英国一样，"通识教育"的概念在十九世纪的美国逐渐地传播开来。1828 年，美国学者派加德（A.S.Packard）在《北美评论》上发表文章支持《耶鲁报告》的立场，并用"通识教育"（general education）一词阐述共同科目学习的必要性[37]。

哈佛大学的希腊文学教授约翰·波普金在 1836 年的《关于博雅教育的三次演讲》中，开始将 liberal 和 general 连用，并使用了 "liberal and general education" 的说法[38]，另外，他在演讲中还将 liberal 和 extensive、enlarged 连用，如 "liberal and enlarged education"，"liberal and extensive study"[39]。在他的演讲词中，博雅教育的等级色彩已经非常淡薄，几乎与通识教育相等同。在约翰·波普金之后讨论教育问题的大量思想文献中，"通识教育"一词已经

---

35 William Parsons Atkinson. The Liberal Education of the Nineteenth Century. *The Popular Science Monthly*. VoL.IV.1873：1-26；关于博雅教育和共和制的关系，也可参见《耶鲁报告》。

36 Francis Wayland. *Report to the Corporation, on changes in the system of Collegiate Education*. Providence：1850，p.51.

37 李曼丽. 通识教育：一种大学教育观. 北京：清华大学出版社，1999：8.

38 John Snelling Popkin. *Three Lectures on Liberal Education*, Cambridge: Folsom, Wells, and Thurston，1836：70.

39 John Snelling Popkin. *Three Lectures on Liberal Education*, Cambridge: Folsom, Wells, and Thurston，1836：50.

成为一个专门性的教育学概念，大量地出现在查尔斯·埃利奥特、马克·霍普金斯（1836-1872 年任威廉姆斯学院院长）、弗兰西斯·维兰德（1827-1855 年任布朗大学校长）、约书亚·昆西（1829-1845 年任哈佛学院院长）、巴希尔·曼利（Basil Manly，阿拉巴马大学校长）等教育家的著作中，并常常和"博雅教育"（liberal education）这个概念同时出现[40]。

如果说以上证据还不足以说明"博雅教育"和"通识教育"概念的可互换性的话，美国古典学家弗兰克斯·凯尔西在 1911 年所写的一篇文章中的一段话则足以证明这一点。他说，"通识教育和博雅教育（liberal education）的内涵是一样的，虽然很多人倾向于使用'博雅教育'这个词[41]"。当然，凯尔西的话也说明，通识教育的概念还不是很普及。

不过，在十九世纪的美国，"通识教育"（或译为"普通教育"）概念并没有完全等同于"博雅教育"。虽然普通教育和博雅教育均指非专业性的教育，但博雅教育往往仅指大学本科层次的教育，区别于法律、神学、医学等专业教育；而普通教育或通识教育则包括中小学阶段的教育。到二十世纪，通识教育与博雅教育之间的区别越来越模糊。20 世纪 10-20 年代，曾仕麻省教育局局长、哥伦比亚大学师范学院教授的 David Snedden（1868-1951）在文章中将 liberal education 等同于 general education。[42]1945 年，哈佛大学发布了《自由社会中的通识教育》报告，通识教育的概念更加广为人知，通识教育与自由教育的同义性也更被广为接受。

第四节　心智解放与"自由"教育

二十世纪二十至五十年代，"自由"技艺的传统在罗伯特·赫钦斯、米克尔约翰、斯各特·布坎南（1895-1968）、马克·范·多伦、雅克·马里坦（1882-1973）[43]等人的倡导之下得到复兴。

---

40 例如 Mark Hopkins. *Baccalaureate Sermons, and Occasional Discourses*. Boston，1862：3，6，31；Francis Wayland. Thoughts on the present collegiate system in the United States，Boston，1842：4；Basil Manly （1798-1868）. *Report on Collegiate Education*，Tuskaloosa，1852：36.

41 Francis W. Kelsey. *Latin and Greek in American education*. Macmillan & Co. 1911：52.

42 David Snedden, "Fundamental Distinctions Between Liberal and Vocational Education," NEA Proceedings, 1914

43 Jacques Maritain 是法国哲学家，但他二战期间在美国讲学，并且在美国著有《十

　　赫钦斯等人均是大学行政领导人，因此他们相对来说比较容易将其教育哲学贯彻到课程实践中去。在他们的领导之下，美国掀起了一场轰轰烈烈的"自由技艺运动"，其大本营为芝哥大学和圣约翰学院。罗伯特·赫钦斯对当时为进步主义教育哲学所支配的美国高等教育颇有微词，认为这种教育未能够给学生提供富有成效的"心智训练"，学生从学校学到的只是一些"信息"而非知识。赫钦斯秉承中世纪"七艺"的理智主义传统，并希望以经典名著为课程模式，重振大学的通识教育和公民教育。

　　赫钦斯强调，自由教育的任务是培养人的理智德性[44]，或者说，训练人的心智。自由教育的目的不是传统绅士教育所鼓吹的性格塑造，而是旨在发展人的理解力和判断力。米克尔约翰的论调几乎与赫钦斯如出一辙，他指出，学院首先不是身体的场所，也不是感觉的场所，而是"心智"的场所。[45]他还指出，在智性训练的学科当中，形式科学——如逻辑学和数学——的价值最大。新托马斯主义者雅克·马里坦也指出自由教育在本质上是培植"理智德性"：

> "我的观点是，教育，尤其是自由教育，在本质上是培植、解放（liberate）、形成和装备理智，即为理智德性做准备"[46]。

　　雅克·马里坦之所以没有在"高贵"、"适合于绅士的"等传统意义上来理解"liberal"，而是用"解放"（liberate）来阐释"liberal"，是因为他认识到，传统上属于少数精英阶层的绅士教育在建立以自由、平等原则为基础的现代民主社会中已经丧失了合法性，对于这一点，他有很清楚的解释：

> "局限于少数人的教育观念已经失去了任何可能的正当理由，事实上，这种观念正在逐渐消失。……自由教育不可能再是少数人

字路口的教育》一书，呼应赫钦斯在《美国高等教育》一书中的观点，倡导复兴中世纪的"七艺"教育哲学。赫钦斯曾在《美国高等教育》一书中引用 Jacques Maritain 的观点，而 Jacques Maritain 还曾在芝加哥大学思想委员会担任访问学者（visiting faculty）。

44 Hutchins, Robert Maynard. *The higher learning in America.* Westport, Conn.: Greenwood Press, 1936：62. "理智德性"的概念显然来自亚里士多德的《尼各马克伦理学》。

45 Alexander Meiklejohn. *The liberal college*，Boston: Marshall Jones, 1920：30.

46 Maritain, J. （1962）. *The education of man.* SouthBend, IN: The University of Notre Dame：49.转引自 Elizabeth Steiner. "Toward a Conception of the Role of The Arts in LiberalEducation".*Studies in Art Education*, Vol. 26, No. 1. （Autumn, 1984），pp. 5-13.

的特权。因此，它必须向所有人开放，必须为任何文明的人类社会的成员所共享。"[47]

雅克·马里坦指出，人之内心最渴望的就是获得自由，形成一种自然发生的、可扩展的自律行为。这里的自由主要指的是"内在精神的自由"，这种内在自由的精神活动将人提至更高的层次，使人赢得"完整独立的自由"。自由是主体达致完善的主要途径，因此，"教育的最主要目标是让人获得内在和精神的自由"，或者说，是"经由知识、智慧、向上心和爱而获得解放"[48]。

马里坦还试图根据严格的教育观点和现代知识的发展，重新塑造中世纪的"七艺"，恢复"自由技艺"的教育学智慧。他把修辞学、文学及诗学、音乐和艺术归为新"三艺"，将数学、物理和自然科学、哲学（包括心理学、自然哲学、知识理论）和伦理学、政治和社会哲学归为新"四科"。[49]马里坦的课程方案显然体现出了一种"百科全书式"的教育观。

心智训练学说的一个后果是打破了古典语言学和数学的垄断性地位，促进了学科之间的平等。哈佛大学校长埃利奥特在为其选修课制度辩护时指出：（1）、所有的知识都能训练心智；（2）、应该有权利选择适合其心智倾向的科目来训练心智。[50]

所谓自由教育即心智训练，这种理解在当今美国依然占据主流。2001年，耶鲁大学三百年校庆，耶鲁大学校长理查德·列文决定对本科教育进行审视与改革。校方成立了一个专门的委员会，最终报告于2003年4月发布。这个报告重申古典自由教育的精神，认为学会学习依然是通识教育的核心和关键，基于这一理解，他们认为，写作技巧、科学与定量推理能力、语言能力这三种能力是最重要的。报告指出，古典自由教育和当今通识教育的共通之处在于强调"心智训练"[51]。

---

47 Maritain, J.（1962）. *The education of man*. SouthBend, IN: The University of Notre Dame：89.转引自 Elizabeth Steiner. Toward a Conception of the Role of The Arts in LiberalEducation.*Studies in Art Education*, Vol. 26, No. 1.（Autumn, 1984）, pp. 5-13.

48 Jacques Maritain.十字路口的教育，台北：五南图书出版公司，1996：14.

49 Jacques Maritain.十字路口的教育，台北：五南图书出版公司，1996：65-66.

50 Bruce Kimball. *Orators & philosophers: a history of the idea of liberal education*, New York: College Entrance Examination Board，1995：166.

51 Penelope Laurans. "Now More than Ever: Liberal Education and Curricular Reform at Yale". *Peer Review*. Winter 2004，Vol.6:25-27.

自中世纪起，就已经有学者将"自由"技艺视为解放心智的工具。而自纽曼以来，将博雅教育视为心智训练的学说更是大行其道。十九世纪以降，西方社会已经日益从以出身为基础的等级社会转变为以才能为基础的"才智社会"。心智训练的学说正好与这种社会转型密合无间。因此，一方面，人们试图去除传统博雅教育与等级社会的联系，将"博雅技艺"（liberal arts）理解为"普通技艺"（general arts）；另一方面，提倡 liberal education 传统的人们又试图在去除其贵族意涵的同时赋予其一定的价值，这种价值就是"心智的解放"（liberating）和"精神的自由"。在这种理解之下，"自由"教育强调的是批判能力和思维训练。

第五节　从古典学到现代学科

"到十九世纪末为止，美国的博雅教育主要掌握在希腊语和拉丁语教师的手中。[52]"和英国一样，在美国的大学中，古希腊语和古拉丁语一直到十九世纪下半叶都是"博雅教育"的基础和核心内容。学生在入学之前必需具备希腊语和拉丁语的基础，而且，掌握这两门语言是获得艺学学士学位的前提条件[53]。但 19 世纪下半叶之后，古典学在博雅教育中的重要性受到越来越多的质疑，到 20 世纪初期，古典学在博雅教育中的地位逐渐被现代学科所取代，同时近代自然科学也获得了一席之地。

5.1　古今之争：从古典语言到现代语言

在英语世界的高等教育机构中，第一所不再将古希腊语和古拉丁语作为必修课程的学院是美国的霍巴特学院（Hobart College），该学校于 1824 年废除了古希腊文和古拉丁文的必修要求[54]。

事实上，到十九世纪初期的时候，拉丁语和希腊语在美国已经是"死语言"。美国开国元勋本杰明·拉什（1745-1813）在 1789 年所写的一篇文章中极力主张将拉丁语和希腊语排除出博雅教育的范围，当然，他并不是要拉丁语和希腊语销声匿迹，而是希望它们和法律或医学一样，成为一种专门职业，

52　赫钦斯著.民主社会中教育上的冲突，台北：桂冠图书公司，1994：69.

53　Porter, Noah（1811-1892）. *The American colleges and the American public*（1870）. New York: Arno Press, 1969：39.

54　Milton Haight Turk. "Without Classical Studies". *The Journal of Higher Education*, Vol. 4, No. 7.（Oct., 1933）, pp. 339-346.

通过这种方法得以保存。学习拉丁语和希腊语的人将成为语言学家或阐释学家，他们将通过翻译、解释希腊拉丁典籍获得报酬。这些职业人员的重要性将和历史学家相当，但远远不如律师和医生。这样的话，美国的青少年们就可以自愿选择学习或者不学习拉丁语和希腊语[55]。不过，拉什的建议并没有被广为采纳，古希腊语和拉丁语的地位依然维持了下去。

另一位开国元勋本杰明·富兰克林也千方百计地试图打破古典语言的垄断地位。在《有关费城青年教育的建议书》中，富兰克林一开始设想的是一所完全不教授古典语言的学校，不过，他的这一设想遭到了一些"有钱人、有学问的人"的反对。最终，富兰克林做出妥协，转而主张将古典语言和实用科目结合起来[56]。

1828年的《耶鲁报告》在肯定自然科学在博雅教育中的地位的同时，继续捍卫古典语言在博雅教育中的核心地位。《耶鲁报告》认为，现代语言并非博雅教育必不可少的组成部分。数年后，美国学者查尔斯·考得威尔发表《论希腊语和拉丁语的学习》一文，逐条地反驳了《耶鲁报告》对古典语言学的辩护，考得威尔预言，"在未来的时代中，希腊语和拉丁语注定要成为梵语一样的东西，只有古典文物研究者和艺术鉴赏家会懂这两门语言；而英语，在条件改善的情况下，将和我们的民族一样长存！[57]"

历史的发展验证了考得威尔等人的预言。1867年，在一些学院开始采取选修制的情况之下，宾夕法尼亚大学做出一个至关重要的决定，即采纳选修课制度，以迎合社会的需求。一些新成立的学院更是轻而易举地确立了选修课的原则。1867年成立的黎巴嫩谷学院规定，学生在经教师准许后，可选修任何同等数量的课程。斯沃斯莫尔学院在1869年彻底贯彻了选修课原则，学院规定获得艺学士学位只需要学习两年拉丁文，希腊文则完全是选修性的，可选可不选。哈佛大学校长爱略奥特从1869年就任其就试图用更灵活的选修课程来取代古典学课程的垄断地位，化学家出身的他在1869年的一次演讲中

---

55 Benjamin Rush. *Observations Upon the Study of The latin and Greek Languages, As a Branch of Liberal Education, with Hints of a Plan of Liberal Instruction, Without Them, Accommodated to the Present State of Society, Manners, And Government in the United States*，Philadelphia: 1806，第二版：21-50.

56 Lee T. Pearcy. *The grammar of our civility: classical education in America*, Waco, Tex.: Baylor University Press,2005：50.

57 Charles Caldwell, Robert Cox. *Thoughts on Physical Education*. Edinburgh, 1836: 187.

指出，"认为古典学对绅士培养必不可少，这一观点荒谬之极。"[58]1883 年，毕业于哈佛大学的查尔斯·亚当斯对古典语言教育进行了激烈的批评，并主张大学允许学生在入学考试时用德语、法语等现代语言替代希腊语和拉丁语。用杰拉尔德·格拉夫的话来说，亚当斯是古典博雅教育体系最凶狠的批评者，他的批评"为古典主义者的棺木准备了最后一颗棺材钉"[59]。果不其然，1891 年，哥伦比亚大学的教授 E. H. Babbitt 就注意到这样一个事实，"在我们的学校中，现代语言的学习正在取代古典学的学习"。[60]

从 19 世纪上半叶开始，英语、法语、德语、西班牙语等现代语言学逐渐融入大学的课程体系。到 20 世纪初，现代语言开始取代古典语言在博雅教育中的地位。1914 年，宾夕法尼亚大学的全体教师在经过讨论后，根据少数服从多数的原则，同意将艺学士学位授予那些没有选修古典学的学生。至此，曾是博雅教育课程之灵魂的希腊语与拉丁语，不仅其核心地位荡然无存，甚至其处境都岌岌可危。到二十世纪四十年代的时候，几乎所有的美国大学院校都不再将希腊文或拉丁文作为学士学位的必修课程。以宾州的学校为例，日内瓦学院在 1919 年不再将希腊文或拉丁文作为学士学位的要求。巴克内尔大学 1920 年废除了古典语言的必修课程。宾州地区的其他大学也纷纷在二十世纪二十至四十年代采取了同样的措施[61]。

后来试图以"伟大名著"来复兴古典自由人教育的赫钦斯亲历了古典学衰落的过程。他回忆说，到 1925 年，汹涌而至的大潮卷走了古典学，在最后的战斗中，争论的焦点已不是博雅教育或古典遗产的重要性，而是本科一年级学生是否还需要学习拉丁语。[62]

正如麻省理工大学英语文学教授威廉·阿特金森（1820-1890）所料的那样[63]，取代古典语言和古典文学在博雅教育中之基础地位的是现代语言和现代文学。

---

58 Lawrence Levine, "Clio, Canons, and Culture," *Journal of American History* 80, 3（December 1993）: 849-867.

59 Graff, Gerald. *Professing literature: an institutional history*. Chicago: University Of Chicago Press，2007：30.

60 Babbitt, EH "How to Use Modern Languages as a Means of Mental Discipline." *Publications of the Modern Language Association* 6（1891）:52-63

61 Saul Sack. "Liberal Education: What Was It? What Is It?". *History of Education Quarterly*, Vol. 2, No. 4.（Dec., 1962），pp. 210-224.

62 赫钦斯著.民主社会中教育上的冲突，台北：桂冠图书公司，1994：70.

63 William Parsons Atkinson. The Liberal Education of the Nineteenth Century. *The Popular Science Monthly*. VoL.IV.1873：1-26.

4.2　"科学与文学的结合"：近代自然科学与博雅教育

传统上，一定程度的数学知识一直是博雅教育的组成部分。虽然不同的学校有不同的要求，例如剑桥非常重视数学，而牛津则偏重古典文学。相比之下，以实验为基础的近代自然科学在博雅教育中的地位一直是暧昧不清的。在整个十九世纪，科学与文学的关系，以及是否应当将近代自然科学纳入博雅教育成为教育争论的焦点。

如果说，十九世纪的牛津教育家们一直对自然科学在博雅教育中的价值深表怀疑的话，那么，以民主政体立国的美国人则几乎毫不含糊地认可自然科学在博雅教育中的作用。在十九世纪的美国教育学文献中，大多数的教育家主张将自然科学纳入通识教育的范畴。对十九世纪的美国高等教育思想影响最为深刻的 1828 年的《耶鲁报告》指出，博雅教育是一种全面的、广博的教育，在这种教育中，自然科学、数学、古典文学、语言、逻辑学、道德哲学各有其功能。通过这种教育，学生将发展想象力、推理能力、艺术品味、辨别力、表达能力等各种心智的能力。因此，单纯的科学教育或文学教育都不是"博雅教育"。学院课程的宗旨是**"科学与文学的结合"**[64]。

"科学与文学的结合"这一原则并没有仅仅停留于理论的空谈。19 世纪初，耶鲁大学开始引入化学、矿物学、地质学等近代自然科学课程，尽管 1820 年代的耶鲁课程和英格兰的大学一样仍然以古典语言为核心，但与后者相比，耶鲁学院教育的课程更为丰富，也吸纳了更多的自然科学和近代社会科学的内容（见表 6.2）。

表 6-2　1824 年耶鲁学院的课程

年　级	课　　程
一年级	李维、色诺芬、希罗多德、修昔底德、"罗马古代史"教材、代数、地理、文法
二年级	贺拉斯、德摩斯梯尼、色诺芬、柏拉图与亚里士多德、西塞罗、欧几里德、几何、三角学、修辞学
三年级	西塞罗、荷马、塔西佗、平面三角学、自然哲学教材、天文学、历史学教材、希伯来语（选修）、自然哲学讲座
四年级	佩里的道德哲学、自然神学、基督教证据、Stewart 的心智哲学、修辞学、逻辑学、洛克著作，化学、矿物学、地理学与自然哲学讲座

---

64 Jeremiah Day and James Kingsley, *Reports on the Course of Instruction in Yale College by a Committee of the Corporation and the Academical Faculty* .New Haven：1828：8.

早在 1828 年，耶鲁大学的自然哲学教授本杰明·西尔曼就指出"博雅教育"必然要包含化学这一自然科学门类的知识。在他执教耶鲁的数十年间，化学一直是耶鲁本科高年级学生的必修课，也就是说，化学课程是当时耶鲁博雅教育的组成部分。而且，根据西尔曼的一位耶鲁同事的说法，"在很多年中，化学课程也许是这个学校最受欢迎的一门课程。[65]"

1824 年成立的伦塞勒技术学院（Renssalaer Polytechnic Institute），1847 年成立的哈佛劳伦斯科学院以及耶鲁的谢菲尔德科学院，1850 年代的达特茅斯科学与艺术学院以及 1861 年成立的麻省理工大学则为美国的近代科学教育提供了制度化的基础。

到 1850 年代，将自然科学纳入博雅教育课程的呼声越来越高。1858 年，美国学者托马斯·希尔在母校哈佛学院发表题为"博雅教育"的演讲。托马斯·希尔精通数学，是近代自然科学的热心支持者，培根哲学的信奉者。他在演讲中指出，完整的博雅教育应当包括五大门类：神学、心理学、历史学、自然史（包括化学、机械科学、生物学、植物学）、数学。这五类知识缺一不可，古典学并不能代替自然科学的学习，完全建立在古典学基础之上的教育肯定是有欠缺的，"不管我们把希腊经典和拉丁经典学得如何深入，它们都不能给我们提供任何有关自然史的知识"[66]。博雅教育应当是建立在博雅文化（liberal culture）之上的教育，而所谓博雅教育，实际上指的是一种百科全书式的宽广的文化："宽宏的文化包括对任何真理的学习，包括对任何美和善的东西的追求。"[67]作为教育机构，大学和学院应该向所有人民提供"博雅文化"（broad and liberal culture）[68]。在这里，liberal 已经完全去掉了阶级的意涵，和文雅、高贵等观念已经完全失去了联系。事实上，托马斯·希尔所说的博雅教育已经和我们今天所说的通识教育没有任何实质性的区别，博雅教育已经变成了通识教育，尽管旧的名称还保留着。四年后，也就是 1862 年，托马

---

65 Timothy Dwight. *Memories of Yale Life and Men, 1845-1899.* Goemaere Press，2007（1903）：124.

66 Thomas Hill（1818-1891）. *Liberal Education: An Address Delivered Before the Phi Beta Kappa Society of Harvard College*，Cambridge，1858：12.

67 Thomas Hill（1818-1891）., *Liberal Education: An Address Delivered Before the Phi Beta Kappa Society of Harvard College*，Cambridge，1858：19

68 Thomas Hill（1818-1891）. *Liberal Education: An Address Delivered Before the Phi Beta Kappa Society of Harvard College*，Cambridge，1858：33.

斯·希尔出任哈佛校长，任职期间，希尔积极推动选修课制度，鼓励近代自然科学研究，直到 1868 年埃利奥特接任为止。埃利奥特就任以后，激烈推进选修课制度，将希腊文和拉丁文清除出必修课程的名单。

同一时期及其后的美国高等教育领军人物亨利·塔潘、丹尼尔·吉尔曼、弗兰西斯·维兰德、查尔斯·埃利奥特等人均纷纷为自然科学在博雅教育中的地位进行辩护。

至二十世纪，近代自然科学在通识教育中的地位更为稳固。1903 年，美国高等教育的领袖、哈佛大学校长查尔斯·埃利奥特在美国教育协会发表演讲，阐述"有教养的人"这一概念所发生的历史性变化。他指出，应用科学和纯自然科学在十九世纪极大地改变了人类的图景，这一变革使得我们"不得不承认自然科学在博雅教育（liberal education）中是根本必需的。[69]"在出席约翰·霍普金斯大学的三十五周年校庆（1911）时，英国驻美大使詹姆斯·布莱斯作了题为《大学中的专业教育与通识教育》（Special and General Education in Universities）的演讲。詹姆斯·布莱斯指出，六十年前有人认为一个有教养的人应当掌握一些有关自然的实验知识，他还需要费尽心思去说服别人。而在今天，这已经是毋庸置疑的了。博雅教育必须囊括数学和自然科学方面的知识[70]。

以专研古希腊哲学而闻名的雅各·克莱因（Jacob Klein）说，自由教育理论的最大特点在于将"求知"视为人的根本特性。因此，就自由教育而言，当困惑、好奇之心萌生之时，当追问与求索开始之时，当人们以一种非功利的态度去寻求真理时，自由教育就发生了。因此之故，在自由教育的过程之中，学习的方法、过程、态度比学科内容本身更为根本，所有的形式科学、包括数学、物理科学、生命科学、以及语言科学（文法、修辞、逻辑）以及文学名著都可以成为自由学科（liberal discipines）。雅各·克莱因特别指出，将自由学科等同于所谓的"人文学科"（humanities），并认为诗歌、历史、哲学比数学和科学本身更为"人性"，这种观点是"荒谬的"。因为人们也完全可以用一种粗鄙的、非自由态度去学习哲学和文学[71]。

---

69 Charles William Eliot. The New Definition of the Cultivated Man（1903）Joseph Bunn Heidler. *College Years: Essays of College Life* （1933）. Heidler Press，2007: 97-112.

70 James Bryce, *University and Historical Addresses*（1913）. Ayer Publishing，1977: 308.

71 Klein, J.（1960）*The Idea of a Liberal Education*, in: W. D. Weatherford, Jr（ed.），*The Goals of Higher Education*（Cambridge, Harvard University Press）: 36-37.

在教育实践中，社会科学、近代自然科学也纷纷成为通识教育的内容。十九世纪末以后，社会科学也逐渐成熟，社会学、政治学、人类学等通过科系化成为大学本科教育的组成部分。为了对越来越多的知识门类进行分类和整合，从 1930 年代起，很多美国的文理学院开始采取芝加哥大学的做法，将全部知识及其学科建制划分为人文科学、社会科学、生物科学、自然科学四大领域，并按照这四大领域设计通识教育学程[72]。此时的"自由"学科概念在外延上已经包括上述四大知识领域。

近代自然科学的"liberal"地位不仅获得了学者们的普遍认可，而且也获得了官方的肯定。在当代美国的语境中，liberal arts **指的是不与特定职业直接相联系的通识性学科**，一般包括各种文理学科，与之相对的则是"职业性学科"（professional studies），指与某一特定职业（如律师、医生、会计师、工程师，等等）相对应的学科性知识，一般包括商科、法律、医学、教育学、工程学、卫生学，等等。

第六节　学系、选修制、研究生院与现代"通识教育"的诞生

从制度层面来看，在 1850 年代之前的牛桥和美国大学中，整个大学四年的教育都是博雅教育或通识教育，教育的宗旨在于培养全面发展的通识性人才。1870 年代至 1910 年代，美国高等教育进入了所谓的"大学运动"时代，建立和德国类似的研究型大学，并通过学系、学科、研究生院等制度推动学术研究和研究人才的培养成为现代高等教育系统的工作重心，通识教育的地位逐渐边缘化，它只是大学本科教育的一部分，而且往往还不是最受重视的部分，所占据的时间最多不超过两年。十九世纪末、二十世纪初，斯坦福大学的校长大卫·乔丹和芝加哥大学的校长威廉·哈珀等高等教育的领军者都主张将大学本科学院划分为初级学院和高级学院，其中前两年的初级学院致力于通识教育或博雅教育，后两年的高级学院则致力于专业性的教育，以使学生能够在研究生院中更方便地开展研究性的学习。

换言之，在古典形态的博雅教育模式中，整个大学本科教育均为通识性的教育，大学本科的教育本质上被认为是非专业性的、非职业性的。而在现

---

72 W. F. Cunningham. The Liberal College. *The Journal of Higher Education*, Vol. 6, No. 5. （May, 1935）, pp. 253-260.

代形态的通识教育模式中，大学本科教育本质上被认为是专业性的，通识教育只是平衡专业化的一种力量，是专业教育的一种补充。从这个意义上讲，十八、十九世纪的博雅教育和现代的通识教育是非常不同的。在英格兰和美国，我们现在所推行的通识教育模式事实上到十九世纪末才逐渐浮出水面。从制度层面而言，推动现代通识教育模式产生、或者说使得现代通识教育从制度和实践上区别于古典博雅教育体系的力量主要有三个：1.不同的学科及其学系的建立；2.选修课制度的形成；3.现代研究型大学的诞生、研究生院制度的建立与本科教育的"专业化"，表现为主修专业概念的产生。

首先，在 19 世纪下半叶研究型大学兴起之前，美国大学并不存在我们现在所说的"学科"或"学系"的概念。文学、古典语言学、化学、数学不是被视为不同的学科，而是被视为不同的教学内容。现代意义的学科制度起源于 19 世纪初的德国大学，此后数十年间，美国也开始形成现代学科制度。最早获得学科地位的是自然科学，首先是化学（1820 年代），然后是天文学、物理学和生物学。[73]在这之后，经济学、社会学、政治学等现代社会科学也从道德哲学中分离出来。至二十世纪初，自然科学、社会科学和人文学科三足鼎立的学科体系逐渐建立起来，从而为分科教育提供了前提条件。

学科成立的一个标志是作为学术共同体的相关学会的成立。19 世纪下半叶之后，不同的研究领域纷纷建立了独立的学会，创办了独立的学术期刊，并且在大学体制内建立了相应的学系。1860 年前，美国仅有 6 个学术性学会，其中包括美国统计学会（1839）、美国科学促进会（1848），等等。1880 年代后，学科性学会开始大量成立，1880-1899 年间成立了 27 个学科学会，1900-1919 年又成立了 43 个学科学会，其中代表性的有 1884 年成立的美国历史学会（AHA）、1885 年成立的美国经济学学会（AEA）、1890 年成立的美国动物学家协会、1899 年成立的美国物理学会、1903 年成立的美国政治科学学会。[74]

学会为学者之间的交流提供了跨越院校边界的平台，从而维护、巩固了学科制度的运行。而在高等院校内部，学系（Academic Department）的建立则为学科制度提供了组织化的形式，为学科的制度化提供了可靠的保障。1825

---

[73] Burton R. Clark .*The Academic Life: small worlds, different worlds*. Princeton: The Carnegie Foundation for the Advancement of Teaching.1987,p.27.

[74] Burton R. Clark .*The Academic Life: small worlds, different worlds*. Princeton: The Carnegie Foundation for the Advancement of Teaching.1987,p.36-37.

年，哈佛大学在学生叛乱后进行重组，重组后的大学由 6 个系构成，这可能是美国大学中最早将系作为一种组织化形式的尝试。[75]早在 1880 年，学系就在康奈尔大学和约翰·霍普金斯大学成为具有自治权的组织形式。19 世纪 90 年代初期，学系建制在很多美国重点大学发展起来。刚刚成立的第二年，也即 1892 年，芝加哥大学的学系结构已经很完善了，这时的芝加哥大学由 26 个系构成，隶属于三个学部。19 世纪 90 年代末，哥伦比亚大学彻底完成了学系的组建，耶鲁、普林斯顿紧随其后。1902 年的哥伦比亚和 1904 年的芝加哥大学都暂停了新学系的组建工作，表明以学系为基础的大学结构已经完全确立。[76]

虽然选修制的历史可以追溯至 1820 年代，但其在美国高等教育系统中的确立却主要归功于哈佛大学的校长查尔斯·埃利奥特。选修制对博雅教育或通识教育的主要影响表现在两个方面：一方面，选修制打破了古典博雅教育的指定性教育制度。在古典博雅教育体系中，几乎所有的课程都是指定性的，尤其是古典语言和数学，学生没有任何选择的余地。通过这种教育，所有本科生接受的教育在内容上是完全一致的，这使得学生们能够共享一种共同的文化，其优点也是显而易见的。另一方面，选修制为近代自然科学、社会科学课程进入通识教育体系打开了方便之门。在选修课制度的倡导者埃利奥特看来，"所有知识分支都享有同等的尊严，并具有同等的教育价值"。[77]在新的制度安排下，一门课程是否具有通识教育的价值，很大程度上取决于学生的选择，而不是此前的"心智培育"。既然所有的知识分支都具有同等的教育价值，设置强制性的共同必修课程就完全没有必要了。在埃利奥特任内，选修课制度的推行非常顺利。到 1897 年，哈佛的指定性必修课程只剩下一门大学一年级的修辞学课程[78]，其他大学也纷纷跟上。1896 年威斯康星大学和密歇根大学放弃了在一年级和二年级实行必修课的保守做法，转向几乎完全自由的选修课制度。耶鲁大学则在 1901 年给予学生在后三年的学习中完全的选课

75 Paul L. Dressel and Donald J. Reichard ."The University Department: Retrospect and Prospect." *Journal of Higher Education* 41（May 1970）: 387-402

76 （美）劳伦斯·维赛. 美国现代大学的崛起.北京：北京大学出版社，2011：339.

77 Lawrence Levine, "Clio, Canons, and Culture," *Journal of American History* 80, 3（December 1993）: 849-867.

78 Michael Bisesi.Historical developments in American undergraduate education: General education and the core curriculum. *British Journal of Educational Studies*, 30（2），199-212.

自由。[79]值得指出的是，埃利奥特推行选修课制度并不是为了抛弃否定博雅教育的价值，恰恰相反，他希望通过选修制"扩大博雅学科的范围"，从而使博雅教育更加安全、更加强大。[80]

不过，选修制同时也产生了一个戏剧性的后果，那就是"主修专业"（Academic Major）的诞生。19世纪及其之前的年代并没有我们现在所谓的"主修专业"的概念。一直到1850年代，美国最主要的学院所施行的本科教育课程基本都是指定性的，学生很少有选课的自由。学生根据年级而非学系来区分彼此，并通过年级的纽带在学校中建立起同学、师生、朋友等社会关系。几乎所有的大学本科生都拿的是艺学学士（B.A.）学位，彼此之间没有学科的分别，他们所接受的博雅教育几乎完全是一种同质性的教育。不过，1850年代之后，理学士（B.S.）最先建立起来。与此同时，为了对抗选修制所导致的课程的碎片化和分裂化，"主修专业"作为一种抗衡的力量逐渐发展起来。"主修专业"制度的建立很大程度上要归功于埃利奥特的继任者艾伯特·洛韦尔。在洛韦尔看来，选修制的泛滥使得大学越来越离散化，因此，他通过"集中与分布"的方法来重新整合本科课程，并在这个过程中形成了"主修专业"制度，也就是说，学生在进入大学后，要选定一个主修的专业，在此基础上选修其他通识性的课程。这种制度安排也得到了已退休的埃利奥特的认可[81]。

在"大学运动"中，美国大学的另一个组织创新是建立了研究生院。1875年，哈佛出现了第一份包含研究生课程的招生目录。1876年成立的约翰·霍普金斯大学以及此后20年间成立的芝加哥大学、斯坦福大学、克拉克大学都成立了研究生院，克拉克大学在最初的11年中甚至只有研究生院，不招收本科生。从那以来，研究生院的建制就是美国高等教育的一个特色，20世纪80年代之后，德国、英国、法国、荷兰等国家才逐渐开始模仿这一制度。研究生院是美国藉以建立研究型大学的最重要的组织形式。在建立研究型大学的过程中，除了克拉克大学、伍斯特大学、麻省大学和华盛顿的天主教大学之外，绝大多数大学在建立研究生院的同时也保留了本科文理学院。[82]本科文理

---

79 （美）劳伦斯·维赛. 美国现代大学的崛起.北京：北京大学出版社，2011:123-124.

80 W.B. Carnochan. The Battleground of the Curriculum-Liberal Education and American Experience. Stanford, Calif. : Stanford University Press, 1993,p.5.

81 Farnham, Nicholas H. & Yarmolinsky, Adam. *Rethinking liberal education.* New York: Oxford University Press,1996：17.

82 Jurgen Herbst, "Liberal Education and the Graduate Schools: An Historical View of College Reform," *HEQ* 2 （1962）：244 -258

学院尤其是研究型大学的本科文理学院成为提供通识教育的制度化场所。通过这一制度安排，美国大学得以将通识教育和专业化研究结合起来，而不是像同时期德国和英国的大学那样将通识教育排除出大学的范围。研究生院和本科学院的结合使得大学将其教学任务明确区分为本科生教育和研究生教育两个部分。在这个两级制度结构中，通识教育被视为本科教育的一部分，同时这种层级划分也使得通识教育能够在大学教育中牢牢地占有合法的一席之地。在研究型大学中，本科教育的一个主要任务是为研究生院输送合格的、受过良好训练的本科毕业生，因此通识教育或自由教育不可避免地在一定程度上屈从于研究生院的需要，能否妥善处理两者的关系成为通识教育成败的关键。

正如维塞所指出的那样，到 1910 年，美国大学的结构已经具有 20 世纪的稳定形式。[83]1910 年代以来，美国大学就置身于以学系、学科、主修专业、选修课、研究生院为基础的新的大学制度框架中，通识教育或自由教育的概念和实践也不例外。尽管 20 世纪 20 年代之后美国此起彼伏的"通识教育运动"的一个初衷就是要对抗现代的选修课制度和学科制度，但通识教育本身最终无法取代选修课制度和学科制度。大致来说，学系、研究生院、选修制都是 1850 年之后的产物，现代意义上的通识教育或自由教育的概念和实践正是在这个背景下诞生的，它显然不同于 1850 年代之前在英美两国普遍实行的博雅教育。

本章小结　新的教育理论"范式"的确立

二战后，尽管 liberal arts、liberal education 等沿袭了数百年的英语词汇依然流行，但"liberal"一词已经逐渐丧失了"高贵的"、"适合于自由人的"、"适合于绅士的"、"绅士般的"、"慷慨的"、"文雅的"等原始含义，保留了"普通的、贯通的、广泛的"等不含价值色彩与阶级意味的中性词义，并逐渐获得了"使人自由的……"、"解放的"（liberating）等新的语义，古典的"博雅教育"演变成了现代意义的"自由教育"，同时自由教育与通识教育逐渐合而为一。

如谢尔顿·罗斯布拉特所论，博雅教育是与特殊的历史情境联系在一起的，随着它赖以生存之历史条件的消亡，博雅教育也名存实亡了，留下来的

---

83 （美）劳伦斯·维赛. 美国现代大学的崛起.北京：北京大学出版社，2011:356.

只不过是一种"观念"或者"意识形态"[84]。布鲁贝克也指出，博雅教育有着与通识教育相区别的"独一无二的历史内涵"。美国通识教育基本上是建立在杜威的实用主义哲学观之上的，而后者对传统的博雅教育观念持激烈的批判态度。[85]

以上两位学者的观察无疑是相当敏锐的。20 世纪的通识教育理论或自由教育理论是一种不同于古典博雅教育的新的教育理论范式。

从制度层面来看，现代通识教育是在学科、学系、研究生院、选修课制等现代大学的组织和制度框架（这些组织和制度无一例外地倾向于支持专业化教育而非通识教育，尤其学系通常是反对通识教育的最有力的力量）中进行的，它面临的制度环境和古典博雅教育有着根本性的区别。这也决定了现代通识教育或自由教育在很多方面不同于古典的博雅教育，尤其是 17-19 世纪的英国博雅教育。20 世纪之前的博雅教育是一种仅为少数人所享有的特权，是身份和地位的标志。进入 20 世纪之后，博雅教育在制度上从强势转向守势，从而演变成了一种需要加以辩护的理想主义色彩的理念。

从观念层面看，大多数现代通识教育与自由教育的倡导者共享以下核心信念，从而使其显著地区别于古典的博雅教育思想：

1、现代的通识教育与自由教育理论抛弃了"自由人"与"奴隶"的二元划分，主张人人皆平等，通识教育（至少在理论上）是面向所有公民的教育；2、各种知识之间不存在高低贵贱的等级秩序，所有的文理学科知识均具有"通识教育"的价值，据此，会计学和古典学具有同样的通识教育功能；3、通识教育主要是一种知识教育，以训练心智为目的；4、通识教育和职业教育之间的界线不是绝对的。自由教育与职业教育之间的体制分割依然存在，但两者的区别日益受到质疑。杜威在《民主主义与教育》一书的"劳动和闲暇"这一章中，对以亚里士多德为代表的自由教育观进行了批评。他指出，亚里士多德的自由教育观在劳动和闲暇、奴隶和主人之间做出区分，是建立在阶级社会的前提之上的。我们必须抛弃这种截然二分的观念，我们所制定的课程，"应该同时既是有用的，又是自由的"[86]。

---

84 Sheldon Rothblatt. *Tradition and change in English liberal education*, Faber and Faber，1976：9.

85 [美]布鲁柏克. 教育问题史，合肥：安徽教育出版社，1991：456.

86 （美）约翰·杜威. 民主主义与教育，北京：人民教育出版社，2001：276.

结　语

在前面六章中，本书追溯了博雅教育概念的希腊起源和拉丁起源，以及这一概念在中世纪和 17-19 世纪英语世界（尤其是英国）中的发展，最后论述了传统博雅教育概念在 20 世纪美国的自由民主社会中在语义、教育对象、意识形态关联、课程模式以及制度环境等方面所发生的变迁，具体来说，古典博雅教育概念转换成了现代意义上的自由教育概念和通识教育概念，这一变迁即本书所谓的博雅教育概念的"现代转型"。在实现这一转型之后，自由教育（liberal education）概念在现代社会尤其是在美国重新获得了强大的生命力，引发了此起彼伏的通识教育改革。第二次世界大战之后，作为一种教育理念和模式，美国的自由教育或通识教育逐渐扩散至日本[1]、德国[2]、中国、中国香港、瑞典等国家和地区，可以预见，liberal education 概念将继续抒写它的辉煌历史。

在结语部分，笔者主要从翻译、观念变迁、概念变迁、研究贡献、实践意涵这五个方面对本研究进行总结。

第一节　关于翻译的讨论

在中文学界，对"liberal education"一词的翻译非常混乱。下面，笔者将根据前述的研究，就这个概念的翻译，谈谈自己的看法。

1　关于自由教育思想在日本的传播，请参见大塚丰.全球化时代对日本大学博雅教育的若干思考.比较教育研究.2009（1）:1-6.

2　Ludwig Huber, Towards a New Studium Generale: some conclusions, *European Journal of Education* 27 （1992）, 285-301

1.1 博雅教育与雅俗分野

笔者认为，就十八、十九世纪的英国 liberal education 概念而言，已有译法中，"博雅教育"为最佳。从二十世纪二十年代起，就有中国学者将 liberal education 译为"文雅教育"[3]。但到底是谁第一个将 liberal education 译为"博雅教育"，已经无从考证。我们所能知道的是，这一译法在二十世纪八十年代之后开始广为流行，尽管如此，但并没有学者对这个译法的合理性进行论证。因此，笔者还是不揣浅陋，在前述研究的基础上对该译法的合理性做一些说明。

就亚里士多德所说 Eleutherion epistemon 而言，最准确的译法是"自由人科学"或"绅士科学"，西塞罗所说的 artes liberales，最准确的译法是"自由人技艺"、"高尚技艺"，Liberaliter educatione 最准确的译法是"自由人的教育"或绅士教育（gentlemanly education）。不过，符合自由人身份的、符合绅士身份的，这两层意思都可以用"雅"字来表达。另外，不管是亚里士多德，还是西塞罗，都强调教育的"博"与"通"，因此，古希腊罗马的"自由人教育"或"绅士教育"也可理解为"博雅教育"。

至于十八、十九世纪英国的 liberal education 概念，博雅教育的译法就更为准确了。

从语用学的角度考虑，在十八世纪、十九世纪的英国，liberal 一词是与博学（learned）、丰富（generous）、博大（large）、广泛（extensive）、全面（comprehensive）、共通（general）、非专业的等词汇联系在一起的，liberal 含有"博"、"通"的*语用学意义*，这一点不容置疑（详见附录）。从语义学的角度考虑，liberal 也具有"博"的语义。在约翰·沃克 1806 年版的英语辞典中，liberal 已经具有"丰富的、充足的"这一层语义，到十九世纪中叶，流行的英语辞典明确将 liberal 和 general、extensive、large、ample 归为同义词。

其次，从语义上讲，liberal 具有"雅"的含义。如前所述，作为形容词，liberal 最基本的一个含义是"适合于绅士的"、"符合绅士身份的"，这时，liberal 和 gentlemanlike、gentlemanly 是同义词，而根据《韦伯斯特英语词典》，gentlemanly 和文雅的（polite）是同义词[4]。此外，在十八、十九世纪，liberal

---

3 徐宗恺.教育与职业之新思潮.教育与职业，1929（8）

4 Noah Webster, Chauncey A. Goodrich. *A Dictionary of the English Language revised and enlarged by Chauncey A. Goodrich.*，London，1852：446.

和高雅（genteel）也是同义词，因此有博雅职业（liberal professions）和高雅职业（genteel professions）这两个几乎可以互换的概念。

基于上述理由，将 liberal education 译为博雅教育是非常贴切、且忠实于原意的*直译*。不过，为了更准确地理解这个概念，我们还需要在语义分析的基础上，联系当时的教育实践，对这个译法进行一些解释性的说明，以免引起误解。

在博雅教育思想史当中，liberal 的教育往往被视为"文雅"、"高雅"的教育，与之相对的则是"庸俗"（vulgar）的教育。如十九世纪的英国学者托马斯·盖斯福德所言，"学习希腊文学不仅使人超越鄙俗的民众，而且经常使人获得俸禄丰厚的职位。[5]"雅（liberal）俗（vulgar）分野因而也是贯穿整个博雅教育思想史的一对关系。

雅俗之别首先是社会地位的差别。在亚里士多德和西塞罗那里，这体现为拥有闲暇的自由人（真正的自由人）和奴隶、一般民众之间的差别。在亚里士多德那里，Eleutherion 的基本含义是"符合自由人身份的"，在西塞罗那里，artes liberales 中的 liberales，其最基本的含义是"符合自由人身份的"或"符合绅士身份的"。在十七到十九世纪的英国，整个社会被划分为两大部分，一部分属于"上流社会"（genteel），另一部分则属于"非上流社会"，博雅教育中的 liberal，其最基本的一个语义是"符合绅士身份的"或"绅士般的"（gentlemanly）、"高雅的"。

这种社会地位的"雅俗之别"又通过学校体制的分割得以延续下来。到公元一世纪，罗马共有三类学校：读写学校（ludus litterarius），文法学校（schola grammatici），修辞学校（schola rhetoris）。这三种学校并不是一个由低到高的序列，而是一种基于社会出身的教育分轨制度。古罗马的上层阶级认为，读写学校讲授的是"俗文学"（vulgar letters），而文法学校和修辞学校讲授的则是"雅文学"（liberal letters）[6]。当然，这里所谓的"liberal"，所传达的更多的是等级的观念，而非审美的观念（雅与俗）。在古罗马时期，"雅"与"俗"之别主要不是审美的区别，而是政治性的区别。这种区分不仅体现在知识上

5　M.G. Brock and M.C. Curthoys. *The History of the University of Oxford -v.6.,* Oxford：Clarendon Press 1997：15.

6　Robert A. Kaster. *Notes on "Primary" and "Secondary" Schools in Late Antiquity*[J] Transactions of the American Philological Association （1974- ），Vol. 113. （1983），pp. 323-346

面，也体现在制度性的安排上面。读写学校被认为是适合于下层普通民众的学校，而文法学校和修辞学学校则被认为是"上层阶级的学校"。在古典晚期（公元 2-7 世纪），文法学校和修辞学学校大多只分布在既是政治中心也是宗教中心的城市，地理性的区隔，加上学费的昂贵，使得一般民众很难共享这种上流阶层的教育。

进而，这种社会地位的差别、教育体制的分割又通过教育、语言、文化等手段而得到维系、强化。在两千多年的西方教育史中，古典语言（希腊语和拉丁语）常常是界定雅俗之别的最重要标准。希腊语和拉丁语被视为"雅"（liberal）的语言，而英语、德国、意大利语等民族语言则被视为"俗"（vulgar）的语言。

自文艺复兴以来，拉丁语就是英国博雅教育的基础。一直到十九世纪中叶，古典语言仍被认为是"博雅教育唯一的象征和标志"[7]。作为本土语言，英语在公学和大学中一直没有容身之地。在牧师阶层和上层阶级看来，本国语言是大众的语言，是"俗"的语言[8]。十八世纪的英国科学家约瑟夫·普莱斯特里批评说，当时大学中的教师用拉丁语阅读、写作，如果他们的拉丁文写得不好，他们会觉得那是奇耻大辱；但如果他们的母语写得不好，他们却不会有丝毫羞愧，因为他们认为英语是属于"俗人的"（the vulgar）语言[9]。十九世纪一位名叫塞缪尔·巴特勒的英国公学校长说，教授英语读写对那些上过公学和大学、接受过博雅教育的公学教师来说是一种"侮辱"，这些公学教师即便生来就不是绅士，也通过教育、礼仪成为了绅士，英语读写这种连乡村老妇都能应付的工作，对他们来说实在是太不相称了[10]！在崇尚古典语言的牛津和剑桥，英语文学一直没有容身之所，起初，它们只能在爱尔兰、苏格兰以及英国非国教派所创办的学园中找到落脚之处，一直到十九世纪末，英语和英语文学才进入英国的精英教育体系[11]。

7　Hartley Coleridge. *Lives of Northern Worthiesvol.1*，London，1852：104.

8　F.W.Farrar. *Essays on a liberal education*, London, 1867：373.

9　Joseph Priestly. *Miscellaneous observations relating to education*，Bath：1778，211.

10　Samuel Butler. *A Letter to Henry Brougham, Esq. M.P. On Certain Clauses in the Education Bills, Now Before Parliament*，Shrewsbury，1820：15.

11　关于英语进入教育系统的历史，参见 Thomas P. Miller. *The Formation of College English: Rhetoric and Belles Lettres in the British Cultural Provinces*，University of Pittsburgh Press，1997

第三，这种雅俗之别还是一种礼仪和审美的区别。在十八世纪的英国，绅士教育的目标是培养一个"文雅"的人，良好的教养（good breeding）、优雅的（polite）举止、文雅的措辞（elegant）、高雅的（genteel）穿着、礼貌的态度、优雅的风度（graceful air）、优美（graceful）的书法，是一个绅士区别于"俗人"（vulgar）最重要的标志，也是文雅教育孜孜以求的目标[12]。

进入二十世纪之后，传统的贵族社会彻底土崩瓦解，平等、民主成为社会的普遍原则，教育和文化领域的"雅俗之别"（liberal-vulgar；liberal-common）难以为继，传统的博雅教育演化成了以民主、平等为基础的自由教育和通识教育。

基于上述理由，我们可以将二十世纪之前的 liberal education 概念统一译为"博雅教育"。

1.2 绅士教育、自由人教育

在亚里士多德那里，Eleutherion 的基本含义是"符合自由人身份的"，在西塞罗那里，artes liberalcs 中的 liberales，其最基本的含义则是"符合自由人身份的"或"符合绅士身份的"（Gentlemanlike）[13]，在十八、十九世纪的英国，liberal education 中的 liberal，其最基本的含义是"符合绅士身份的"或"绅士般的"（gentlemanly）。因此，可以将亚里士多德的 eleutherios paideia 译为"自由人教育"或"绅士教育"，将西塞罗的 Liberaliter educatione 译为自由人教育或绅士教育，将十八、十九世纪英国的 liberal education 译为绅士教育。这种译法的优点是不易引起误解。

1.3 自由教育

"自由教育"的译法很早就出现了，如董任坚在 1932 年所著的《大学教育论丛》中有"自由教育（liberal education）的中心"[14]这一说法，蒋梦麟在《西潮·新潮》一书中也提到了西方的"自由教育"传统：

> "研究希腊哲学家的结果，同时使我了解希腊思想在现代欧洲
> 文明中所占的重要地位，以及希腊文被认为是自由教育不可缺少的

---

12 Philip Dormer Stanhope Chesterfield. *Principles of politeness, and of knowing the world*，Dublin，1790

13 Elisha Coles. *A Dictionary, English-Latin, and Latin-English*，London，1755

14 董任坚《大学教育论丛》上海：新月书店，1932：88

一部分的原因"[15]。

上面已经指出，在古希腊罗马，liberal 有一个基本的语义，即"符合自由人身份的"，不过，*"符合自由人身份的"和"自由的"，两者的语义差别很大*。因此，亚里士多德的 "Eleutherion epistemon"，更恰当的译法是"自由人科学"或"绅士科学"、"文雅科学"，而非"自由科学"，当然，亚里士多德强调自由人科学的"自足性"，强调这些科学是"自为目的"的，在这个意义上，我们可以将其译为"自由科学"；类似地，西塞罗所说的 artes liberales，更恰当的译法是"自由人技艺"或"绅士技艺"，而非"自由技艺"。

从自由的角度来理解"artes liberales"，始于塞涅卡。而且，这种理解是通过语言游戏（将 liberales 转换成 libera）来实现的。在中世纪，人们也常常从心灵自由的角度来理解 artes liberales。因此，我们可以将中世纪的"artes liberales"译为自由技艺。

在十七到十九世纪的英国，将 liberal education 译为自由教育至少是误导性的。我们的研究表明，在英国传统中，liberal 一词具有两个*最为基本*的语义维度：1、博学的（learned）、通识性的（general）、非专业性的（non-professional）、丰富的（generous）、博大的（large）；2、符合绅士身份的（雅）、适合于绅士-学者的、高雅的、高贵的。Liberal education 译为博雅教育更为准确。自由教育的译法将这两个最重要的语义都漏掉了。

同样地，liberal professions 当译为"博雅职业"或博学职业，而非"自由职业"。在 18、19 世纪的英国，liberal professions 之 liberal，具有两个最为基本的含义：1、这些职业需要广博的知识基础，尤其是需要具备古典语言的基础；2、这些职业具有高尚的社会地位。正如研究职业社会学的著名学者哈罗德·珀金所指出的那样，在这里，liberal 的语义为"绅士般的"（gentlemanly）[16]。它和二十世纪的"自由职业"概念并不是一回事，尽管两者所用的词汇都是"liberal professions"。

即便从纯粹字面的意义考虑，将这一时期的 liberal education 译为自由教育也不够准确，这种翻译或理解，在当时的辞典和著作中均找不到依据。必须注意，作为形容词，liberal 和 free 一直都区别很大。1828 年版的《约翰逊

---

15 蒋梦麟，《西潮·新潮》岳麓书社：2000，80

16 Perkin, Harold James. *The rise of professional society: England since 1880*, New York: Routledge,1989：23

英语辞典》（当时最为权威的英语辞典）收录了 liberal 一词的六个义项，分别为：1、不卑贱的；2、出身不低下的；3、符合绅士身份的；4、慷慨的（munificent）、5、Generous；6、Bountiful[17]。其中根本没有"自由的"这项语义。同样根据该辞典，free 作为形容词具有"不受奴役的"、"不受限制的"等含义，这两项词义接近我们现在所理解的"自由的"，但它们并不属于 liberal 的义项。当 liberal 和 free 是同义词时，其共通语义为"慷慨的"，而非"自由的"[18]。

大约从十九世纪二十年代开始，通行的辞典开始将"自由的，不受约束的"列为 liberal 的义项[19]，但这一层语义带有强烈的贬义色彩。到十九世纪五十、六十年代，越来越多的辞典将"放荡的自由"（licentiously free）、"不受限制的"、"不受控制的"等词义列入 liberal 的义项[20]，作为形容词，liberal 和 free 的*共同义项*越来越多，它们同时都具有了"不受限制的"、"自由的"、"不受控制的"语义，不过，即便到这个时候，它们还都是*贬义词*。

不管是亚里士多德，还是亨利·纽曼，都属于保守主义者，而非自由主义者。前者对民主派的"随心所欲的自由"大事鞭挞，后者则以反对自由主义为己任。liberal（符合自由人身份的、符合绅士身份的）的反面不是保守的（conservative），而是鄙俗的（illiberal）。

纽曼的母校牛津大学，一向都是保守主义而非自由主义的阵营。德国等欧陆大学所推崇的教学自由、探究自由、学习自由、宗教自由等现代自由主义原则根本不见容于牛津大学。如果用探究自由、学习自由、宗教自由的标准去衡量，倡导 liberal education 的牛津大学（至少在 1870 年之前）所提供的并不是"自由的教育"。

在二十世纪的美国，教育家们更多地从"解放"、"自由"等维度来阐释 liberal 一词，此时 liberal education 可译为"自由教育"。

---

17 Samuel Johnson, John Walker, Robert S. Jameson. *A Dictionary of the English Language*, London, 1828：430.

18 Samuel Johnson, John Walker, Robert S. Jameson. *A Dictionary of the English Language*, London, 1828：297.

19 1824 年出版的由 Henry John Todd,和 Alexander Chalmers 修订的约翰逊英语辞典在"不低贱的，出身不低下的；符合绅士身份的；慷慨的"这三个义项之外，增加了"Licentious; free to excess"这个义项。 Samuel Johnson, Henry John Todd, Alexander Chalmers. *A Dictionary of the English Language*, London, 1824：430.

20 John Ogilvie. *A Supplement to the Imperial Dictionary*, Blackie and Son：1855：238.

第二节　博雅教育理论与模式的变迁

　　和布鲁斯·金博尔的研究不同，本研究并不试图寻找出几种永恒的博雅教育观念或模式，而是力求把握博雅教育思想的历史变迁，这种变迁既包括语义上的变化，也包括其教育对象、课程模式以及所置身的教育制度环境的变化。回顾整个西方教育思想史，可以发现"liberal"的标准发生了几次重大的转移，在古希腊罗马时期，liberal 及其对立面之间的区分主要是"政治性的"，因此，所谓"自由人技艺"，指的是能够使自由公民积极参与政治的知识，政治学（亚里士多德）或雄辩术（西塞罗）位于其首；在中世纪，这种区分标准主要是"宗教性的"，所谓"自由技艺"，指的是纯粹与心灵有关的，因而是自由的、能使灵魂不朽的知识；在十八世纪的英国，文雅知识或文雅艺术的概念几乎取代了博雅学科的地位，而所谓文雅知识，指的是能够使人礼貌、文雅，促进社会交往的知识；在十九世纪和二十世纪，这种区分主要是"认知性的"，所谓博雅学科，指的是能够培育理智的知识[21]。

2.1 博雅教育代表了西方的绅士教育传统

　　在二十世纪之前，西方博雅教育，指的就是绅士教育。所谓博雅技艺（ liberal arts 或 liberal sciences，liberal studies ），其最本质的含义是"符合自由人身份的知识"或"符合绅士身份的知识"，博雅教育的本质含义是"自由人的教育"或"绅士的教育"[22]。博雅教育是一种依据某些特定的原则（善的、符合自由人身份的）去界定并挑选特定的知识、技艺、运动、娱乐方式、德性、礼仪，并进而塑造"真正的自由人"或绅士的教育理念。

　　在古希腊罗马时期，博雅教育实质上相当于"绅士教育"。亚里士多德所说的"自由人的教育"实质上指的是对"真正自由人"的教育，也即"绅士"

21　当然，这一概括并不是绝对的，在不同的历史时期，政治性的、社会性的、认知性的标准往往是同时并存的。总体而言，在古希腊罗马时期，以及十八、十九世纪的英国，"政治的标准"一直都是主要的标准。在十九世纪的英国，博雅教育被认为是对上流阶层和统治阶级的教育，因此，能否使这些精英有效地履行治国之责，便成为判定一门学问是否 liberal 的重要标准。

22　与之类似，人们会根据"人性"（humane）的原则挑选出一些知识，名之为人文学科（ humanities ）；或者依据美的原则，将某些知识、技艺名之为"美术"（ fine arts ）；或根据善（ good ）的原则，将某些知识名之为"善的技艺"（ bonae artes ）；或根据文雅（ polite ）的原则，将某些技艺名之为"文雅技艺"（ polite arts ），依据公民的原则，将某些技艺和知识称之为"公民技艺"、公民科学，等等。

的教育。用列奥·斯特劳斯的话来说，"亚里士多德所设计的最佳政体的城邦是一个没有平民（demos）的城邦，一个以绅士为一方，异邦人和奴隶为另一方的城邦，而且城邦只由这两者构成"[23]。

西塞罗所说的 artes liberales，直译为"自由人的技艺"，但由于其教育理念的贵族色彩，不少西方学者倾向于将其译为"绅士的技艺"，将 liberaliter educatione 译为"绅士的教育"。[24]

在十七到十九世纪的英国，所谓博雅教育（liberal education），指的是一种通识性的、符合绅士身份的教育，其宗旨在养成绅士。关于这一点，前几章已经做了充分的论证。

如果说，西方古典教育的传统是绅士教育（或"真正的自由人"的教育）的话，那么，中国古典教育的传统则是君子教育。这两种教育都基本上是针对政治人的教育，而且都呈现出业余者的品性，不追求一技之长。纽曼所说的自为目的的"博雅知识"与孔子所提倡的"为己之学"也有相通之处。对西方绅士教育和中国古代君子教育进行比较研究将是很有意思的课题，不过，这超出了本研究的范围。

2.2 博雅教育理论的流变

所谓 liberal，指的是"适合于自由人的"或"适合于绅士的"，这是 liberal 一词的诸多语义中最为稳定的。然而，在不同的历史时期，人们对"自由人"或"绅士"的定义是不同的，"博雅技艺"所涵盖的范围也在不断变化。纽曼注意到，不同时代、不同民族、不同国家、不同的人对于一门学科、一种技艺或运动是否"符合绅士身份"（liberal）存在分歧。例如，对于斯巴达的立法者吕库古来说，角力等体育运动是"绅士般的运动"（liberal exercise），而对于古罗马的斯多葛派哲学家塞涅卡来说却是"鄙俗的"（illiberal）。马车竞赛和有奖格斗在古希腊的艾丽斯城会被认为是"绅士般"（liberal）的，在英国却受到谴责[25]。博雅教育思想史的演变，就是 liberal 原则的演变。因此，理解西方博雅教育传统的关键在于理解这些"变化"和"断裂"。

23　Leo Strauss. *The city and man*, Chicago : University of Chicago Press,1978：37.

24　James M. May, Jakob Wisse. *Cicero on the ideal orator*, New York: Oxford University Press, 2001：261；M.J.B.Gardin Dumesnil. *Latin synonyms*, London，1819：356.

25　Newman, John Henry. *The idea of a university defined and illustrated* , London, Thoemmes Press， 1994：110.

那么，如何理解这些"变化"和"断裂"？笔者认为，我们可以引入"理想人格"和"知识挑选"的视角，作为理解西方博雅教育概念变迁的一条线索。其理由有二。首先，博雅教育的观念总是与特定的理想人格（自由人或绅士）联系在一起的；其次，福柯曾洞察到，大学的首要作用不是挑选人，而是挑选知识。[26]在历史上，博雅技艺或博雅学科的涵盖范围变幻不定，这充分表明，它是一种对知识进行挑选和组合的权力机制。不仅如此，它的家族概念（humane learning，polite learning 等）也典型地体现了知识的分类和挑选原则。

自始至终，知识的挑选与组合问题一直是博雅教育思想史的关键所在。什么样的知识或技艺能够纳入绅士技艺的范畴，或者说，用什么样的知识、学科、体育运动方式来教养自由人和绅士，这是每一个时代所面临的教育学难题，这也是两千多年来无数教育学家争论不休的问题。

教育必然涉及人。知识挑选的背后是 "人的挑选"，是关于教育对象的理想人格的设定。文艺复兴研究的著名学者加林注意到"人文学"（studia humanitatis）这个概念背后蕴涵着人的意象，他指出，"studia humanitatis……是和人的形象及其功能，以及对人在世界和社会中的地位的概念紧密地联系在一起的"[27]。和 Studia humanitatis 一样，博雅技艺和博雅教育（及其家族概念）观念所蕴涵的也是人的"形象"，或者说，"理想人格"。甚至可以说，人的"理想人格"总是先于博雅技艺这个知识范畴。"博雅技艺"（libearal arts）的概念背后是一个"自由人"或"绅士"的理想人格。[28]。

可以看出，博雅技艺、高尚技艺（Ingenuae artes）、人文学（Studia humanitatis）等古典的知识分类和现代的"人文学科、社会学科、自然科学"三分法大为不同。前者根据知识与特定的教育理想人格来进行分类，在这其中，知识是价值负载的；而在后者当中，知识根据其研究的对象来划分，人文学科研究的是人的世界，社会科学研究的是人所构成的社会，自然科学研究的是自然世界。

---

26 米歇尔·福柯著 钱翰译.必须保卫社会，上海：上海人民出版社，1999：173

27 Bruce Kimball. *Orators & philosophers: a history of the idea of liberal education.* New York: College Entrance Examination Board 1995：115.

28 与此类似，与之类似，good arts 的背后是一个"好人"的理想人格，Ingenuae artes 的概念背后是一个"贵族"的理想人格，Studia humanitatis 背后是"人性的人"（humane man）的理想人格，工匠技艺（Mechanical arts）背后是"工匠"的意象。等等当代社会的专业知识）背后则是专业人的教育理想类型。

而且，只有从知识挑选背后所蕴涵的人的形象出发，我们才能理解知识挑选所遵循的原则。就纽曼所举的两个例子而言，吕库古之所以认为角力是liberal 的，乃是因为斯巴达的教育理想类型是武士，武士最主要的美德是勇敢。而塞涅卡的教育理想类型是一个自制、仁慈的"智者"，所以他认为角力"不符合自由人的身份"。

当然，自由人、绅士等理想人格本身也受到"支配结构与统治阶层所属社会的各种条件"[29]的制约。按照马克斯·韦伯的观点，特定的教育目标或教育的理想类型总是意味着对特定的"生活态度和生活样式"的规划。其所试图铸造的生活样式依社会结构的不同而不同。如古希腊社会试图培养的是勇士，日本社会试图培养的是武士，英国社会试图培养的是绅士。[30]古希腊斯巴达的武士、古罗马的雄辩家、文艺复兴时期的廷臣、英国的绅士、中国的君子，这些教育的"理想人格"或"人的形象"背后，最为根本的东西不是与之相配的一整套课程方案与知识方案，而是与之相配的"生活态度和生活样式"：人生目标、道德观念、处事态度、言行举止、社交礼仪，等等。在传统的绅士教育著作中，*知识／才智（knowledge，merit）、德性（vtrue）、体育、礼仪（Manner）*是永恒不变的四大主题，知识改善心智，德性灌浇心灵，体育塑造体魄，礼仪美化举止，四者合一，构成了教育学所追求的"理想人格"[31]。在教育的理想人格背后，不仅是对知识的挑选，也是对德性、运动方式、礼仪的挑选。不同的教育理想形象，反映出对于知识、礼仪、德性、体育的不同规划。不同时代、不同的人在教育理念方面的差异，主要体现在这四个方面。

下面，我们将从教育的理想人格（及其所蕴涵的生活态度和生活样式）与知识（以及德性、礼仪、体育）挑选这样一个视角出发，来概括不同时期绅士教育思想的特点，描绘不同历史时期所发生的"断裂"。

亚里士多德的教育理想人格是真正的自由人，也即绅士。绅士必须是德性的典范，因此道德教育占据很大的比重，绅士必须养成公正、勇敢、节制、大方、大度、慷慨等德性。"自由"教育的对象是最佳城邦的理想公民，他们

29 马克斯·韦伯.支配社会学.桂林：广西师范大学出版社，2004：86.

30 马克斯·韦伯.中国的宗教、宗教与世界.桂林：广西师范大学出版社，2004.

31 中国古代的"才性论"包含了四大主题中的两大主题，即才（merit）和性（virtue），才性结合即"德才兼备"。中国古代的六艺（礼、乐、射、御、书、数）则涵盖了所有四个方面。

身肩保卫城邦之责，因此体育和军事操练耗时漫长、艰苦严格。亚里士多德的 eleutherios paideia 是一种政治教育和公民教育，而且是对"理想公民"，即政治家（politikos）的教育。根据政治的原则，读写、逻辑、伦理学、政治科学等成为教育的内容。然而，政治并不是自足的，理论的生活才是最幸福的生活，因此"适合于自由人的教育"必然要求"超越"城邦，用哲学（广义的哲学，相当于文化）来教养公民，其中最主要的途径是诗歌、悲剧与音乐相结合的"乐教"。伊索克拉底等人赋予修辞学以中心地位，而亚里士多德则让修辞学从属于政治科学。这背后最根本的不同并非"哲学家"与"修辞学家"之争，而是两种政治体制设想的斗争。智者派支持民主政体，而亚里士多德的理想政体是贵族政体，在贵族政体中，说服民众的需要（雄辩术）让位于理想公民（议事人员和武装人员）的平等磋商（政治学）。

西塞罗的教育理想形象是共和政体中的雄辩家，因此他的自由人/绅士教育方案以雄辩术为中心，其他所有有助于雄辩术的知识都成为雄辩家学习的内容，其课程方案呈现出百科全书的特点。因此，在西塞罗那里，自由人技艺（artes liberales 或 Ingenuae artes）涵盖的范围非常之广，算术、修辞、文法、自然哲学、法律等等，无不囊括其中，不但没有"通识"与"专识"之分，也无"人文"与"科学"之别。

到塞涅卡的时代，帝国取代了共和政体，西塞罗所设想的雄辩家已经无法在公共的政治舞台发挥作用。在暴君尼禄的统治下，人人自危，贵族和奴隶一样，都成了皇帝的"奴隶"，因此塞涅卡教导人们成为一个"智者"，以抵御人生的狂风暴雨。成为一个智者的途径是过哲学的生活，也就是说，精神修炼。因此，几何、文法、音乐、天文学等认知性的知识变成了"过渡性"的知识，贵族们可以在青少年时代通过这些知识训练心智，但此后可以永远抛弃这些知识。在塞涅卡的时代，artes liberales 的含义发生*断裂性*的变迁，哲学被排除出 artes liberales 的范畴，artes liberales 的含义从"自由人技艺"变成"自由人通识学科"。

在中世纪的大学，专业教育占据上风，政治权力屈从于宗教权力，政治生活被认为劣等于宗教生活，绅士教育的传统几乎中断。人们开始用一种更加正面的（至少是中立的）的态度看待技术，正是在中世纪，人们发明了 artes mechanicae 这个词，用来指代那些满足人类基本生活需要的技艺（如医学、狩猎、纺织、戏剧，等等）。这些工匠技艺通过宗教的论证在神学宇宙中找到了一席之地，成为合法性的知识[32]。结果，自由技艺及其对立面——即工匠技艺——之间的区分主要成为一种"知识性"的区分。这种理解一直延续至启蒙运动时代，依照这种理解，所谓"自由"技艺和机械技艺之间的区分，其标准在于技艺当中所包含的体力与智力的比例，所谓"自由"技艺，是指"其产品更多属于精神而非手工的技艺"，工匠技艺则是指"更多属于手工而非精神的技艺"[33]。

十七、十八世纪，礼貌社会兴起，市民社会的公共领域逐渐成型，社会精英在传统的政治、宗教、哲学领域之外，找到了另一个施展才华的空间：社会公共领域，如沙龙、咖啡馆、报刊、文学杂志、学术杂志，等等。因此，教育的理想人格是道德－社会取向的"文雅"绅士。

绅士的标志不仅仅是学养，更是德性、礼仪和才艺，因此绅士教育著作的经典内容模式是"德性+知识+才艺+礼仪+体育娱乐+游学"。这种经典结构模式所传达的教育学理念是，完美的绅士应该是有德之人；他应该具备真才实学，但并非学究；绅士应该娴熟于击剑、舞蹈、法语等才艺，同时通过打猎、板球等贵族体育娱乐方式来增强体魄；最后，绅士应该游学各国，以增广见闻，掌握优美的外国语言，领会各国风土人情，熟悉各国法典礼仪。在十八世纪，教育和规训的焦点包括身体和心灵、口音、仪表、举止、神态等"身体化"的教养成为教育学论著关注的重点。洛克在《教育漫话》中用大量笔墨讨论绅士的"美德"，如谦恭、慷慨、公正、勇敢、节制，等等，虽然他用了最长的篇幅来处理"学问"这个题目，但在他的思想中，这个部分恰恰是"最不重要的"[34]。学识固然重要，但道德品性和性格塑造更为本位，[35]用特恩布尔的话来说，完整的"自由"教育应该是文

32　Whitney, Elspeth. *Paradise restored -the mechanical arts from antiquity through the thirteenth century*, Philadelphia, Pa. : American Philosophical Society,1990.

33　*William Hamilton Sewell. Work and revolution in France: the language of labor from the Old Regime to 1848*, New York: Cambridge University Press, 1980：23.

34　（美）纳坦·塔科夫. 为了自由：洛克的教育思想. 邓文正译. 北京：三联书店，2001:384.

35　从这个意义上讲，正如教育哲学家 Joseph James Chambliss 所指出的那样，教育理论从根本上讲是关于道德品行的理论（theory of conduct）。而这一点恰好是传统的教育思想史研究所忽略的。参见 Joseph James Chambliss. *Educational theory as theory of conduct: from Aristotle to Dewey*, New York: State University of New York Press, 1987.

*雅、德性与知识*的结合："通过将文雅融合进知识和德性，'自由'教育方告结束，臻于完满"[36]。

在十八世纪，博雅学科与机械技艺之间的对立依然反映了脑力劳动与体力劳动的分割。所谓博雅技艺，指的是更多地依赖于心灵而非双手的技艺。根据这种标准，绘画、雕塑、建筑这些在中世纪被认为是工匠技艺的技艺在十七、十八世纪的英国获得了 liberal 的地位，成为绅士的才艺。几乎所有十八世纪的英语词典都将绘画、雕塑、建筑列入了博雅技艺（liberal arts）的范畴[37]。

然而，正如笔者在第四章所论述的，这一时期在课程和文化方面表达博雅教育理念更为重要的术语是文雅知识和文雅技艺，据此，博雅教育的标准主要是"社会性的"和"审美性的"，而非认知性的。博雅教育的主要目的在于培养绅士的社会德性，如礼貌、文明、慷慨、宽宏、健谈、开明，等等。

随着礼貌文雅的观念越来越重要，人们逐渐开始更多地从礼貌文雅的角度来定义绅士，也正是在这个时期，文化范式和课程范式从博雅学科（liberal arts）转向文雅艺术或文雅知识，人们更多地用"审美"的标准来看待知识，将那些精深烦琐、脱离常识的科学知识和专业性知识视为文雅知识的对立面。根据文雅的标准，算术、几何、逻辑学、形而上学等"科学化的、哲学化"的知识被排除出文雅知识的范畴。

十八世纪的博雅教育并没有固定的场所。家庭教师、游学、公学、大学，都是接受博雅教育的重要形式。是公共教育更好，还是私人教育更好，这一话题固然炙手可热，但并无定论。不少人都认为，贵族的教育以私人教育（家庭教育）的形式更为可取。[38]

进入十九世纪，随着礼仪社会（polite society）向才智社会（meritocracy）的转型，文雅的观念退居幕后，心智训练学说走向前台。教育的重心从礼仪、德性转向知识，从身体、心灵转向"大脑"。随着荣誉性考试制度的兴起，竞争性的精神开始主导牛桥学生的生活。礼貌谦让、不屑竞争的文雅绅士逐渐让位于不再彼此谦让，为了荣誉而不惜竞争的"读书人"。十九世纪的理

---

36 George Turnbull. *Observations upon liberal education*（1742）Indianapolis, Ind.：Liberty Fund， 2003：314.

37 James Barclay. *A complete and universal English dictionary*，London，1792，等等

38 John Cannon. *Aristocratic century: the peerage of eighteenth-century England*，New York：Cambridge University Press，1984：39.

想人格是具备哲学心智的绅士，而非文雅的绅士。由于知识成为教育的焦点，博雅教育著作的经典内容模式变成了"知识以及知识之间的关系"，最能体现这种经典模式的是威廉·休厄尔和亨利·纽曼的著作。《大学的理念》一书每一章的主题都是知识，这在十七、十八世纪是不可想象的。教育学家依然重视宗教虔诚、绅士德性，但这两大论题一般不再占据主要篇幅。密尔指出，公学和大学的教育是有局限性的，宗教教育和道德教育不在学校的能力范围之内。学校的教育是公共教育，而道德教育、宗教教育属于"私人教育"的范畴，应当由家庭来负责[39]。更引人注目的是，游学、体育娱乐、才艺等传统绅士教育论题几乎在博雅教育著作中销声匿迹了，亨利·纽曼甚至激进地认为击剑、舞蹈、绘画等"才艺"以及其他各种娱乐活动不配享有"教育"的头衔，因为教育"是一个高级的词汇"，只有对理智的培育才是"教育"。"心灵"成为教育和规训的焦点，理智的德性而非道德的德性才是博雅教育的宗旨[40]。

如果说，十八世纪判断一门知识是否符合绅士身份的主要标准是"社会性的"的话，那么，在十九世纪，判断一门学科是否符合绅士身份的标准几乎完全是"认知性的"，换言之，一门知识是否有利于培育理智或训练心智。但是，在哪些知识或学科最有利于培育理智这个问题上，出现了分歧。在威廉·休厄尔看来，古典学和数学是训练心智最有效的手段，而化学还不是成熟的学科，因此不能成为"普通的理智教育"——也即博雅教育——的一部分。威廉·汉密尔顿则针锋相对地指出，数学所训练的官能的数量最少，因此最不具备教育价值。亨利·纽曼认为，历史表明，在训练心智方面，古典学科比近代实验科学更加有效。约翰·密尔认为，大学不应当教授历史学和地理学，因为，"除了记忆力之外，地理学和历史学不能训练任何其他的理智官能"[41]。古典教育的支持者轻蔑地称实验科学为"信息"，毫无心智训练的价值，而近代自然科学的支持者则努力地为自然科学洗脱恶名，为其心智训练的价值辩护。与此同时，现代语言、现代历史、政治经济学等现代学科也

---

39 John Stuart Mill. *Inaugural Address: Delivered to the University of St. Andrews*, London，1867：76.

40 不过纽曼也指出，绅士教育除了绅士学科之外，应该还包括一些符合绅士身份的绅士娱乐活动（liberal pursuits），如板球游戏、猎狐等等。

41 John Stuart Mill. *Inaugural Address: Delivered to the University of St. Andrews*, London，1867：21

逐渐地申张自身的"教育"价值[42]。

十九世纪的绅士教育主要是一种理智的教育，因此这一时代的绅士在生活样式上和十八世纪的绅士大不相同。十八世纪绅士教育的焦点是"礼仪"和"文雅"，十九世纪绅士教育的关注点则是"心智"和"理智"。正如柯亨所注意到的，"到十八世纪晚期的时候，舞蹈和击剑已经被认为是一些无关紧要的才艺。仍然有人认为它们是必要的，但与通过古典教育而获得的可靠的进步相比，它们无疑是次要的"[43]。纽曼三度精神崩溃，密尔在过度的精神劳作之后也陷入长时间的精神衰竭。这些著名的例子生动地说明了教育过度"理智化"所带来的社会后果。与之形成鲜明对照的是，十八世纪牛津大学的教师们也深受精神疾患的困扰，不过，他们所患的是"抑郁症"，而非精神分裂。他们患抑郁症的原因不是由于过度的理智活动，而是由于无所事事，心灵缺乏必要的知识滋养。这两种精神疾患的区别，也正是十八世纪教育和十九世纪教育区别的一个绝妙的注脚[44]。

在十九世纪的英国，博雅教育开始"体制化"和"学校化"，所谓的博雅教育，指的就是博雅学校（包括文法学校、公学）和大学所提供的教育，与商业性学校或专业性学校所提供的商业教育或专业教育相对[45]。对纽曼和其他大学学者来说，博雅教育特别指大学本科教育，也就是获得艺学学士学位所需要接受的教育[46]。这是博雅教育在十九世纪的一个"功能性定义"或制度性定义。博雅教育的制度化是十九世纪的重要特点。十九世纪早期的英国教育家威廉·巴洛指出，"大学和游学是博雅教育的本质性的目标"[47]。由于博雅教育指的是学院的教育，获得艺学学士学位的教育，因此这种教育被认为是一种"通识的教育"，与专业性的教育相对。从十九世纪上半叶开始，博雅教育已经在一定程度上等同于通识教育。

---

42 特别参见 F.W.Farrar. *Essays on a liberal education*, London，1867，该文集最主要的目的是伸张自然科学和现代语言的教育价值, 使之成为 liberal education 的一部分。

43 Michèle Cohen. *Fashioning Masculinity: National Identity and Language in the Eighteenth Century*，Routledge，1996：62.

44 要承认的是，十八世纪和十九世纪的划分是粗略的。

45 参见 F.W.Farrar. *Essays on a liberal education*, London，1867：86.

46 参见 Francis Wayland. *Thoughts on the present collegiate system in the United States*，Boston，1842：102.

47 William Barrow. *An essay on education*，London，1804：Xvii

这种制度化的博雅教育被认为是面向于精英——牧师阶层和贵族士绅阶层——的教育，那些没有生在上层阶级家庭、但拥有天纵之才的"英才"们则可以通过奖学金等赞助性渠道获得接受博雅教育的机会，并通过这种教育跃升为社会精英。公学和大学所传授的古典学和纯数学（如欧几里德几何学）被认为是"符合绅士身份的知识"，而在普通学校所传授的英语、算术、自然科学等知识则被认为是符合中下层阶级身份的知识。由于拉丁语的垄断性地位，一直到十九世纪下半叶，英国的公学和大学甚至都不教授英语。

牛津和剑桥代表了十九世纪博雅教育的两种模式。在牛津模式中，课程模式为高级古典人文学（即古希腊语、古拉丁语加上古希腊罗马经典著作）+初级的代数和几何+逻辑学+神学。在剑桥模式中，课程组合为数学+古典学+神学+道德哲学，其中数学尤其受到重视，其背后的教育学逻辑是，用数学来培养理性，用古典学来培养文学品位。

然而，这种课程模式越来越不能适应培养统治精英的需要。人们希望统治精英们不仅仅是一个"文人"和古典学者，而且应该掌握必要的政治经济学、地理学以及自然科学方面的知识。在这方面，英国的贵族显然并不合格。英国的一份评论说，在英国众议院中，掌握基本的政治经济学知识的议员不足十个。另一份评论指出，在整个英国内阁中，没有一位部长具备起码的自然科学知识。[48]

十九世纪的"古今之争"最终以"今人"的胜利而尘埃落定。作为文艺复兴以来绅士教育之基础的古希腊语和古拉丁语最后被清除出"必修科目"的名单，成为少数专业学者的禁脔。发端于英国的功利主义思想最终在美国修成正果，杜威的实用主义教育哲学成为二十世纪美国的指导思想。

二十世纪以降，教育的"理想人格"和特定的社会阶层脱离了联系，教育的理想人格不再是整个社会中的某些特定阶层，如自由人、中产阶级、绅士、贵族。"绅士"一词所蕴涵的教育学意义逐渐消失不见，"专才"取代绅士、绅士-学者，成为新的教育理想人格。相应地，自然科学和数学知识取代古典语言、古代经典，成为高等教育领域主导性的知识。

不过，英国的绅士-学者或博雅学者的理想人格并没有完全销声匿迹。在本科教育中，"通才"（generalist）、"有教养的人"（an educated man）、人性的

---

48 William Parsons Atkinson. *Classical and Scientific Studies, and the Great Schools of England*, Cambridge, 1865: 55.

人（在成为一个专业人之前，人必须首先成为一个人）取代绅士-学者，成为新的教育理想人格，相应地，人文主义教育学说、通识教育学说取代了十七至十九世纪的博雅教育理论[49]。

由于"通才"、"有教养的人"成为教育的理想人格，知识挑选的原则也在发生变化。一个有教养的人既应当娴熟人文知识，也应当具备一定的科学素养，因此近代实验科学名正言顺地进入了通识教育的课程。肇端于十八世纪、蓬勃于十九世纪的"文学与科学之争"通过制度性的安排，使两种知识类型得以暂时和平共处。由于强调"文理兼通"，美国不少大学的通识教育通常采取人文科学＋社会科学＋自然科学的课程模式。

到二十世纪，"自由"教育的功能性定义变成了"通识教育"，也即大学本科教育中通识性部分的教育。一直到十九世纪中叶，英国大学的本科教育完全是非专业性的教育，这种奢侈的制度性安排在二十世纪的美国或者英国都已经 "不合时宜"。即便是在通识教育改革方面最为激进的赫钦斯时代的芝加哥大学，也只能最多将大学本科四年中的两年时间用于进行通识教育。在制度意涵上，二十世纪美国的"自由"教育已经与十九世纪英国的博雅教育大为不同。

第三节　概念变迁与"博雅"教育观念／实践的革新

在第二节中，我们主要通过"理想人格与知识挑选"的角度来追溯博雅教育思想史的演变，尤其是思想史的"断裂"。在这一节中，我们将主要从"概念变迁"（conceptual transformation 或 conceptual change）的角度来透视博雅教育观念或实践的变化和断裂。

本研究特别关注概念、语汇（vocabulary）、术语在形塑教育思想传统中的作用，注重在一个宽广的*语义场*中理解博雅教育，因此，本研究不仅考察 liberal arts 和 liberal education 这两个概念，也同时考察它们的同义概念、反义

---

49 参考福柯的观察，福柯指出，认为人文主义一直是西方文化重大的、永恒的内容，这"很可能是一种幻影"，因为，"首先，人文主义运动始于19世纪末。其次，只要仔细观察一下16、17、18世纪的文化，我们就会发现在此期间人根本没有任何位置。这期间的文化为上帝、世界、相似的物和空间的法则所占据，当然也少不了肉体、情感和想象。然而人本身完全没有出现"。福柯. 福柯集. 杜小真编选. 上海：上海远东出版社，2003：79.

概念和相关概念，如自由人、绅士、人文学科、文雅知识、文雅教育、工匠技艺、狭隘教育、鄙俗教育、专业教育、通识教育、宗教教育、心灵教育，等等。

概念变迁的形式主要有两种：其一，重新发掘已有的概念，或继续利用现成的概念，但赋予其新的内涵和外延，这种形式可称之为"旧瓶装新酒"；其二，创造新的概念，以表达新的文化意识和文化想象。

在博雅教育思想史中，这两种方式往往同时并存。沿用达两千多年的 liberal sciences、liberal education、studia humanitatis 等概念属于前者；十七、十八世纪的 polite arts、polite learning、belles lettres、humane learning，十八世纪末至十九世纪的 general education、general studies、修养（bildung），二十世纪的 liberating education 则属于后者。

就 liberal education 一词而言，本研究所做的语义学考察表明，在不同的时代，liberal 一词的语义存在微妙的差别。在历史上，当 liberal 和教育或者知识连用时，其语义非常复杂多变。研究指出，在两千多年的历史中，liberal 一词的语义发生了几次革命性的变化：

> 在亚里士多德那里，eleutherios 的基本含义是"适合于自由人的"、"高尚的"，eleutherion epistemon＝自由人的科学＝音乐（包括诗歌、悲剧）、绘画、哲学性学科（读写不包括在内）。

> 在西塞罗那里，liberalis 的基本含义是"符合自由人身份的"、"符合绅士身份的"，artes liberales（ingenuas artes, bonae artes）＝自由人的技艺＝绅士技艺＝文法、修辞、辩证法、算术、几何、法律、道德哲学、自然哲学。

> 在塞涅卡那里，liberalis 的基本含义是"符合于自由人身份的，而且是通识性的"，artes liberales＝自由人技艺＝自由人通识学科（enkuklios paideia）＝非哲学性的学科＝算术、几何、文法、音乐、医学。

> 在中世纪，liberalis 的基本含义仍然是"符合自由人身份的"，但 liberalis 一词和心灵自由相联系，因此具有了"自由的"的语义。此外，artes liberales 成为一个专属名词，专指七艺。因此，artes liberales＝free arts＝文法、修辞、逻辑、算术、几何、天文、音乐。

在十八世纪的英国，liberal 一词具有两个基本的语义维度，其一为博学的、丰富的、全面的；其二为符合绅士身份的，或高雅的（genteel）。liberal arts（liberal knowledge）的概念突破了七艺的狭隘范畴。liberal education=博学的教育（learned education）=高雅的教育（genteel education）。博雅艺术（liberal arts）=高雅艺术（genteel arts）=绅士学者的知识=文法、修辞、逻辑、算术、几何、天文、音乐、医学、形而上学、建筑、绘画、雕塑。

到十九世纪，liberal 一词仍然继承了以上两个基本的语义维度，不过，liberal 一词越来越多地和 general、extensive、large 等词语连用，general education 和 liberal education 逐渐成为同义词。liberal 和 general 成为同义词，这是 liberal 一词在十九世纪所获得的新语义。

十九世纪末至二十世纪初，liberal 一词的语义发生了革命性的断裂：首先，liberal 一词和等级身份脱离了联系，不再蕴含"符合绅士身份的、高雅的"这一层语义；其次，liberal 一词获得了新的语义，即自由的（free）、解放的（liberating）。liberal education=通识教育（general education）=自由教育（liberating education），liberal arts=文理学科=人文科学+社会科学+自然科学。

尽管 liberal 的基本含义是"适合于自由人的"或"适合于绅士的"，但不同的时代，或不同的作家对自由人或绅士的界定是见仁见智的。"博雅学科"涵盖的范围更是变幻不定，在这本"流动的花名册"中，算术、几何、音乐、文法、修辞、逻辑总是名列其中；绘画、雕塑、建筑、医学、诗歌、历史、道德哲学、透视学等学科则时隐时现（详见附录）。

"humanities"一词的历史也同样如此。在西塞罗那里，"人文学"包括哲学、法律、政治、地理学、文法、几何、逻辑、自然哲学、历史、修辞学等多种学科，而到文艺复兴时代，studia humanitatis 一般指文法、修辞、诗歌、历史和道德哲学。到十八世纪，humanities 的含义更加窄化，意指文法学科，一直到 1850 年代，humanities 还指的是希腊语、拉丁语，以及诗歌、历史、雄辩术，humanities 被视为与"哲学和科学"相对的知识分类范畴。到 1900 年的时候，humanities 开始指一系列的"文化学科"，如哲学、文学、历史、艺术，等等[50]。到二十世纪，随着人文主义教育思潮的兴起，有学者开始提倡

---

50 参见 Jon H. Roberts, James Turner. *The sacred and the secular university*, Princeton, N.J.: Princeton University Press, 2000：75

"大人文学科"（humanities）的概念，试图用人文学科的概念涵盖所有人类知识，数学、几何等精密科学重新进入人文学科的范畴。

一般认为，liberal education 即 liberal arts education。例如布鲁斯·金博尔即完全将两者等同。事实上，两者并不完全吻合。例如，到十八世纪，数学和语言科学之间的差异越来越大，于是人们开始寻找可以将两者区分开来的概念，如文雅艺术（polite arts）、人性的知识（humane learning）、人文（humanity）等诸如此类的的概念。这几个出现在十七、十八世纪的概念几乎毫无例外地将数学和自然科学排除在外。对于十八世纪的英国教育史来说，文雅艺术、人性的知识、人文这几个概念比传统的博雅艺术或博雅学科（liberal arts, liberal sciences）来得更加重要，因此也更能突显这一时代的基本教育理念。所谓的博雅教育（liberal education），指的是文雅艺术的教育（polite arts education），或古典教育。在十八世纪，一个娴熟于古希腊文和拉丁文的人，就完全可以宣称他受到了良好的"博雅教育"，即便他几乎对算术、几何一无所知，对乘法运算毫无概念。这个时期所谓的博雅教育，就知识层面而言指的就是古典教育。

值得注意的是，第二种方式，即"创造新的概念，更新传统，以表达新的文化意识和文化想象"往往更能体现博雅教育思想史的变迁，更能反映某个时代教育所面临的独特问题。布鲁斯·金博尔的《雄辩家与哲学家》一书主要从课程史的视角提炼西方两种教育传统：哲学家的传统和雄辩家的传统。在金博尔看来，这两种传统贯穿整个西方教育史，并延续至今。在笔者看来，由于过分强调"连续性"，金博尔未能看到博雅教育思想史的"断裂性"，而正是这种断裂性，才真正反映了教育思想与教育实践的丰富性和特异性。术语和概念的变化往往是社会思想变化的表征。一个新概念的出现，往往标志着新的文化意识的诞生。概念史视角的研究为我们理解这种丰富性和特异性提供一个绝佳的切入口，也就是说，我们可以从新概念的诞生、旧概念的消亡来洞察每一个时代教育思想的特异性。

在十七到十九世纪的英国，所谓博雅教育（liberal education）指的就是绅士教育。在这个时期，高雅的教育（genteel education）、绅士般的教育（gentlemanlike education）、绅士的教育（gentlemanly education）、绅士教育（gentleman's studies）、宽宏的教育（generous education）等家族概念大量流行。

在十八世纪，文雅（politeness）成为文化范式的关键术语，于是文雅艺术（polite arts）、文雅知识（polite learning）、文雅教育（polite education）的概念应运而生，文明、教养等语汇大行其道。对文雅的强调成为十八世纪博雅教育理论最显著的特征。这些概念并非横空出世，它们扎根于历史学家命名为"礼貌社会"、"礼仪社会"的十八世纪英国，而随着"礼仪社会"逐渐退出历史舞台，这些概念也风流云散，一去不返。

性别话语在十八世纪成为文学批评、教育学说的一个重要组成部分。女性教育几乎破天荒地头一次成为教育学著作"关注"的对象。这一时期出现了大量论述女性教育的著作。然而，男性价值仍然彻底压倒了女性价值。判断力和理智被视为男性的特权。"充满男子气概的"（manly）和"女人气的"（effeminate）这两个词如潮水般涌现，前者被视为正面的价值，而后者则贬义十足。与这种两分法对应，文学著作也被划分为"富有男性气概的"和"女人气的"。艾迪生赞扬弥尔顿的作品具有"理性的、充满男子气概的美"，塞缪尔·柯布则认为朗吉努斯表达了"自由、慷慨和充满男子气概的精神"[51]。绅士应当充满男子气概，因此，必须用充满男子气概的著作来教育绅士。惟有了解这个社会文化背景，我们才能理解这一时期新出现的教育学概念，如liberal and manly education[52]、liberal and manly studies、liberal and manly science[53]，才能领会这些概念背后所体现的教育意图。反过来说，通过这些新出现的概念，我们又可以"管中窥豹"，洞察到十八世纪教育领域中"男子气概"和"女人气"（尤其表现在花花公子身上）之间的冲突。

十八世纪还见证了人文科学和自然科学的分裂。这种分裂是"前所未有"的。这种分裂微妙地体现在这一时期的概念当中。首先，正是在十八世纪，arts不再等同于sciences；其次，这一时期流行的新的术语，如文雅艺术、人文学科几乎毫不例外地将数学、几何排除出自身的范畴[54]。

---

51 Runge, Laura L. *Gender and language in British literary criticism, 1660-1790*, Cambridge, U.K.; New York: Cambridge University Press,1997：4.

52 Vicesimus Knox. *Essays, Moral and Literary*, Dublin, 1783：7.

53 Joseph Priestley. *Miscellaneous observations relating to education*,Bath，1778：59.

54 参见 Vicesimus Knox（1752-1821）对 Humanites 一词的解释以及他对代数、几何的批评。Vicesimus Knox. The Works of Vicesimus Knox, D.D.: With a Biographical Preface，Vol.IV.，London，1824：352-353.

　　十八世纪末、十九世纪初，专业教育（professional education）和通识教育（general education）这两个新生的概念悄然兴起，这表明，专业教育与通识教育之间的矛盾开始突显。在欧陆大学、苏格兰大学纷纷向现代大学转型之际，英格兰大学完全致力于非专业教育的学院体制受到广泛质疑，并被迫在十九世纪下半叶做出调整。通识教育在十九世纪已经成为非常流行的教育学概念，并逐渐与博雅教育合流，至二十世纪中期，两者已相互交织，不分彼此。也正是在十九世纪，liberal and extensive education，*narrow* and illiberal education，*confined* and illiberal education 等概念广为流行。这些都说明，博雅教育（liberal education）的语义重心已经从雅（文雅、优雅、高雅）转向"通"和"博"。最有说服力的一个证据是，在十八世纪最受欢迎的英语辞典，即内森·贝利的《通用英语词源辞典》中，liberal arts and sciences 被阐释为"高贵的、高雅的（noble, genteel）艺术和科学"，以及"适合于绅士学者的艺术和科学"，而在十九世纪美国最受欢迎的英语辞典《韦伯斯特英语辞典》中，liberal studies 被阐释为"通识性学科"（general studies），"普遍的文学和科学" [55]。

　　从十七世纪到十九世纪中叶，我们几乎找不到解放教育（liberating education）这样的说法，但在十九世纪末，"解放教育"的说法开始悄然出现，至二十世纪，这个术语开始铺天盖地、无所不在。语汇的变化背后是社会和制度的变迁。在二十世纪，liberal education 已经彻底丧失了和上流社会、绅士阶层、文雅观念之间的联系，民主平等、批判性思维、自由探究精神成为现代教育的基本原则，liberal education 也就自然而然地等同于解放教育（liberating education）、自由教育（free education）。

　　与之类似，在十八世纪的教育论著中，在亨利·纽曼或者威廉·休厄尔那里，我们找不到人文教育（humanistic education）或人性教育（humane education）的术语。在整个十九世纪，这两个术语都非常少见。当然，概念（concept）不完全等同于术语（terms）。不过，humanistic education、humane education 这两个新术语的出现起码表明，人文教育的理念已经形成了自己的词汇表，并运用这些词汇去讨论、表达这个理念，从而使人文教育成为一个具有自我意识的新概念。人文教育或人性教育这两个术语的出现，同样与整个时代的大背景密切相关。到二十世纪，经过两次世界大战的摧残，人们对

---

55 Noah Webster, Chauncey A. Goodrich. *A Dictionary of the English Language, revised and enlarged by Chauncey A. Goodrich.*，London，1852：574.

于科学推动人类无限进步的信心陡然下降，"异化"成为现代人普遍的体验，反对唯科学主义、回归人性成为迫切的要求，正是在这个背景下，人文教育或人性教育的术语普遍流行，并几乎成为 liberal education 的同义词。

一部博雅教育思想史或话语史，也是一部语汇和概念的产生、发展、调整、消亡、复兴……的历史。在古罗马、文艺复兴和十八世纪，good arts 或 good education 的概念频频出现，善的教育（good education）的概念总是与"绅士的教育"（liberal education）形影相随。而在二十世纪，这两个概念几乎彻底在教育学著作中消失了。一起消失的概念还有文雅艺术（polite arts）、文雅知识（polite learning）、高贵艺术（noble arts）、高贵教育（ingenuous education）、宽宏教育（generous education）、高雅教育（genteel education）、善的教育（good education）等等。在二十世纪的教育理论著作中，这些概念几乎再也没有出现过。

概念的翻译本身也能反映不同时代的旨趣差异。事实上，翻译本身并不是完全中立的，翻译的本身就是一种创造性的理解和阐释。例如，文艺复兴时期的学者和现代的学者往往将西塞罗和塞涅卡著作中的"Homine libero"一词翻译为"自由人"（free man），而十八世纪的教育学家维塞斯莫·诺克斯则将这个词翻译为"liberal man"。文艺复兴时期的意大利学者往往将 liberal education 理解为"自由人的教育"，而独尊绅士传统的英国人则将 liberal education 诠释为"绅士的教育"。

又比如，在文艺复兴时期，在十七到十九世纪的英国，在二十世纪的美国，liberal arts 和 humanities 在绝大多数情况下并非同义词。而自二十世纪八十年代以来，很多中国学者都将 liberal arts 译为"人文学科"，或者"文科"。这种创造性的"误译"，显然与二十世纪八十年代以来的人文主义思潮以及人文教育的呼声有着密切的联系。

语言或语汇从来就不是价值中立的。正如我们的概念史考察所表明的，在历史上，博雅教育总是与特权阶层（自由人或绅士）联系在一起的。而在十八世纪，"liberal and manly studies"、"liberal and manly education"等概念更是赤裸裸地反映了 liberal education 观念的"男权中心主义"。

对于 liberal education 的不同理解或者翻译，所反映的不仅仅是"见仁见智"，而且是不同文化传统、思想流派、教育制度、政治制度的差异。在英格兰，liberal education 通常被理解为"符合绅士身份的教育"或者"博雅"的教育，总而言之，反映的是贵族的价值，与绅士脱离不了干系，与古典语言脱离不了干系。而十九世纪苏格兰的一位作家则将 liberal education 理解为"解放心灵、使心灵自由"（liberate, or free the mind）[56]的教育，这种差异绝非偶然。英格兰的大学教育传统是排外的、精英式的，而苏格兰的大学很早就脱离了古典教育的传统，其知识安排和教育制度呈现出"民主"的特点。

作为一个延续了两千多年的概念，我们的确有理由说 liberal education 构成了一种独特的西方教育传统，这就是绅士教育与博雅教育的传统。然而，我们的概念史考察也表明，这个传统并非永恒如斯。相反，它犹如一条流淌的河流，时刻处在变化之中。首先，绅士（gentleman，gentry）的概念不是一成不变的[57]；其次， liberal arts 和 liberal education 这两个概念更是如此。本研究所做的工作，就是力图把握这两个概念的"概念变迁"。

第四节　研究贡献

关于博雅教育思想史，国内外的学者已经做了不少研究，尤以布鲁斯·金博尔和谢尔顿·罗斯布拉特两位学者的著作最为经典。本书试图在前人工作的基础上，有所推进。以下从选题和研究方法两个方面阐明本研究的思路，并从概念史、思想史两个维度提纲挈领地呈现本研究的若干尝试性结论，以供后来者参考或批评。

4.1 选题

目前大陆、港台的学者对通识教育进行了大量的研究，但对通识教育的前身"博雅教育"（liberal education）却缺乏系统、深入的关注，目前中文学界尚无有关博雅教育的专著或博士论文。

由于缺乏对博雅教育思想史的研究，中文学界对博雅教育的历史演变脉络一直存在模糊的认识，具体的困惑包括：①liberal education 所对应的希腊文和拉丁文概念是什么，这些概念是谁最早提出来的？其原初含义是什么？它们的含义和英文中的 liberal education 又有何不同？②英语世界中的 liberal

---

56 John Rutherfurd Russell. *The History and heroes of the art of medicine*，London，1861：477.

57 特别参见 Mark S. Dawson. *Gentility and the Comic Theatre of Late Stuart London*，Cambridge University Press，2005

education 一词最早在什么时候出现？其原初的含义又是什么？③20 世纪美国的 liberal education 概念和之前英国的 liberal education 概念有哪些区别？④liberal education 和 general education 的区别和联系是什么？等等。

不仅如此，关于博雅教育思想史，学界甚至存在一些不大恰当的认识。例如认为古希腊罗马存在"七艺"的教育模式、liberal arts 和 humanities 是同一个概念，等等。

本研究试图填补这一空白，尝试在原始文本的基础上梳理博雅教育的概念史。本书利用了一百多种论述博雅教育的西文原始文献，同时利用了大量西文辞典和著作。

4.2. 研究方法

① 和西方已有的研究不同，本研究侧重于概念变迁的分析。关于博雅教育，西方学者已经从观念史、课程史、社会史等角度做了不少的研究。然而，从概念史的视角出发，着力于把握博雅教育及其相关概念的历史演变的研究，尚属首次。本研究以概念史为方法，对博雅教育思想史中最为核心的两个概念（博雅艺术与博雅教育）及其家族概念（人文学、文雅教育、文雅知识、通识教育、宗教教育、理智教育、博学职业、博学教育、专业教育、绅士、自由人）的内涵、外延及其历史衍变进行了研究。概念史的方法源自德国，但在英美学界一直没有受到足够的关注。本研究从概念史的视角来研究博雅教育思想史，这在国内外学界尚属首次。

② 本研究运用比较语言学的方法，对法语中的"通识文化"（Culture générale）、德语中的"通识性教育"（Allgemeine Bildung）和英语中的"博雅教育"进行了比较分析。

③ 在史料的运用上，对大量辞典的运用是本研究的一大特色，以 18-19 世纪的大量辞典为基础，对 liberal arts 和 liberal education 这两个概念的语义变迁进行了分析。

4.3 研究成果在概念史层面的贡献

在概念史方面，本研究得出了一些新的结论，例如:

① 本研究的第一章论证了亚里士多德的"适合于自由人的科学"（ελενθερίων επιστημωυ, eleutherion epistemon）这一概念是英文 liberal arts 的

希腊起源，并以阿奎那和皮尔·弗杰里奥都的文本为佐证，增强了这一结论的说服力。这一结论反驳了布鲁斯·金博尔（Bruce Kimball）认为 liberal arts 不能追溯至古希腊的观点。

② 关于 enkuklios paideia 与 artes liberales 的关系，西方学者莫衷一是。本研究第二章在对塞涅卡第 88 封书信的细致解读的基础之上，厘清了两者在塞涅卡时代的关系，论证两者在塞涅卡时代是可以通用的，这一结论同样挑战了布鲁斯·金博尔的看法。

③ 澄清了"博雅教育"（liberal education）与"通识教育"（general education）的历史联系，谢尔顿·罗斯布拉特认为，"通识教育"这个词在二十世纪二十年代之后才逐渐开始使用[58]。笔者的研究挑战了这一观点。通过对大量原始材料的挖掘，研究发现，自 1800 年代之后，所谓 liberal education，很大程度上指的就是"非专业的教育"，已经很接近我们今天所理解的"通识教育"。"通识教育"概念出现于 18 世纪末，到 1830-1850 年代在英国成为一个流行的教育学概念。19 世纪博雅教育学说最主要的代言人纽曼、休厄尔、密尔都同时使用"博雅教育"和"通识教育"这两个概念，并用后者来诠释前者。由此表明，博雅教育和通识教育在 19 世纪已经成为同义词。

④ 国内不少学者都将 liberal arts 理解或翻译成"人文学科"（humanities）。本书系统地翻检了这两个概念在大量的 17-20 世纪的辞典、著作中的用法，发现两者在文艺复兴之后一直是一个区别较大的概念，前者涵盖了后者，而后者主要是指与语言相联系的学科。这一结论有利于我们更加准确地理解博雅教育的思想传统。

⑤ 以往的研究往往将博雅教育（liberal education）和博雅学科（liberal studies）相等同。本研究表明，在古希腊罗马时期以及中世纪，博雅学科是在知识或文化层面表达博雅教育的核心概念。而在十八、十九世纪的英格兰，更能体现博雅教育的课程理念和范式的概念是文雅知识和人文学科（humanities 或 literae humaniores）。

⑥ 本书第五章用大量篇幅对纽曼著作中的"liberal knowledge"和"liberal education"概念进行了深入分析。研究不仅对 liberal 一词的语义进行了详尽的分析，而且阐释了这个概念背后的教育学意图。这项工作是前人所

58　Sheldon Rothblatt. *The Living Arts-Comparative and Historical Reflections on Liberal Education*, Association of American Colleges and Universities ，2003：38.

没有做过的。无论是国内学者，还是外国学者（如德莱特·库勒、弗盖里·麦格里斯），都没有对"博雅知识"这个概念进行详尽的语义学分析，例如，库勒指出，博雅知识（liberal knowledge）有两个基本的含义，一为适合于自由人的知识，二为自身"自由"（free）的知识[59]，这一分析失之简单，且不够准确。事实上，纽曼将 liberal 理解为"适合于绅士的"，而不是"适合于自由人的"。德莱特·库勒的理解实际上是 20 世纪美国人的理解，而不是 19 世纪纽曼本人的理解。

⑦ 国内学界通常认为古希腊罗马时代即存在"七艺"的概念，本研究前三章通过对亚里士多德、西塞罗和塞涅卡的解读，指出他们并没有"七艺"的概念，当时的博雅技艺的数量并没有确定。直到奥古斯丁和马尔提努斯·卡佩拉的时代，才形成了我们今天所说的"七艺"的概念。

⑧ 研究指出，在十八世纪，除了"适合于绅士的"语义之外，liberal 还具有"丰富的、博学的"这一层语义，这是已有研究（谢尔顿·罗斯布拉特和布鲁斯·金博尔的研究）所没有注意到的。

⑨ 本书对博雅教育概念进行了历史语义学（historische semantik）的分析。研究大量利用了出版于 17-19 世纪的英文文献，在一手材料的基础上对 liberal 的语义变迁进行了详尽地分析。分析表明，在 17-19 世纪的英国，liberal education 最为基本的两个语义维度是：1. 适合于绅士的（becoming a gentleman），高雅的（genteel）；2. 博学的（learned）、丰富的（bountiful）、通识性的（general）、广博的（extensive）。因此，这一时期的 liberal education 当理解为"博雅教育"。而在 20 世纪的美国，liberal education 中的 liberal 则被理解为"自由的、解放心灵的"，当理解为"自由教育"，两者"名同而实异"。这一结论对于理解西方博雅教育思想的变迁以及澄清概念的混乱具有重要的意义。

4.4. 研究成果在思想史层面的贡献

① 在第一手材料的基础之上，本研究对亚里士多德、西塞罗、塞涅卡、普莱斯特里、诺克斯、纽曼等代表性思想家的文本进行了比较深入的解读，并在博雅教育思想史方面提出了一些新的观点。例如，论文第四章通过对普

---

59 A. Dwight Culler., *The imperial intellect -a study of Newman's educational ideal* , Yale University Press,1955：213-214.

莱斯特里、诺克斯与乔治·特恩布尔的文本解读，发现他们分别代表了非国教派学院、牛津和公学、苏格兰大学这三个教育场所的博雅教育传统。第五章则用对纽曼的"博雅知识"概念进行了非常详尽深入的分析，从绅士、理智训练、心灵教育这几个角度概括了纽曼的博雅教育思想，和已有研究不同，本研究强调指出，纽曼不仅是博雅教育的倡导者，同时也是博雅教育的批判者。和 18 世纪的人文主义者不同，纽曼始终从宗教的视角观照博雅教育的局限性。

在对 20 世纪 "liberal education" 概念的研究中，本书指出了这一时期的博雅教育与自由主义之间的联系。从而论证了这一时期的博雅教育为何被理解为"自由教育"。

② 已有的博雅教育思想史研究过于强调"连续性"，例如，布鲁斯·金博尔认为博雅教育思想存在哲学家和雄辩家的版本，这两种版本之间的冲突一直从古希腊延续至今。秉承福柯的"知识考古学"思路[60]和昆廷·斯金纳对"观念多元性"[61]的强调，本研究注重考察博雅教育思想史中的"断裂性"、"非连续性"和"多元性"、"差异性"，关注博雅教育的"概念变迁"。布鲁斯·金博尔的博雅教育思想史研究是一项"类型学"的研究，本研究的定位则是博雅教育的"概念变迁"。

在非连续性的层面，研究指出博雅教育与博雅学艺的概念一直处于变迁之中，例如，塞涅卡对 artes liberales 的定义已经不同于西塞罗的定义；17 世纪英国的 liberal arts 这一概念则大大突破了中世纪"七艺"的范围。

在差异性与多元性的层面，研究指出，在各个不同的历史时期，博雅教育的观念绝非只有一个版本，而是始终存在相互竞争的、多元性的版本。例如，在古罗马时期是代表雄辩家传统的西塞罗与代表智者传统的塞涅卡；在18 世纪则是分别代表苏格兰启蒙传统、非国教派学院、牛桥古典主义教育的乔治·特恩布尔、普莱斯特里与诺克斯。

③ 本研究试图从"理想人格与知识挑选"和"概念变迁与观念变革"这两条线索出发，系统地梳理整个西方博雅教育思想史的演变。在以往的教育

---

60 米歇尔·福柯.知识考古学.谢 强、马月译. 北京：三联书店，1998
61 斯金纳在批评洛夫乔伊时指出"没有单一观念的历史可供我们书写。我们要撰写的历史应当聚焦于使用这一观念的不同的行动者，他们身处的不同情境，以及使用观念时的不同意图。"

思想史研究中，研究的主体往往是课程、知识、观念、制度，人的形象反而被遮蔽了。本研究对博雅教育思想史上不同历史时期的理想人格——亚里士多德的"真正自由人"、西塞罗的"雄辩家"、十八世纪的文雅绅士、纽曼的"哲学绅士"——进行了研究，试图从理想人格的变迁来把握博雅教育思想的变迁。

④ 研究指出，博雅教育代表了西方的绅士教育传统，这一传统与中国古代的君子教育有相通之处。这一结论的得出，有利于我们从比较的视野去认识西方博雅教育传统和中国君子教育传统。在此基础上，未来的研究者可以开展一些比较研究。

第五节 实践意涵

本研究的主题是从概念史的视角透视近代英国博雅教育思想，并追溯这种思想的古典渊源。研究指出，不管是亚里士多德的审议性公民的教育，还是西塞罗的雄辩家教育，抑或是十八、十九世纪的英国博雅教育，都强调教育必须建立在"博"与"通"的基础之上。他们所提出的教育思想，可视为"古典的通识教育"概念。至少从 1800 年开始，通识教育的概念就已经广为流行，并逐渐与博雅教育合流。从历史的传承关系而言，本论题的研究对象博雅教育（liberal education）实乃当今中国教育界所推行的"通识教育"理念的"前身"，就从实质内涵而言，两者也是相通的，均强调"博"与"通"的价值。本研究的切入点是"理想人格和知识挑选"之间的关系，另外，研究还讨论了英国博雅教育与英国学院制度、专门职业之间的关系。有鉴于此，笔者拟从培养目标（即理想人格）、课程模式（即知识挑选）、制度安排、大学与专门职业这四个方面提出本研究的实践意涵：

一、通识教育应当有明确的人才培养目标。正如本研究所一直强调的那样，人才培养目标（理想人格）决定了课程知识的选择。在古希腊罗马，博雅教育的培养目标是参与政治的生来自由人（一般来说，只有生来自由人才能竞逐政治公职），因此博雅教育以政治知识（雄辩术）为中心。在 18-19 世纪的英国，公学-牛桥所代表的博雅教育，其培养目标是绅士-学者，古典知识的教养决定了他们的社会地位，并成为进入博雅职业的先决条件，因此教育以古典知识为中心。和传统大学不同，当今的中国大学是一个高度分化的层级结构，不同类型的大学应当有不同的人才培养目标，并据此选择课程方案。

　　二、通识教育应当有自己的核心课程模式。我们的历史研究表明，在历史上，尽管推崇"博"的价值，但博雅教育或通识教育的课程是围绕某一门核心学问或者某一种知识组合而组织起来的。在亚里士多德那里，核心学问为音乐（包括诗歌、悲剧），知识组合为"自由人科学"；在古罗马，核心学问是雄辩术，知识组合为"自由人技艺"；在中世纪，核心学问为逻辑学，知识组合为七艺；在十八世纪的英格兰，其核心学问为古典文学，知识组合为文雅知识（polite learning）；在十九世纪上半叶的牛津，核心学问为古典人文学，知识组合为神学+逻辑学+古典人文学（Literae Humaniores）；在十九世纪上半叶的剑桥，核心学问为数学和古典学，知识组合为神学+数学+古典学科+形而上学[62]和道德哲学。接受通识教育试验的北京大学元培班的同学们也普遍反映，通识教育应当有自己的核心课程和专门的培养模式，他们指出，应该关注"共通"的东西。或者说，应该有自己的"培养模式"，要"限制一个范围"，因为"太自由，你就培养不出你想培养的人"[63]。在实施通识教育的过程中，如何探索并形成自己的核心课程，这是中国大学所面临的最为迫切的任务。

　　三、应当理顺大学和专门职业之间的关系。就起源而言，西方大学的兴起与专业教育密切相连。如大学史权威学者拉什戴尔所论，中世纪大学建立的目的就是为了培养学生成为博学职业（律师、医生、牧师）的从业者[64]。文艺复兴后，英国大学逐渐转变成以博雅教育为主的学院式大学，其教学反映出强烈的反专业色彩，但即便如此，大学和博学职业或博雅职业（liberal professions 或 genteel professions）之间的联系也没有被切断。相反，牛桥的毕业生几乎垄断了博雅职业（牧师、律师、医生）。美国的情况也是如此，博雅教育与博雅职业之间的联系是非常紧密的。例如，耶鲁大学 1849 年毕业的 94 位学生当中，大多数学生从事的是博雅职业，其中 35 人成为律师，25 人继续学习神学，7 人进入医学院，只有 9 人从事工商业[65]。大学的历史昭示我们，

62　这里所说的形而上学其实指的是心智哲学。

63　沈文钦.元培学生对通识教育的理解[A] 陈向明等. 大学通识教育模式的探索：以北京大学元培计划为例[M] 北京：教育科学出版社，2008

64　Sheldon Rothblatt. *The Modern University and its Discontents*，Cambridge University Press 1997：51.

65　Timothy Dwight. *Memories of Yale Life and Men, 1845-1899,* Goemaere Press, 2007：61

大学一旦丧失和专门职业之间的血脉联系，最终将失去发展的活力和生机。现代大学的任务是培养"具备通识的专才"，而不是单纯的"通才"，对此，要有清醒的认识。

四、通识教育要求具备与之相配的教育结构和制度安排。如前所述，18世纪至 19 世纪 50 年代英国的博雅教育实践是与牛桥独一无二的学院体制联系在一起的。这种独特的学院体制排斥一切专业性的教育，并将法律、医学、工程师等专门职业的教育留给律师会馆、医院、行会等机构。在当时的英国大学中，整整四年的大学教育都属于所谓的博雅教育。美国的通识教育运动之所以此起彼伏，也与其制度基础有关，美国所独有的精英文理学院，及其将医学、法学教育延至研究生阶段的制度安排，都为通识教育的施行提供了非常牢固的制度支撑。而在当前的中国，所有类似的制度支持并不存在。因此，中国大学欲推行通识教育，必须提供相关的制度保障，如王义遒先生所说的"建立独立的教师队伍"、甘阳先生所说的"助教制度"都是较为切实可行的建议[66]。只有从制度建设上入手，通识教育的推行才有稳固的保障。

---

66 李曼丽. 中国大学通识教育理念及制度的构建反思：1995～2005[J]北京大学教育
　　评论，2006（3）：86-99.

参考文献

说明：若非特别说明，出版年份在 1600-1900 年间的著作均为电子扫描版文本，源自 www.scholar.google.com。

liberal education 思想史的一手文献（按作品年代排序）

1. （古希腊）柏拉图.理想国.郭斌和、张竹明译.北京：商务印书馆，2002

2. （古希腊）柏拉图. 柏拉图全集. 王晓朝译. 北京：人民出版社，2002.

3. （古希腊）柏拉图. 柏拉图对话集.王太庆译. 北京：商务印书馆，2004.

4. （古希腊）柏拉图.法律篇. 张智仁、何勤华译.上海：上海人民出版社，2002.

5. （古希腊）柏拉图全集第一卷·高尔吉亚篇.王晓朝译.北京：人民出版社，2002.

6. Hubbard, B. A. F. *Plato's Protagoras: a Socratic commentary*, Chicago: University of Chicago Press, 1984, c1982.

7. Plato. Timaeus. *Critias. Cleitophon. Menexenus. Epistles*, Cambridge, Mass. : Harvard University Press, 1914-1937.

8. Xenophon. *Cyropaedia*, Cambridge, Mass.: Harvard University Press; London: William Heinemann, 1914.

9. Xenophon. *The Oeconomicus*, Cambridge [Eng.]: The University Press, 1925.

10. Xenophon. *The education of Cyrus*, London: J.M. Dent & Sons, Ltd. ; New York : E.P. Dutton & Co., 1914.

11. Xenophon. *The education of Cyrus*, Wayne Ambler 译. Cornell University Press，2001.

12. Xenophon. *Memorabilia*, translated and annotated by Amy L. Bonnette. Ithaca: Cornell University Press, 1994.

13. （古希腊）色诺芬. 经济论、雅典的收入. 张伯健、陆大年译. 北京：商务印书馆，1961.

14. （古希腊）亚里士多德.尼各马可伦理学. 廖申白译注. 北京:商务印书馆，2003.

15. （古希腊）亚里士多德.政治学. 颜一、秦典华译.北京：中国人民出版社，2003.

16. （古希腊）亚里士多德.政治学.吴寿彭译.北京：商务印刷馆，2007.

17. （古希腊）亚里士多德（第七卷）－形而上学. 苗力田译.北京：中国人民大学出版，1993.

18. （古希腊） 亚里士多德. 修辞术－亚历山大修辞学－论诗. 颜一、崔延强译. 北京:中国人民大学出版社，2003.

19. Aristotle. *Politics*. Cambridge, Mass.: Harvard University Press，1998.

20. Aristotle. *The Metaphysics*. Cambridge, Mass.: Harvard University Press; London: W. Heinemann, ltd, 1933-35.

21. Aristotle. *The Metaphysics: Volume I*, Cambridge: Harvard University Press：1933.

22. Aristotle. *Aristotle's Metaphysics*, Oxford : Clarendon Press, 1924.

23. Aristotle. *Parts of animals*, Cambridge, Mass.: Harvard university press; London: W. Heinemann, ltd, 1961.

24. Aristotle. *Aristotle's Politics*,Translated by Benjamin Jowett;With an introduction by Max Lerner .New York: The Modern library, 1943.

25. Aristotle. *The art of rhetoric* , Cambridge, Mass.: Harvard University Press; London: William Heinemann, 1926.

26. Aristotle. *The nicomachean ethics*, Cambridge, Mass. : Harvard University Press,1947.

27. Aristotle. *Nicomachean Ethics*, Translated, with Introduction, Notes, and Glossary, by Terence Irwin. Hackett Publishing, 1999.

28. Posidonius（前 135 年-前 51 年）. Posidonius: v. 2. The commentary. I. Testimonia and fragments 1-149. II. Fragments 150-293，Cambridge; New York: Cambridge University Press, 2004.

29. Cicero, Marcus Tullius. *De Oratore（v.1）*Cambridge, Mass. : Harvard University Press, 1942.

30. Cicero. *Tusculan disputations*, Cambridge, Mass. : Harvard University Press，1945.

31. Cicero, Marcus Tullius. *De re publica; De legibus* , London; W. Heineman; New York: G.P. Putnam's Sons, 1928.

32. Cicero, Marcus Tullius. Pro Archia poeta; Post reditum in Senatu; Post reditum ad quirites; De domo sua; De haruspicum responsis; Pro Plancio , Cambridge, Mass. : Harvard University Press ; London : W. Heinemann,1979.

33. Cicero, Marcus Tullius. *De natura deorum; Academica*, London : W. Heinemann, ltd.; New York: G.P. Putnam's sons, 1933.

34. Cicero, Marcus Tullius. De Oratore: in two volumes（v.2）with de fato, paradoxa stoicorum, de partitione oratoria，Cambridge, Mass. : Harvard University Press, 1942.

35. Cicero, Marcus Tullius. *De officiis*, London: Heinemann; New York: Putnam, 1913.

36. Cicero, Marcus Tullius. *Brutus*, Cambridge, Mass: Harvard University Press, 1962.

37. Cicero, Marcus Tullius.. *Brutus , Orator*, Cambridge, Mass : Harvard University Press, 1962.

38. Cicero, Marcus Tullius. *De inventione ; De optimo genere oratorum ; Topica*, Cambridge, Mass. : Harvard University Press; London: William Heinemann 1949.

39. Cicero, Marcus Tullius. *De finibus bonorum et malorum*, Cambridge, Mass.: Harvard University Press, [1994], 1931.

40. Cicero. *Epistulae*，Oxford University Press，1982.

41. （古罗马）西塞罗 论义务 王焕生译. 北京：中国政法大学出版社，1999.

42. （古罗马）西塞罗. 论老年-论友谊-论责任. 徐奕春译. 北京：商务印书馆，2003.

43. （古罗马）西塞罗. 论至善和至恶. 石敏敏译. 北京：中国社会科学出版社，2005.

44. （古罗马）西塞罗.论共和国. 王焕生译.上海：上海人民出版社，2006.

45. （古罗马）西塞罗.论演说家. 北京：中国政法大学出版社，2003.

46. （古罗马）西塞罗. 国家篇-法律篇. 沈叔平、苏力译.北京：商务印书馆，1999.

47. （古罗马）维特鲁威.建筑十书. 高覆泰译. 北京：中国建筑工业出版社，1986.

48. Horace. *The Satires and Epistles of Horace Done Into English, with Notes* , London，1712.

49. （古罗马）塞涅卡. 幸福而短促的人生：塞涅卡道德书简.赵又春、张建军译.上海：三联书店，1989.

50. （古罗马）塞涅卡. 强者的温柔：塞涅卡伦理文选.北京：中国社会科学出版社，2005.

51. Seneca. *Seneca in ten volumes*, London, W. Heinemann; Cambridge, Mass., Harvard University Press, 1971-1972.

52. Seneca. *Ad Lucilium epistulae morales*, Oxonii: E. Typographeo Clarendoniano, 1965.

53. Seneca *Ad Lucilium epistulae morales*, The Leob Classical Library, London: W. Heinemann, 1918-1925.

54. Seneca. *Letters from a Stoic.* Harmondsworth: Penguin, 1969.

55. Suetonius（公元 69-122）*Lives of the Caesars.* Cambridge, Mass. : Harvard University Press, 1997-1998.

56. （古罗马）昆体良.昆体良教育论著选.任钟印译. 北京：人民教育出版社，2001.

57. Quintilian. *The orator's education*, Cambridge, Mass.: Harvard University Press, 2001.

58. （古罗马)塔西佗.关于雄辩术的对话. 载于任钟印选译. 昆体良教育论著选.北京：人民教育出版社，2001:234-242.

59. （古罗马）塔西佗. 阿古利可拉传、日耳曼尼亚志. 马雍、傅正元译. 北京：商务印书馆，1959.

60. Tacitus. *A dialogue on oratory*. In *The complete works of Tacitus*,New York : The Modern Library, 1942.

61. Tacitus, Cornelius .*Dialogus, Agricola, Germania*, London, W. Heinemann; New York, G. P. Putnam's Sons, 1920.

62. Gellius, Aulus. *The Attic nights of Aulus Gellius*, London : W. Heinemann; New York: Putnam's Sons, 1927.

63. （古罗马）奥古斯丁.忏悔录. 周士良译. 北京:商务印书馆，1963.

64. （古罗马)奥古斯丁.论基督教教义. 载于 奥古斯丁.论灵魂及其起源. 石敏敏译. 北京：中国社会科学出版社，2004：1-181.

65. Cassiodorus, Senator. *Cassiodorus: Institutions of divine and secular learning, and On the soul*, JW Halporn 译, M Vessey 导言. Liverpool University Press：2004.

66. Isidore of Seville. *The etymologies of Isidore of Seville* ,Stephen A. Barney 等译. Cambridge: Cambridge University Press, 2006.

67. Hugh of St. Victor（1096-1141）. *The Didascalicon of Hugh of St. Victor: a medieval guide to the arts*. New York，Columbia University Press：1991.

68. 吴元训选编. 中世纪教育文选.北京：人民教育出版社，2005.

69. John of Salisbury（1115-1180）. *The metalogicon-a twelfth-century defense of the verbal and logical arts of the trivium*, Berkeley：University of California Press，1962.

70. （意）波纳文图拉（1217-1274）.论学艺向神学的回归.载于博纳文图拉.中世纪的心灵之旅.溥林译.北京：华夏出版社，2003：152-161.

71. St. Thomas Aquinas. 亚里士多德形上学注.孙振青译. 台北：明文书局股份有限公司，1991.

72. Aquinas, Sait. *Basic wrings of Saint Thomas Aquinas* .China social sciences publishing house 1999.

73. Coluccio Salutati（1331-1406）.*Letter in Denfense of Liberal Studies*. in Werner Gundersheimer.*The Italian Renaissance* ,Toronto: University of Toronto Press, c1993 13-24.

74. Pier Paolo Vergerio（1370-）. *The character and studies befitting a free-born youth（De ingenuis moribus et liberalibus studiis adulescentiae.）*. in Kallendorf, Craig. Humanist educational treatises.Cambridge, Mass.: Harvard University Press, 2002.

75. Pier Paolo Vergerio（1370-）. *The character and studies befitting a free-born youth（De ingenuis moribus et liberalibus studiis adulescentiae.）*. in Woodward, William Harrison. *Vittorino da Feltre and other humanist educators* .Cambridge: Cambridge University Press, c1897：96-118.

76. Sylvius Aeneas(1405-1464).De liberorum educatione. In Woodward, William Harrison. *Vittorino da Feltre and other humanist educators* , Cambridge: Cambridge University Press, c1897：134-158.

77. Erasmus. *Declaratio de pueris statim ac liberaliter Instituendis.* 1526.

78. Castiglione(1478-1529). *The book of the courtier*(1531) ,New York: W.W. Norton & Co., 2002.

79. Sir Thomas Elyot(1490-1546). *The boke named the governour*, London: J.M. Dent & Co.; New York: E.P. Dutton & Co., 1907.

80. Philipp Melanchthon（1497-1560）. *De artibus liberalis*（1517）*Corpus Reformatorum*（hereafter *CR*）, ed. C. G. Bretschneider （Halle, 1834-60）, XI, cols. 10-12.

81. Melanchthon, Philipp. *Philip Melanchthon : orations on philosophy and education*,Cambridge, U.K.; New York: Cambridge University Press, 1999. Roger Ascham（1515-1568）. *The Schoolmaster*,London，1711.

82. James Cleland. *Institution of a Young Nobleman.*（1607）Thoemmes Press Bristol, England，1994.

83. Henry Peacham. *Compleat Gentleman*(1622). Oxford：The Clarendon Press, 1906.

84. Richard Brathwaite. *English Gentleman.* 1630.

85. William Higford. *Institution of a Gentleman*. London，1658.

86. Obadiah Walker. *Of Education Especially of Young Gentlemen*. London, 1673.

87. John Locke. *Some thoughts concerning education*（1693）.Oxford: Clarendon Press; New York: Oxford University Press, 1989.

88. （意）维柯.论人文教育.王楠译.上海：上海三联书店，2007.

89. Henry Curson, *The Theory of Sciences Illustrated; or the Grounds and Principles of the Seven Liberal Arts* .London, 1702.

90. Lewis Maidwell. *An Essay Upon the Necessity and Excellency of Education*, London，1705.

91. Shaftesbury, Anthony Ashley Cooper（1671-1713）. *Characteristics of men, manners, opinions, times*, Cambridge, UK; New York: Cambridge University Press, 1999.

92. John Graile. *An essay of particular advice to the young gentry*, London，1711.

93. Henry Felton. *A dissertation on reading the classics*, London，1718.

94. William King（1685-1763）. *Political and Literary Anecdotes of His Own Times*，London，1819, second edition.

95. （英）乔舒亚·雷诺兹. 皇家美术学院十五讲. 上海：上海人民出版社，2007.

96. John Clarke. *An Essay Upon Study* .London，1731.

97. Richard Newton. *University Education: Or, An Explication and Amendment of the Statute*，London: 1726, Reprinted 1733.

98. Anthony Blackwall. An Introduction to the Classics，London：1737.

99. George Turnbull. *Observations upon liberal education*（1742）, Indianapolis, Ind.：Liberty Fund，2003.

100. （英）休谟.道德原则研究.北京：商务印书馆，2001.

101. Denis Diderot. *A Diderot pictorial encyclopedia of trades and industry: manufacturing and the technical arts in plates selected from "L'Encyclopedie, ou Dictionnaire raisonne des sciences, des arts et des metiers" of Denis Diderot*, New York: Dover, 1959.

102. Oliver Goldsmith（1730-1774）. "An enquiry into the present state of polite learning in Europe". In *Collected works of Oliver Goldsmith*, Oxford：Clarendon Press, c 1966.

103. Thomas Sheridan. *British Education: Or, the Source of the Disorders of Great Britain* , Dublin，1756.

104. Gilbert Burnet. *Thoughts on Education*. By the Late Bishop Burnet. Now first printed from an original Manuscript. London：1761.

105. Priestley, Joseph.: 1765, *An Essay on a course of Liberal Education for Civil and Active Life*, London （Reprint: London: Routledge/Thoemmes Press 1992）.

106. Lewis Lochée. *An Essay on Military Education*, London，1776.

107. Joseph Priestley. *The Rudiments of English Grammar: Adapted to the Use of Schools* , London, 1772.

108. Joseph Priestly. *Miscellaneous observations relating to education*, 1778.

109. Joseph Priestley. *A Reply to the Animadversions on the History of the Corruptions of Christianity* , Birmingham，1783.

110. Joseph Priestley. *Lectures on History and General Policy: to Which is prefixed, An Essay on a Course of Liberal Education* , Dublin，1791.

111. Joseph Priestley. Hints concerning public education. In Gilbert Chinard, *The Correspondence of Jefferson and du Pont de Nemours*. Ayer Publishing，1971：16-18.

112. Peter Williams. *Letters Concerning Education. Addressed to a Gentleman Entering at the University,* London，1785.

113. Thomas Sheridan. *A Plan of education for the young nobility and gentry of Great Britain: 1769 Edition.* ,Thoemmes Press, 1996.

114. Joshua Reynolds. *Seven Discourses Delivered in the Royal Academy*, London，1778.

115. Vicesimus Knox. *Liberal Education: Or, a Practical Treatise on the Methods of Acquiring Useful and Polite Learning.* （London: Charles Dilly, 1785）卷二，第七版.

116. Vicesimus Knox. *Liberal Education: Or, a Practical Treatise on the Methods of Acquiring Useful and Polite Learning.* （London: Charles Dilly, 1785）卷一，第七版.

117. Vicesimus Knox, *Winter Evenings: Or Lucubrations on Life and Letters Vol.2*, New York，1805

118. Roy J. Honeywell. *The Educational works of Thomas Jefferson*, Cambridge，1931.

119. Benjamin Rush .*An Inquiry into the Inutility of a Knowledge of the Latin and Greek Languages, as a branch of Liberal Education, with Hints of a Plan of Liberal Instruction, without them*, Edinburgh Magazine, 10:60 （1789:Dec.）p.378.

120. Samuel Knox. *An Essay on the Best System of Liberal Education*, Philadelphia, 1799.

121. Philip Dormer Stanhope. *Principles of politeness, and of knowing the world*, Dublin, 1790.

122. John Burton. *Lectures on Female Education and Manners*, Dublin, 1794.

123. John Clarke. *Letters to a student in the University of Cambridge, Massachusetts*, Boston:1796.

124. Philip Dormer Stanhope Chesterfield. *Letters written by the late right honorable Philip Dormer Stanhope, earl of Chesterfield : to his son, Philip Stanhope*, London，1800.

125. Earl of Chesterfield. *Elements of a Polite Education: Carefully Selected from the Letters of the Late Right Honorable Phillip Dormer Stanhope, Earl of Chesterfield, To His Son*, Edited by George Gregory. Boston，1801.

126. Henry Kett. *Elements of General Knowledge: Introductory to Useful Books in the Principal Branches of Literature and Science*, London：1803.

127. William Barrow. *An essay on education*, London, 1804.

128. William Pitt. *Letters Written by the Late Earl of Chatham to His Nephew Thomas Pitt*, London, 1804.

129. Benjamin Rush. "Observations Upon the Study of The Latin and Greek Languages, As a Branch of Liberal Education, with Hints of a Plan of Liberal Instruction, Without Them, Accommodated to the Present State of Society, Manners, And Government in the United States" (1789) in Benjamin Rush. *Essays, Literary, Moral and Philosophical*, Philadelphia: Printed by Thomas and William Bradford, no. 8, south Front Street：1806，：21-50.

130. Thomas Hodson. *The Accomplished Tutor; Or, Complete System of Liberal Education*, London，1806.

131. David Hume. *Essays and Treatises on Several Subjects*, Edinburgh：1809.

132. Richard Lovell Edgeworth. *Essays on Professional Education*, London: Printed for J. Johnson and Co. St. Paul's Church-Yard，1809.

133. Richard Lovell Edgeworth. *Essays on Professional Education*, London: Printed for J. Johnson and Co. St. Paul's Churchyard, 1812 （Second Edition）.

134. John Walker. （1768-1833） *An Essay on the Following Prize-question Proposed by the Royal Irish Academy*, Dublin, 1812.

135. Edward Copleston. *A Reply to the Calumnies of the Edinburgh Review Against Oxford*, 1810.

136. Michael Russell. *View of the System of Education at Present Pursued in the Schools and Universities of Scotland.* Edinburgh，1813.

137. Thomas M'Culloch. *The Nature and Uses of a Liberal Education Illustrated*, Halifax:A.H.Holiand,Printer，1819.

138. Noah Webster（1758-1843）. *Letters to a Young Gentleman Commencing His Education*, 1823.

139. Benjamin Silliman. *An Introductory Lecture, Delivered in the Laboratory of Yale College*, New Haven，1828.

140. Jeremiah Day and James Kingsley. *Reports on the Course of Instruction in Yale College by a Committee of the Corporation and the Academical Faculty* .New Haven：1828.

141. William Sewell. *The Attack Upon the University of Oxford: In a Letter to Earl Grey*, London, 1834.

142. Sedgwick, Adam. *A discourse on the studies of the university, and, Professor Sedgwick's discourse on the studies of the University of Cambridge*, Cambridge, 1835.

143. Charles Caldwell, Robert Cox. *Thoughts on Physical Education；And on the Study of the Greek and Latin Languages*. Edinburgh，1836.

144. William Whewell. *Thought on the Study of Mathematics as Part of a Liberal Education*, Cambridge, 1835.

145. John Snelling Popkin. *Three Lectures on Liberal Education*, Cambridge: Folsom, Wells, and Thurston，1836.

146. William Whewell, *On the principles of English university education*（1837）London, England: Routledge/Thoemmes Press, 1994.

147. William Whewell. *Of a Liberal Education in General; and with Particular Reference to the leading studies of the University of Cambridge.* ,London，1850.

148. William Whewell. *The Philosophy of the Inductive Sciences*,Vol.2, London，1847.

149. Gulian Crommelin Verplanck（1786-1870）. *The Right Moral Influence and Use of Liberal Studies*, New York: Published by J. &J.Harper. 1838.

150. Robert Simson. *The parent's guide to a liberal and comprehensive education*, London: J.Duncan, Paternoster Row，1838.

151. Henry Malden, *On the introduction of the natural sciences into general education. A Lecture, Delivered at the Commencement of the session of the Faculty of Arts, in University College, London, October 15 1838*. London：1838.

152. John Davison. "Review of Edgeworth on Professional Education"（1811）in *Remains and occasional publications*，Oxford，1841：407-457.

153. Francis Wayland. *Thoughts on the present collegiate system in the United States*, 1842.

154. Edward Hitchcock. *The highest use of learning, an address delivered at his inauguration to the Presidency of Amherst College*. Amherst, 1845.

154. Joseph Henry Green. *Mental Dynamics; Or, Groundwork of a Professional Education*, 1847.

155. Edward Arthur Litton. *University Reform: A Letter to Lord John Russell*, London, 1850.

156. Francis Wayland. *Report to the Corporation, on changes in the system of Collegiate Education*. Providenge：1850.

157. Henry Philip Tappan. *University Education*, New York，1851.

158. John Henry Newman. *Parochial Sermons*, New York，1843.

159. Newman, John Henry. *The idea of a university defined and illustrated*, London, England: Routledge/Thoemmes Press, 1994：262.

160. Newman, John Henry. *Discourses on the scope and nature of university education: addressed to the Catholics of Dublin, Dubuque*, Iowa: Reprint Library, 1852.

161. Newman, John Henry. *Historical sketches（v.3）*,London: Longmans, Green and Co., 1906-1909.

162. John Henry Newman. *Office and Work of Universities*, London: Longman, Brown, Green, and Longmans，1856.

163. John Henry Newman. *The Scope and Nature of University Education*, London: Longman, Green,Longman and Roberts，1859.

164. （英）约翰·亨利·纽曼. 大学的理念.高师宁等译. 贵阳：贵州教育出版社，2003.

165. （英）约翰·亨利·纽曼. 纽曼选集.香港：基督教文艺出版社，1991.

166. Basil Manly（1798-1868）. *Report on Collegiate Education，Made to the Trustees of the University of Alabama*. Tuskaloosa，1852.

167. Hamilton, William（1788-1856）. *Discussions on philosophy and literature, education and university reform : chiefly from the Edinburgh review*, New York，1853.

168. John William Donaldson. *Classical Scholarship and Classical Learning, Considered with especial reference to competitive tests and university teaching: A practical essay on liberal Education*，Cambridge：1856.

169. Thomas Hill（1818-1891）. *Liberal Education: An Address Delivered Before the Phi Beta Kappa Society of Harvard College*, Cambridge: Published by John Bartlett，1858.

170. William Francis Wilkinson. *Education, elementary and liberal*, London, 1862.

171. William Parsons Atkinson. *Classical and Scientific Studies, and the Great Schools of England*, Cambridge, 1865.

172. William Parsons Atkinson. The Liberal Education of the Nineteenth Century. *The Popular Science Monthly*. VoL.IV.1873: 1-26.

173. John Stuart Mill. *Dissertations and Discussions:Political,Philosophical, and Historical*, London, 1859.

174. John Rutherfurd Russell. "A Liberal Education Defined", in John Rutherfurd Russell. *The History and heroes of the art of medicine*, London, 1861. 475-479.

175. William Francis Wilkinson. *Education, elementary and liberal*, London, 1862.

176. Mark Hopkins. *Baccalaureate Sermons, and Occasional Discourses.* Boston: 1862.

177. Samuel Chew. *Lectures on Medical Education: Or on the Proper Method of Studying Medicine*, Philadelphia: 1864.

178.John Stuart Mill. *Inaugural address delivered to the University of St. Andrews,* London: Routledge/Thoemmes Press, 1867, 1994.

179. John Stuart Mill. Inaugural Address: Delivered to the University of St. Andrews, Feb. 1st, 1867, London, 1867.

180. F.W.Farrar. *Essays on a liberal education.* , London, 1867.

181. J.M.Wilson.*Essays on a Liberal Education.*, London, 1867.

182. Hawtrey, Rev.S. *A Narrative-Essay on a Liberal Education : Chiefly Embodied in the Account of an Attempt to Give a Liberal Education to Children of the Working Classes.* London, Hamilton, Adams:1868.

183. Thomas Huxley. A liberal education; and where to find it（1868）. Science & education : Essays , London: Macmillan, 1893.

184. Mark Pattison（1868）. Suggestions on Academical Organisation with Especial Reference to Oxford , Ayer Co Pub, 1977.

185. Porter, Noah（1811-1892）. *The American colleges and the American public* （1870）. New York: Arno Press, 1969.

186. Morgan, H.A. *The Mathematical Tripos: An Enquiry into its influence on a Liberal Education.* London, Oxford and Cambridge, 1871.

187. Franklin Harvey Head. *What Is a Liberal Education: An Address* .1883.

188. Mark Pattison. *Essays by the late Mark Pattison*, Oxford: Clarendon Press, 1889.

189. David Jayne Hill. *The American College in Relation to Liberal Education: The inaugural address of President David J. Hill : read before the alumni and friends of the University of Rochester*, June 19, 1889.

190. Gilman, Daniel Coit. *University problems in the United States* （1898）. Adamant Media Corporation，2001.

191. George Trumbull Ladd（1842-1921）. *Essays on the Higher Education*（1899） Kessinger Publishing，2008.

192. Arthur Twining Hadley. *Education of the American Citizen*. Ayer Publishing, 1989（1901）.

193. Charles William Eliot. What is a Liberal Education（1884）.in Charles William Eliot（1901） .Educational reform: Essays and addresses. New York:The Century Co,pp.89-122.

194. Charles William Eliot. The New Definition of the Cultivated Man（1903） Joseph Bunn Heidler. *College Years: Essays of College Life* （1933）. Heidler Press，2007：97-112.

195. Andrew West. *Short Papers on Liberal Education* .New York：Charles Scribner's Sons, 1907.

196. Charles William Super（1842-1939） .*A liberal education : with an appendix containing a list of five hundred best books* .Syracuse, N.Y. : C.W. Bardeen, 1907.

197. Francis W. Kelsey. *Latin and Greek in American education*. Macmillan & Co. 1911.

198. Hibben John Grier. *The Essentials of Liberal Education: The Inaugural Address*（1912）.

199. （美）欧文·白璧德. 文学与美国的大学.张沛、张源译. 北京：北京大学出版社，2004.

200. James Bryce, *University and Historical Addresses*（1913）. Ayer Publishing：1977.

201 Charles F. Thwing . Prospects of Liberal Education After the Great War （1918）. in *American society: interpretations of educational and other forces* .Books for Libraries Press, 1970：121-144.

202. Meiklejohn, Alexander. *The liberal college*.Boston: Marshall Jones, 1920.

203. Henry Wriston. *The Liberal Arts College* . Appleton, Wisconsin: Lawrence College, 1934.

204. Theodore M. Green，Charles C. Fries, Henry M. Wriston and William Dighton. *Liberal Education Re-Examined：Its role in a Democracy* , New York: Harper & Brothers, 1943.

205. Robert Maynard Hutchins. *Great books: The foundation of a liberal education*. New York, Simon and Schuster, 1954：31.

206. Robert Maynard Hutchins. *Education for freedom*, Baton Rouge, Louisiana：Louisiana State University Press，1944.

207. Buchanan, Scott. *Poetry and mathematics,* New York, The John Day Company [c1929].

208. （美）赫钦斯.美国高等教育.杭州：浙江教育出版，2001.

209. （美）赫钦斯.民主社会中教育上的冲突.陆有铨译.台北：桂冠图书公司，1994.

210. Robert Maynard Hutchins. The higher learning in America, Westport, Conn.: Greenwood Press, 1979.

211. Robert M. Hutchins. *The Idea of a College* [J] *Measure* 1（Fall 1950）：363-371.

212. Harvard committee. *General education in a free society*, Harvard universities press: 1945.

213. Maritain, J.（1962）. *The education of man.* SouthBend, IN: The University of Notre Dame.

214. Conant, James Bryant. *My several lives: memoirs of a social inventor.* New York, Harper & Row：1970.

215. （美）约翰·杜威.民主主义与教育.王承绪译.北京：人民教育出版社，2001.

原始史料

1. Fletcher, Giles. *Of the Russe Common Wealth*.London，1591.

2. Nathanael Culverwel. *An Elegant and Learned Discourse of the Light of Nature*, Oxford，1669.

3. Thomas Fuller .*Anglorum Speculum: Or The Worthies of England, in Church and State*, London，1684.

4. John Eachard（1636-1697）. *The Grounds & Occasions of the Contempt of the Clergy and Religion*, London，1685, the Ninth Edition.

5. Gerard Langbaine. *An Account of the English Dramatick Poets*, Oxford，1691.

6. William Leybourn. *Pleasure with Profit : Consisting of Recreations of Divers Kinds* , London，1694.

7. Richard Allestree. *The Ladies Calling*, Oxford，1705.

8. Abel Boyer. *The History of the Reign of Queen Anne*, London, 1713.

9. John Ayliffe. *The Ancient and Present State of the University of Oxford*, London，1714.

10. Guido Panciroli .*The History of Many Memorable Things Lost* , 1715.

11. Richard Griffith, Elizabeth Griffith. *A series of genuine letters between Henry and Frances.vol.3* , London, 1766.

12. *LIBERAL EDUCATION: or, a Practical Treatise on the Methods of acquiring Useful and Polite Learning.*, Edinburgh Magazine, or, Literary amusement, 51（1781:Mar. 29） p.371.

13. George Campbell. *The Philosophy of Rhetoric* , Edinburgh, 1808.

14. Joseph Priestley. *Memoirs of the Rev. Dr. Joseph Priestley, to the year 1795.* London，1809.

15. John Bristed. *America and Her Resources* , London,1818.

16. William King（1685-1763）. Political and Literary Anecdotes of His Own Times, London, 1819.

17. John Corry. *The English Metropolis, Or, London in the Year 1820* , London, 1820.

18. William Mitford. *The History of Greece* , Boston, 1823.

19. John Milton. *Milton's Familiar Letters* , Philadelphia, 1829.

20. Robert Aris Willmott, *Conversations at Cambridge*, London：1836.

21. Edward Gibbon. *The Life of Edward Gibbon* ,London，1839.

22. Edward Tatham. *Oxonia Purgata: An Attempt to Correct the Errors and Abuses of the University of Oxford*, Oxford，1811.

23. Edward Tatham *A Second Address to the Member of Convocation at Large, on the proposed New Statute Respecting Public Examination in the University of Oxford*, Oxford, 1811.

24. The Oxford University Calendar for the Year 1814, Oxford, 1814.

25. Edward Gibbon. *The Miscellaneous Works of Edward Gibbon*. Vol.1 , London, 1814.

26. Oxford Herald-Office. *The Oxford University and city guide*, Oxford, 1821.

27. Ebenezer Baldwin. *Annals of Yale College*, New Heaven, 1831.

28. William Sewell. *The Attack Upon the University of Oxford: In a Letter to Earl Grey*, London, 1834.

29. Edward Gibbon. *The Life of Edward Gibbon*, London, 1839.

30. V.A.Huber. *The English Universities*, London: William Prickering.1843.

31. Walter Copland Perry. *German university education*, London, 1846.

32. David Kay, Joseph Kay. *The Education of the Poor in England and Europe.* London：1846.

33. Benjamin Jowett, Arthur Penrhyn Stanley. *Suggestions for an Improvement of the Examination Statute*, Oxford: 1848.

34. Cornewall Lewis. *A Treatise on the Methods of Observation and Reasoning in Politics* Vol2,London, 1852.

35. James Heywood. *The Recommendations of the Oxford University Commissioners*, London, 1853.

36. *Report and evidence upon the recommendations of her majesty's CommissionersFor Inquiring into the state of the University of oxford.*, Oxford: 1853.

37. Timothy Dwight. *Memories of Yale Life and Men, 1845-1899.* Goemaere Press, 2007（1903）.

研究著作/论文

1. Leo Strauss. *Liberalism ancient and modern*, Chicago: University of Chicago Press, 1995

2. Martha Nussbaum. *Cultivating humanity: a classical defense of reform in liberal education*. Cambridge, Mass.: Harvard University Press, 1997.

3. Jaeger, Werner Wilhelm. *Paideia: the ideals of Greek culture*, New York: Oxford university press, c1945.

4. Kühnert, Friedmar. *Allgemeinbildung und Fachbildung in der Antike*, Berlin: Akademie Verlag, 1961

5. Kimball, Bruce A.. *Orators and philosophers: A history of the idea of Liberal education*, New York: College Entrance Examination Board: College Board Publications [distributor], 1986, 1995.

6. Kimball, Bruce A. *The Condition of American Liberal Education-Pragmatism and a Changing Tradition*, New York: The College Board, 1995.

7. Bruce A. Kimball. "The Historical and Cultural Dimensions of the Recent Reports on Undergraduate Education". *American Journal of Education*, Vol. 96, No. 3.（May, 1988）, pp. 293-322.

8. Woodward ,William Harrison .*Studies in Education during the Age of the Renaissance, 1400-1600*, Cambridge: University Press: 1906.

9. Rothblatt , Sheldon. *The Modern University and Its Discontents: The Fate of Newman's Legacies in Britain and America*, Cambridge University Press: 1997.

10. Rothblatt , Sheldon. *Living Arts: Comparative and Historical Reflections on Liberal Education*, Association of American Colleges and Universities: 2003.

11. Rothblatt , Sheldon. *Tradition and change in English liberal education*, Faber and Faber, 1976.

12. Rothblatt, Sheldon. *"The Limbs of Osiris: Liberal Education in the English-speaking World."* In *The European and American University since 1800: Historical and Sociological Essays.* Sheldon Rothblatt and Bjorn Wittrock, Eds. Cambridge, New York: Cambridge University Press.（1993）.

13. Bailey, Charles. *Beyond the present and the particular: a theory of liberal education*, London; Boston: Routledge & Kegan Paul, 1984.

14. Paffenroth, Kim. *Augustine and liberal education*, Aldershot, England Burlington, Vt：Ashgate，2000.

15. Barrow, Robin and White, Patricia. *Beyond liberal education: essays in honour of Paul H. Hirst*, London; New York: Routledge, 1993.

16. Hadot, Ilsetraut. *Arts libéraux et philosophie dans la pensée antique*, Etudes augustiniennes，1984. Paris, Vrin, 2005.

17. Hirst, Paul. *Liberal Education and the Nature of Knowledge,* in Philosophical Analysis and Education, 1965.

18. Slee, Peter. *Learning and a Liberal Education-The Study of Modern History in the Universities of Oxford, Cambridge and Manchester, 1800-1914,* Palgrave Macmillan ,1988.

19. Koch, Josef. *Artes liberales von der antiken Bildung zur Wissenschaft des Mittelalters*, Leiden: E.J. Brill, 1959.

20. Wagner, David. *The seven liberal arts in the Middle Ages*, Bloomington, Indiana University Press, 1983.

21. Dessain, Charles Stephen. *John Henry Newman*, Oxford; New York: Oxford University Press, 1980.

22. Farnham, Nicholas H. & Yarmolinsky, Adam. *Rethinking liberal education.* New York: Oxford University Press, 1996.

23. Grafton, Anthony & Jardine, Lisa. *From humanism to the humanities: education and the liberal arts in fifteenth- and sixteenth-century Europe*, Cambridge, Mass. : Harvard University Press, 1986.

24. Clark, Donald Lemen. *Rhetoric in Greco-Roman education*, New York & London: Columbia University Press, 1957.

25. Knox ,H. M.. "Little-Known Contribution to English Courtesy Education". *British Journal of Educational Studies*, Vol. 5, No. 1.（Nov., 1956）, pp. 67-71.

26. Mulcahy, Daniel.G. *Newman's Theory of a Liberal Education：a Critique* [D] University of Illinois at Urbana-Champaign，1970.

27. Nightingale, Andrea Wilson. "Liberal Education in Plato's Republic and Aristotle's Politics" in Yun Lee Too. *Education in Greek and Roman antiquity*, Leiden; Boston: Brill, 2001.

28. Meier, P. Gabriel. *Die sieben freien Künste im Mittelater.* （Progr, Einsiedeln, 1886-1887）.

29. Marrou, Henri. "Les arts libéraux dans l'antiquite classique," in Actes（1969）11-31.

30. Marrou, Herri. *Saint Augustin et la fin de la culture antique, Paris*: de Boccard, 1983.

31. Katz, Stanley N. "Liberal Education on the Ropes," *Chronicle of Higher Education* （April 1, 2005）, 1-8.

32. W. Tatarkiewicz. Classification of Arts in Antiquity .*Journal of the History of Ideas*, Vol. 24, No. 2. （Apr. - Jun., 1963）, pp. 231-240.

33. Kristeller , Paul Oskar. *The Modern System of the Arts: A Study in the History of Aesthetics Part I* [J] Journal of the History of Ideas, Vol. 12, No. 4. （Oct., 1951）, pp. 496-527.

34. Klein, J. （1960）*The Idea of a Liberal Education*, in: W. D. Weatherford, Jr （ed.）, *The Goals of Higher Education*（Cambridge, Harvard University Press）; 36-37.

35. Hochschild, Joshua P. "The Re-Imagined Aristotelianism of John Henry Newman". *Modern Age*.2003, Fall: 333-342.

36. Clarke ,M. L.. "Artes Liberales". *The Classical Review*.1962: 294-296.

37. Armstrong , A. H..Review of "Arts Libéraux et Philosophie Dans la Pensée Antique".*Phoenix*, Vol. 41, No. 1.（Spring, 1987）, pp. 86-88.

38. Pieper , Josef. "Knowledge and Freedom".*The Review of Politics*，1957: 147-154.

39. Cameron, J. M. *On the idea of a university* Toronto: pub. in association with the University of Saint Michael's College by University of Toronto Press, 1978.

40. Raaflaub ,Kurt A.. Democracy, Oligarchy, and the Concept of the "Free Citizen" in Late Fifth-Century Athens. *Political Theory*, Vol. 11, No. 4. （Nov., 1983）, pp. 517-544.

41. Pitkin ,Hanna Fenichel. Are Freedom and Liberty Twins? *Political Theory*, Vol. 16, No. 4. （Nov., 1988）, pp. 523-552.

42. Klein, Lawrence E. "Liberty, Manners, and Politeness in Early Eighteenth-Century England". *The Historical Journal*, Vol. 32, No. 3 （Sep., 1989）, pp. 583-605.

43. Klein, Lawrence E. *Shaftsbury and the culture of politeness: moral discourse and cultural politics in early eighteenth-century England*, New York, NY: Cambridge University Press, 1994.

44. Lord, Carnes. *Aristotle and the Idea of Liberal Education* .in Ober, Josiah. *Demokratia：a conversation on democracies, ancient and modern*, Princeton, N.J.: Princeton University Press, 1996：271-288.

45. Parker , H . "The Seven Liberal Arts". *The English Historical Review*, Vol. 5, No. 19.（Jul., 1890）, pp. 417-461.

46. Michael Masi . "The Liberal Arts and Gerardus Ruffus' Commentary on the Boethian De Arithmetica". *Sixteenth Century Journal*, Vol. 10, No. 2.（Summer, 1979）, pp. 23-41.

47. Sack , Saul. "Liberal Education: What Was It? What Is It?". *History of Education Quarterly*, Vol. 2, No. 4.（Dec., 1962）, pp. 210-224.

48. Mooney , Linne R.. "A Middle English Text on the Seven Liberal Arts". *Speculum*, Vol. 68, No. 4.（Oct., 1993）, pp. 1027-1052.

49. Strauss, Leo. *Liberal education and responsibility.* In *Liberalism ancient and modern*, Chicago：University of Chicago Press，1995：9-25.

50. Rapple , Brendan A.. "Dean Frederic William Farrar（1831-1903）: Educationist". *British Journal of Educational Studies*, Vol. 43, No. 1.（Mar., 1995）, pp. 57-74.

51. Garland, Martha McMackin. *Cambridge before Darwin-the ideal of a liberal education, 1800-1860*, Cambridge [Eng.]; New York: Cambridge University Press, 1980.

52. Elspeth, Whitney. *Paradise restored -the mechanical arts from antiquity through the thirteenth century*, Philadelphia, Pa. : American Philosophical Society, 1990.

53. Rhyn, Heinz. "The formation of Liberal education in England and Scotland". *Studies in Philosophy and Education*. 18:5-14,1999.

54. Rhyn, Heinz. *Allgemeine Bildung und liberale Gesellschaft: Zur Transformation der liberal education in der angelsachsischen Aufklarung*, P. Lang , 1997.

55. Wilson , John. "Liberal Education: The Concept and Its Justification". *Oxford Review of Education*, Vol. 22, No. 2.（Jun., 1996）, pp. 243-246.

56. Pring, Richard. *Closing the Gap: Liberal Education and Vocational Preparation*, Hodder & Stoughton, 1995.

57. Cunningham ,W. F.. "The Liberal College". *The Journal of Higher Education*, Vol. 6, No. 5.（May, 1935）, pp. 253-260.

58. Ullman , B. L.. What Are the Humanities?. *The Journal of Higher Education*, Vol. 17, No. 6.（Jun., 1946）, pp. 301-307+337.

59. Seigel ,Jerrold E.. "Civic Humanism" or Ciceronian Rhetoric? The Culture of Petrarch and Bruni. *Past and Present*, No. 34.（Jul., 1966）, pp. 3-48.

60. Russell , D. A.. "Arts and Sciences in Ancient Education". *Greece & Rome*, 2nd Ser., Vol. 36, No. 2. （Oct., 1989）, pp. 210-225.

61. Grant, Hardy. "Mathematics and the Liberal Arts-II". *The College Mathematics Journal*, Vol. 30, No. 3. （May, 1999）, pp. 197-203.

62. Rand ,Edward Kennard. "Liberal Education in Seventeenth-Century Harvard". *The New England Quarterly*, Vol. 6, No. 3. （Sep., 1933）, pp. 525-551.

63. Actes du quatrième Congrès international de philosophie médiévale：Arts Libéraux et philosophie au Moyen âge. Paris:J.Vrin,1969.（Montreal:Institut d'Etudes médiévales, 1969）.

64. Miller , Eugene F.. "On the American Founders' Defense of Liberal Education in a Republic". *The Review of Politics*, Vol. 46, No. 1.（Jan., 1984）, pp. 65-90.

65. McGrath, Fergal. *The consecration of learning: lectures on Newman's Idea of a university* , New York: Fordham University Press, 1962.

66. Ian Ker. *The Achievement of John Henry Newman*, London: Harper Collins Religious, 1990.

67. Barr, Colin. *Paul Cullen, John Henry Newman, and the Catholic University of Ireland, 1845-1865*, Notre Dame: University of Notre Dame Press, 2003.

68. Thiessen, Elmer John. *Teaching For Commitment: Liberal Education, Indoctrination, and Christian Nature*, Montreal: McGill Queen's University Press, 1993.

69. Culler, A. Dwight *The imperial intellect -a study of Newman's educational ideal* , Yale University Press, 1955.

70. Jost, Walter *Rhetorical thought in John Henry Newman*, Columbia, S.C. : University of South Carolina Press, 1989.

71. Peters, R.S. "Ambiguities in Liberal Education and the Problem of its Content" . in *Education and the Education of Teachers*, 1977.

72. Richard A Farrell .A History of Liberal Education and Liberalism: The Traditional Humanist in Conflict with the Liberal Ideologue. Ph.D. diss.,University of Massachusetts at Amherst, 1986.

73. John Guillory. Who's Afraid of Marcel Proust? The Failure of General Education in the American University. In David A. Hollinger. *The humanities and the dynamics of inclusion since World War II*. Baltimore: Johns Hopkins University Press, 2006.

74. Gary, K.(2006). Leisure, freedom, and liberal education. *Educational Theory*, *56*（2）, 121-136.

75. 黄福涛.从自由教育到通识教育——历史与比较的视角.复旦教育论坛. 2006（4）: 19-24.

76. 李曼丽. 通识教育：一种大学教育观.北京：清华大学出版社，1999.

77. 王晨. 西方大学理想中的保守理智结构：从纽曼到布鲁姆[D]北京师范大学，2005.

78. （法）伊尔塞特劳特·哈多特.希腊哲学与百科知识［J］第欧根尼.1998（1）：6-20.

79. 李猛.论抽象社会.社会学研究.1999（1）：1-23.

概念史和观念史研究方法著作

1. Lewis, C. S. *Studies in words*, New York: Cambridge University Press, 1967.

2. 何卫平.概念史的分析:伽达默尔解释学的方法与实践.中州学刊.2007(2)：132-137.

3. （德）爱姆琳·卫特-布劳斯.概念历史的跨学科性——学科间的桥梁.山东社会科学.2005（12）：20-25.

4. Christopher Winch. Key concepts in the philosophy of education, London; New York: Routledge, 1999.

5. 曹意强.什么是观念史.新美术.2003（4）：50-55.

6. （美）诺夫乔伊.存在的巨链：对一个观念的历史的研究.张传有、高秉江译. 南昌：江西教育出版社，2002.

7. Philip Paul Wiener. *Dictionary of the history of ideas : studies of selected pivotal ideas*, New York : Scribner, c1973-74.

8. Preston King. *The History of ideas: an introduction to method* , London: Croom Helm; Totowa, N.J.: Barnes & Noble Books, 1983.

9. Manfred Landfester. *Brill's New Pauly : Encyclopaedia of the ancient world* ,Leiden; Boston: Brill, 2006.

10. David K. Naugle. *Worldview: the History of a Concept*. Wm. B. Eerdmans Publishing Company, 2002.

11. Alanen, Lilli. *Descartes's concept of mind*. Cambridge, Mass. : Harvard University Press, 2003.

12. Melvin Richter. *The history of political and social concepts*, Oxford University Press, 1995.

13. Havelock, Eric Alfred. *The Greek concept of justice: from its shadow in Homer to its substance in Plato*. Cambridge: Harvard University Press, 1978.

14. Reinhart Koselleck. *The practice of conceptual history: timing history, spacing concepts*, Stanford, Calif.: Stanford University Press, 2002：33-35.

15. Iain Hampsher-Monk. *History of concepts: comparative perspectives*, Amsterdam: University Press, 1998.

16. Terence Ball, James Farr, Russell L. Hanson. *Political Innovation and Conceptual Change*, Cambridge University Press，1989.

17. （德）伽达默尔．"概念史与哲学语言".载严平主编《伽达默尔集》，上海远东出版社，1997年，第156-157页．

18. 方维规．"Intellectual"的中国版本.中国社会科学，2006（5）:191-204.

19. 方维规《"议会"、"民主"与"共和"概念在西方与中国的嬗变》.载《二十一世纪》，2000年4月号．

20. 谈火生．"民主"一词在近代中国的再生.清史研究，2004（2）：34-45.

21. 冯天瑜．"封建"考论.武汉:武汉大学出版社，2006.

22. 郝时远.中文"民族"一词源流考辨.民族研究.2004（06）：60-69.

23. 冯天瑜．新语探源：中西日文化互动与近代汉字术语生成.北京：中华书局，2004.

24. 田正平．中国教育者概念从传统到现代的演变——从"教官"到"教师"称谓变化的历史考察.社会科学战线.2007（1）：245-251.

25. 田正平，章小谦．中国教育概念申研究刍议.华中师范大学学报（人文社会科学版）.2007（5）：132-135.

26. 田正平,章小谦．"老师"称谓源流考.浙江大学学报(人文社会科学版).2007（5）：61-67.

27. 章小谦．"先生"考.华东师范大学（教育科学版）.2007（1）：73-78.

28. 章小谦，杜成宪．中国课程概念从传统到近代的演变.华东师范大学学报.2007（5）：65-74.

29. 黄兴涛．晚清民初现代"文明"和"文化"概念的形成及其历史实践.近代史研究.2006（6）：1-35.

30. 孙江．"东洋"的变迁——近代中国语境里的"东洋"概念.载于 孙江主编.新史学：概念·文本·方法（第二卷）.北京：中华书局，2008：3-27.

31. 黄东兰．"亚洲"的诞生——近代中国语境里的"亚洲"概念.载于孙江主编.新史学：概念·文本·方法（第二卷）.北京：中华书局，2008：27-46.

32. 章清．"自由"的界限——"自由"作为学科术语在清末民初教科书中的"呈现".载于孙江主编.新史学：概念·文本·方法（第二卷）.北京：中华书局，2008：47-75.

工具书、辞典

1. Thomas Blount（1618-1679）. *Glossographia Anglicana Nova: or A Dictionary Interpreting such Hard Words of whatever Language, as are at present used in the English Tongue.* London，1707.

2. John Kersey. *Dictionarium Anglo-britannicum; Or, A General English Dictionary* , London, 1708.

3. Edward Phillips. *The new world of words* , London, 1722.

4. Nathan Bailey. *An universal etymological English dictionary*, London，1724.

5. Elisha Coles（1608-1688）. *A Dictionary, English-Latin, and Latin-English*, London, 1755.

6. Thomas Dyche, William Pardon. *A new general English dictionary*, London, 1760.

7. John Marchant, Daniel Bellamy. *A new, complete, and universal English dictionary*, London, 1764.

8. Thomas Dyche. *A new general English dictionary*, London, 1771.

9. John Walker. *A Dictionary of the English Language* , London, 1779.

10. John Ash. *The new and complete dictionary of the English language*, London, 1795.

11. Samuel Johnson. *A dictionary of the English language* . London，1799，第 11 版.

12. Jean Baptiste Gardin Dumesnil. *Latin Synonyms with Their Different Significations and Examples Taken from The Best Latin Authors*, J.M.Gosset 翻译并修订，1804.

13. John Walker. *A Critical Pronouncing Dictionary, and Expositor of the English Language*, Philadelphia, 1806.

14. Noah Webster. *A Dictionary of the English Language*, Hartford, 1817.

15. M.J.B.Gardin Dumesnil. *Latin synonyms*, J.M. Gosset. *Latin synonyms*, tr. with additions and corrections by J.M. Gosset. London, 1819.

16. Samuel Johnson, Henry John Todd, Alexander Chalmers. *A Dictionary of the English Language*, London, 1824.

17. Samuel Johnson, John Walker, Robert S. Jameson. *A Dictionary of the English Language*, London, 1828.

18. John Craig. *A new universal etymological technological, and pronouncing dictionary of the English Language*, London:Routledge, Warnes, And Routledge 1859.

19. Jakob Heinrich Kaltschmidt. *A school dictionary of the Latin language*, Edinburgh: Published by william and Robert Chambers, 1850.

20. John Entick. *Tyronis thesaurus: or, Entick's Latin-English dictionary* , Baltimore: 1834.

21. William Perry. *A general dictionary of the English language* , London, 1795.

22. George Crabb. *English Synonyms Explained, in Alphabetical Order*, London, 1818.

23. Francis Edward Jackson Valpy. *An Etymological Dictionary of the Latin Language*, London, 1828.

24. Noah Webster. *A Dictionary for Primary Schools*, New York, 1833.

25. Joseph Wilson *A French and English Dictionary*, London: 1833.

26. George Crabb（1778-1851）. *A Dictionary of General Knowledge*, London, 1835.

27. Lewis Ramshorn. *Dictionary of Latin Synonymes* , From the German by Rrancis Lieber. Boston, Charles C. Little And James Brown, 1841.

28. Noah Webster. *An American dictionary of the English language: exhibiting the origin, orthography, pronunciation, and definitions of words*. New York：Harper, 1845.

29. Jakob Heinrich Kaltschmidt. *A school dictionary of the Latin language*, Edinburgh: Published by william and Robert Chambers, 1850.

30. Francis Lieber, Edward Wigglesworth, Thomas Gamaliel Bradford, Henry Vethake. *Encyclopædia Americana* , Boston, 1851.

31. Noah Webster, Chauncey A. Goodrich, *A Dictionary of the English Language, revised and enlarged by Chauncey A. Goodrich*, London，1852.

32. John Ogilvie. *A Supplement to the Imperial Dictionary*,Blackie and Son：1855.

33. Simpson, J. A. *The Oxford English dictionary*, Oxford: Clarendon Press; New York: Oxford University Press, 1989.

34. Charles Duke Yonge. *A phraseological English-Latin dictionary: for the use of Eton, Winchester, Harrow, and Rugby Schools, and King's College, London*, London, 1855.

35. John Ogilvie（1797-1867）. *The student's English dictionary* , London，1865.

36. Colin Macfarquhar, George Gleig. *Encyclopædia Britannica: Or, A Dictionary of Arts, Sciences* , Edinburgh, 1797.

37. 梁实秋主编. 远东英汉大辞典.台北：远东图书公司，1977.

其他相关文献（历史著作等）

1. Teresa Morgan. *Literate Education in the Hellenistic and Roman Worlds*, Cambridge, U.K. New York：Cambridge University Press, 1998.

2. Olaf Pedersen. *The first universities-Studium generale and the origins of university education in Europe*, Cambridge; New York: Cambridge University Press, 1997.

3. Haskins, Charles Homer. *The rise of universities* ,New York: Henry Holt and Company, 1923.

4. Walter Rüegg .*A History of the university in Europe* ,New York: Cambridge University Press, 1992.

5. Willis Rudy. *The universities of Europe, 1100-1914: a history*, London and Toronto: Associated University Presses, 1984.

6. Freeman, Kenneth John. *Schools of Hellas* , London: Macmillan, 1907.

7. Robert E Proctor. *Defining the Humanities: How Rediscovering a Tradition Can Improve Our Schools*, Bloomington: Indiana University Press, 1998.

8. Perkinson, Henry. *Two hundred years of American educational thought* ,New York: McKay, 1976.

9. Aubrey Gwynn. *Roman education from Cicero to Quintilian*.Oxford: Clarendon Press, 1926.

10. Concetta Carestia Greenfield. *Humanist and Scholastic Poetics, 1250-1500*, Lewisburg: Bucknell University Press, 1981.

11. Thompson, Craig R. *Universities in Tudor England*, [Washington]: Folger Shakespeare Library, c1959.

12. Burton Clark. *The Encyclopedia of higher education.* Oxford: Pergamon Press, 1992.

13. James Earl Russell. *German higher schools: the history, organization and methods of secondary education in Germany.* New York: Longmans, Green and co., 1905.

14. Henri Marrou. *A history of education in antiquity.* New York: The New American Library, 1964.

15. William Hamilton Sewell. *Work and revolution in France: the language of labor from the Old Regime to 1848*, Cambridge; New York: Cambridge University Press, 1980.

16. Jack Morrell. *Science at Oxford 1914-1939: Transforming an Arts University*, Oxford; New York: Clarendon Press, 1997.

17. Richard Livingstone. *The future in education.* Cambridge university press: 1945.

18. Paul R. Deslandes. *Oxbridge Men: British Masculinity and the Undergraduate Experience, 1850-1920*, Bloomington: Indiana University Press, 2005.

19. A.O.Rorty. *Philosophers on education: historical perspectives*, London; New York: Routledge, 1998.

20. Curren, Randall R. *A companion to the philosophy of education* , Malden, MA: Blackwell, 2003.

21. Lord, Carnes. *Education and culture in the political thought of Aristotle* ,Cornell university press, 1982.

22. Philip Carter. *Men and the Emergence of Polite Society, Britain, 1660-1800*, New York: Pearson Education, 2001.

23. RS Crane. *The Idea of the Humanities*, Chicago: The University of Chicago Press, 1987.

24. C. Jan Swearingen. *Rhetoric and irony: Western literacy and Western lies* ,New York: Oxford University Press, 1991.

25. Arthur D. Efland. *A history of art education: intellectual and social currents in teaching the visual arts* ,New York: Teachers College Press, c1990.

26. Stuart MacDonald. *History and Philosophy of Art Education*, James Clarke & Co., 2004.

27. Leo Strauss."The Liberalism of Classical Political Philosophy". in *Liberalism ancient and modern*, Chicago：University of Chicago Press，1995：26-64.

28. Noel Annan. *The dons: mentors, eccentrics, and geniuses* ,Chicago: University of Chicago Press, 1999.

29. Christopher Stray. *Classics Transformed. Schools, Universities, and Society in England, 1830-1960*, Oxford University Press（New York）, 1998.

30. Wilson, John. *Preface to the philosophy of education* ,London; Boston: Routledge & Kegan Paul, 1979.

31. Graham Midgley. *University Life in Eighteenth-Century Oxford*, New Haven: Yale University Press, c1996.

32. Nicholas H. Steneck. "A Late Medieval Arbor Scientiarum". *Speculum*, Vol. 50, No. 2.（Apr., 1975）, pp. 245-269.

33. Alain Michel.*Rhétorique et philosophie chez Cicero.* Paris: Presses Universitaires de France, 1960.

34. Pollmann, Karla. *Augustine and the disciplines: from Cassiciacum to Confessions*，Oxford; New York: Oxford University Press, 2005.

35. Thomas M. Conley. *Rhetoric in the European Tradition* , New York: Longman, c1990.

36. Adam Potkay. Classical Eloquence and Polite Style in the Age of Hume. *Eighteenth-Century Studies*, Vol. 25, No. 1.（Autumn, 1991）, pp. 31-56.

37. Bruce S. Eastwood.Review of "Die Artes liberales im fruhen Mittelalter（5.-9. Jh.）: Das quadrivium und der komputus als Indikatoren fur Kontinuitat und Erneuerung der exakten Wissenschaften zwischen Antike und Mittelalter" *Isis*, Vol. 86, No. 2.（Jun., 1995）, pp. 315-316.

38. M. L. Clarke. Cicero at School. *Greece & Rome*, 2nd Ser., Vol. 15, No. 1. （Apr., 1968）, pp. 18-22.

39. Pierre Albert Duhamel. *The Logic and Rhetoric of Peter Ramus. Modern Philology*, Vol. 46, No. 3. （Feb., 1949）, pp. 163-171.

40. Lausberg, *Heinrich. Handbook of literary rhetoric: a foundation for literary study* .Leiden; Boston: Brill, 1998.

41. GE Ryan. *Ratio Et Oratio: Cicero, Rhetoric and the Sceptical Academy*. Princeton University, 1983.

42. Tobias Reinhardt. "Rhetoric in the Fourth Academy". *The Classical Quarterly* 50. 2:531-547（2000）.

43. Mary Alberi. "The Better Paths of Wisdom": Alcuin's Monastic "True Philosophy" and the Worldly Court. *Speculum*, Vol. 76, No. 4. （Oct., 2001）, pp. 896-910.

44. George P. Hayes. "Cicero's Humanism Today". *The Classical Journal*, Vol. 34, No. 5. （Feb., 1939）, pp. 283-290.

45. J. J. Eyre. "Roman Education in the Late Republic and Early Empire". *Greece & Rome*, 2nd Ser., Vol. 10, No. 1. （Mar., 1963）, pp. 47-59.

46. A. J. Raymer. "Slavery--The Graeco-Roman Defence". *Greece & Rome*, Vol. 10, No. 28. （Oct., 1940）, pp. 17-21.

47. Andreas Wacke. "Freedom of Contract and Restraint of Trade Clauses in Roman and Modern Law". *Law and History Review*, Vol. 11, No. 1. （Spring, 1993）, pp. 1-19.

48. Evgeny A. Zaitsev. "The Meaning of Early Medieval Geometry: From Euclid and Surveyors' Manuals to Christian Philosophy" *Isis*, Vol. 90, No. 3. （Sep., 1999）, pp. 522-553.

49. Paul MacKendrick. "Cicero's Ideal Orator. Truth and Propaganda". *The Classical Journal*, Vol. 43, No. 6. （Mar., 1948）, pp. 339-347.

50. K.H.Below. *Der Arzt im römischen Recht* . Munich: C.H.Beck, 1953.

51. P. A. Brunt. "Free Labour and Public Works at Rome". *The Journal of Roman Studies*, Vol. 70. （1980）, pp. 81-100.

52. Lon R. Shelby. "The Geometrical Knowledge of Mediaeval Master Masons". *Speculum*, Vol. 47, No. 3. （Jul., 1972）, pp. 395-421.

53. William Linn Westermann. "Between Slavery and Freedom". *The American Historical Review*, Vol. 50, No. 2. （Jan., 1945）, pp. 213-227.

54. E. K. Rand. "The Humanism of Cicero". *Proceedings of the American Philosophical Society*, Vol. 71, No. 4.（Apr., 1932）, pp. 207-216.

55. Vito R. Giustiniani. Homo, Humanus, and the Meanings of 'Humanism'. *Journal of the History of Ideas*, Vol. 46, No. 2.（Apr. - Jun., 1985）, pp. 167-195.

56. Alvin Vos. "Good Matter and Good Utterance": The Character of English Ciceronianism. *Studies in English Literature, 1500-1900*, Vol. 19, No. 1, The English Renaissance.（Winter, 1979）, pp. 3-18.

57. Jerrold Seigel. *Rhetoric and Philosophy in Renaissance Humanism: The Union of Eloquence and Wisdom, Petrarch to Valla*. Princeton: Princeton University Press, 1968.

58. A. P. Bos. "Exoterikoi Logoi and Enkyklioi Logoi in the Corpus Aristotelicum and the Origin of the Idea of the Enkyklios Paideia". *Journal of the History of Ideas*, Vol. 50, No. 2.（Apr. - Jun., 1989）, pp. 179-198.

59. Robert A. Kaster. "Notes on "Primary" and "Secondary" Schools in Late Antiquity". *Transactions of the American Philological Association（1974-)*, Vol. 113.（1983）, pp. 323-346,

60. Alan D. Booth. "The Schooling of Slaves in First-Century Rome". *Transactions of the American Philological Association（1974-)*, Vol. 109.（1979）, pp. 11-19.

61. Clarence A. Forbes. "Supplementary Paper: The Education and Training of Slaves in Antiquity." *Transactions and Proceedings of the American Philological Association*, Vol. 86.（1955）, pp. 321-360.

62. S. L. Mohler. "Slave Education in the Roman Empire". *Transactions and Proceedings of the American Philological Association*, Vol. 71.（1940）, pp. 262-280.

63. Adolf Berger. "Encyclopedic Dictionary of Roman Law". *Transactions of the American Philosophical Society*, New Ser., Vol. 43, No. 2.（1953）, pp. 333-809.

64. Brad Inwood. "Seneca in His Philosophical Milieu". *Harvard Studies in Classical Philology*, Vol. 97, Greece in Rome: Influence, Integration, Resistance.（1995）, pp. 63-76.

65. Charles G. Nauert. *Humanism and the culture of Renaissance Europe*, New York: Cambridge University Press, 2006.

66. Johannes *Christes.Sklaven und Freigelassene als Grammatiker und Philologen im antiken Rom*, Wiesbaden:Franz Steiner, 1979.

67. Anthony Corbeil. "Education in the Roman Republic：Creating Traditions". in Yun Lee Too. *Education in Greek and Roman antiquity*, Leiden; Boston: Brill, 2001:261-289.

68. George Alexander Kennedy. *Classical rhetoric and its Christian and secular tradition from ancient to modern times*, Chapel Hill: University of North Carolina Press, c1980.

69. E. K. Rand. "How Much of the Annotationes in Marcianum is the Work of John the Scot".*Transactions and Proceedings of the American Philological Association*, Vol. 71. (1940), pp. 501-523.

70. Cora E. Lutz. "Aesticampianus' Commentary on the De Grammatica of Martianus Capella". *Renaissance Quarterly*, Vol. 26, No. 2. (Summer, 1973), pp. 157-166.

71. James H. Oliver. "Free Men and Dediticii." *The American Journal of Philology*, Vol. 76, No. 3. (1955), pp. 279-297.

72. Charles Sylvester."The Classical Idea of Leisure: Cultural Ideal or Class Prejudice?" .Leisure Sciences, 1999 (1): 3-16.

73. Thomas L. Pangle. *The Ennobling of democracy: the challenge of the postmodern era*. Baltimore ; London: Johns Hopkins University Press, 1992.

74. Gaines Post. *Three Letters Relating to the University of Paris, ca. 1284-1289* [J] *Speculum*, Vol. 14, No. 4. (Oct., 1939), pp. 478-482.

75. P. R. C. Weaver. "Social Mobility in the Early Roman Empire: The Evidence of the Imperial Freedmen and Slaves". *Past and Present*, No. 37. (Jul., 1967), pp. 3-20.

76. Irvine, Martin. *The making of textual culture: 'grammatica' and literary theory, 350-1100*, Cambridge [England] ; New York : Cambridge University Press, 1994.

77. Stewart Irvin Oost.Review of "Libertas und Liberalitas. Untersuchungen zur Innenpolitischen Propaganda der Römer" *Classical Philology*, Vol. 71, No. 2. (Apr., 1976), p. 196.

78. George Alexander Kennedy. *A new history of classical rhetoric*, Princeton, N.J.: Princeton University Press, c1994.

79. Simon Goldhill. "Literary History without Literature: Reading Practices in the Ancient World". *SubStance*, Vol. 28, No. 1, Issue 88: Special Issue: Literary History. (1999), pp. 57-89.

80. Harry M. Schwalb. "Cicero and the English Gentleman". *The Classical Journal*, Vol. 46, No. 1. (Oct., 1950), pp. 33-34+44.

81. Mark Morford. *The Roman philosophers: from the time of Cato the Censor to the death of Marcus Aurelius*, New York : Routledge, 2002.

82. Hilde de Ridder-Symoens. *A History of the university in Europe Volume I — Universities in the Middle Ages*, Cambridge [England] ; New York: Cambridge University Press, 1992.

83. Brad Inwood. "The Will in Seneca the Younger". *Classical Philology*, Vol. 95, No. 1. (Jan., 2000), pp. 44-60.

84. Paul Veyne. *Seneca: The Life of a Stoic*, New York : Routledge, 2003.

85. E. J. Wood .Review of "The Loeb De Oratore". *The Classical Review*, Vol. 57, No. 3. (Dec., 1943), pp. 115-117.

86. Enid Rifner Parker. "The Education of Heirs in the Julio-Claudian Family".*The American Journal of Philology*, Vol. 67, No. 1. (1946), pp. 29-50.

87. Eva Keuls. "Plato on Painting".*The American Journal of Philology*, Vol. 95, No. 2. (Summer, 1974), pp. 100-127.

88. Arendt, Hannah. *The human condition* ,Chicago: University of Chicago Press, 1958.

89. Mark Vessey.Introduction to "Institutions of divine and secular learning, and on the soul".assiodorus, Senator. *Cassiodorus: Institutions of divine and secular learning, and On the soul*, JW Halporn 译, M Vessey 导言. Liverpool University Press：2004：1-101.

90. Nederman, Cary J. "Mechanics and Citizens: The Reception of the Aristotelian Idea of Citizenship in Late Medieval Europe" . *Vivarium*; 2002, Vol. 40 Issue 1：75-102.

91. C. J. Rawson. "Gentlemen and Dancing-Masters: Thoughts on Fielding, Chesterfield, and the Genteel." *Eighteenth-Century Studies*, Vol. 1, No. 2. (Winter, 1967), pp. 127-158.

92. E.P.Parks. *The Roman rhetorical schools as a preparation for the courts under the early empire* ,Baltimore, Johns Hopkins Press, 1945.

93. George O. Seiver. "Cicero's de Oratore and Rabelais". *PMLA*, Vol. 59, No. 3. (Sep., 1944), pp. 655-671.

94. Kim Paffenroth. *A reader's companion to Augustine's Confessions* , Louisville, Ky.: Westminster John Knox Press, 2003.

95. Arnold, Duane W. H. *De doctrina Christiana: a classic of western culture* , Notre Dame: University of Notre Dame Press, c1995.

96. Frederick Van Fleteren.*St. Augustine, Neoplatonism, and the Liberal Arts.* In Arnold, Duane W. H. *De doctrina Christiana : a classic of western culture* , Notre Dame : University of Notre Dame Press, c1995:14-24.

97. Hilde de Ridder-Symoens. *A History of the university in Europe （v.2): Universities in early modern Europe, 1500-1800*, Cambridge [England]; New York: Cambridge University Press, 1992.

98. James M. May, Jakob Wisse. *Cicero on the ideal orato*r , New York: Oxford University Press, 2001.

99. Jane F. Gardner. "The Adoption of Roman Freedmen". *Phoenix*, Vol. 43, No. 3.（Autumn, 1989）, 236-257.

100. M. B. Trapp. "Sextus Vs. Aelius".*The Classical Review*, New Ser., Vol. 47, No. 2. （1997）, pp. 291-292.

101. Lee Ward. Nobility and Necessity: The Problem of Courage in Aristotle's "Nicomachean Ethics".*The American Political Science Review*, Vol. 95, No. 1.（Mar., 2001）, pp. 71-83.

102. Ivo Volt.Aspects of Ancient Greek Moral Vocabulary:Illiberaity and Servility in Moral Philosophy and Popular Morality .*Themes*, 2003,7(57/52), 2,67-82.

103. Dermot Moran. *The Philosophy of John Scottus Eriugena : a study of idealism in the middle ages*,Cambridge : Cambridge University Press, c2004.

104. Peter L. Phillips Simpson. *A Philosophical Commentary on the Politics of Aristotle*,Chapel Hill : University of North Carolina Press, c1998.

105. Jill Frank （2004）. Citizens, Slaves, and Foreigners: Aristotle on Human Nature.*The American Political Science Review,98*（1）,91-104.

106. Amélie Oksenberg Rorty. *Essays on Aristotle's Rhetoric*, Berkeley : University of California Press, 1996.

107. Robert C. Steensma.Review of "The English Gentleman: Images and Ideals in Literature and Society" *Rocky Mountain Review of Language and Literature*, Vol. 42, No. 4. （1988）, pp. 240-241.

108. Max Pohilenz. *Freedom in Greek Life and Thought: The History of an Ideal*, D.Reidel Publishing Co., Dordrecht, 1966.

109. Leofranc Holford-Strevens. *Aulus Gellius: An Antonine Scholar and His Achievement* , Oxford University Press, 2003.

110. Leofranc Holford-Strevens, Amiel D. Vardi. *The Worlds of Aulus Gellius*, Oxford: Oxford University Press, 2004.

111. Otfried Höffe. *The liberal studies in a global world*. Theory and Research in Education 2003 Vol. 1（2）:213-227.

112. George Charles Brauer（1925- ）*The education of a gentleman：Theories of gentlemanly education in England, 1660-1775*, New York : Bookman Associates, 1959.

113. Adrian Marino. *The Biography of "The Idea of Literature"*, State University of New York Press. 1996.

114. W. L. Westermann. "Vocational Training in Antiquity". *The School Review*, Vol. 22, No. 9.（Nov., 1914）, pp. 601-610.

115. Cobban, Alan B. *English university life in the Middle Ages.* London: UCL Press, 1999.

116. Gabriel R. Ricci, Paul Edward Gottfried. *Humanities & Civic Life*, Transaction Books, 2001.

117. Matthew B. Roller. *Constructing autocracy: aristocrats and emperors in Julio-Claudian Rome* , Princeton: Princeton University Press, c2001.

118. Peter Stacey. *Roman Monarchy and the Renaissance Prince* ,Cambridge: Cambridge University Press, 2007.

119. Jörn Leonhard, *Liberalismus: zur historischen Semantik eines europäischen Deutungsmusters*, München, Oldenbourg: 2001.

120. Ferguson, Everett. *The Early Church in Its Context: Essays in Honor of Everett Ferguson*, Leiden ; Boston: Brill, 1998.

121. Joyce Sugg. *Ever Yours Affly: John Henry Newman and His Female Circle*,Gracewing Publishing, 1996.

122. David Cecil Smith, Anne Karin Langslow. *The Idea of a University*, Jessica Kingsley Publishers, 1999.

123. De Ste. Croix, Geoffrey Ernest Maurice. *The class struggle in the ancient Greek world from the Archaic Age to the Arab conquests* ,London: Gerald Duckworth & Co. Ltd., 1983.

124. Martin, Brian. *John Henry Newman: his life and work*, Continuum International Publishing Group Ltd, 2000.

125. M.G. Brock and M.C. Curthoys. *The History of the University of Oxford   v.6. Nineteenth-century Oxford （pt.1 ）*, Oxford [Oxfordshire]: Clarendon Press, c1984.

126. Erik Sidenvall. *After Anti-Catholicism?: John Henry Newman and Protestant Britain, 1845-c. 1890*, New York: Continuum, 2005.

127. John R. Connolly. *John Henry Newman: A View Of Catholic Faith For The New Millennium*, Rowan and Littlefield, 2005.

128. Vincent Ferrer Blehl. *Pilgrim Journey: John Henry Newman 1801-1845*, Paulist Press, 2002.

129. Joyce Sugg. *John Henry Newman: Snapdragon in the Wall*, Gracewing; New Ed edition, 2001.

130. A. P. Bos. *Cosmic and Meta-Cosmic Theology in Aristotle's Lost Dialogues*, Brill Archive, 1989.

131. Lars Løvlie, Klaus Peter Mortensen and Sven Erik Nordenbo. *Educating humanity: Bildung in postmodernity* , Malden, Mass. : Blackwell Pub, 2003.

132. Davis, Michael. *The Politics of Philosophy: A Commentary on Aristotle's Politics* ,Lanham, MD: Rowman & Littlefield, 1996.

133. Jon H. Roberts, James Turner. *The sacred and the secular university*, Princeton, N.J.: Princeton University Press, 2000.

134. John Cannon. *Aristocratic century: the peerage of eighteenth-century England*, New York : Cambridge University Press, 1984.

135. Thomas P. Miller. *The Formation of College English: Rhetoric and Belles Lettres in the British Cultural Provinces*, University of Pittsburgh Press, 1997.

136. Nicholas Hudson. *Samuel Johnson and the making of modern England*, New York : Cambridge University Press, 2003.

137. Runge, Laura L. *Gender and language in British literary criticism, 1660-1790*, Cambridge, U.K.; New York: Cambridge University Press, 1997.

138. Richard J. Watts. *Politeness*, Cambridge University Press, 2003.

139. Lee T. Pearcy. *The grammar of our civility: classical education in America*, Waco, Tex.: Baylor University Press, 2005.

140. Dorothy Mabel Turner. *History of Science Teaching in England*, Ayer Co Pub, 1981.

141. Gordon Graham. *Scottish Philosophy: Selected Readings 1690-1960*, Imprint Academic, 2004.

142. Jeffrey Mark Suderman. *Orthodoxy and Enlightenment: George Campbell in the Eighteenth Century*, McGill-Queen's University Press, 2001.

143. Paul Cartledge, Edward E. Cohen and Lin Foxhall. *Money, labour and land: approaches to the economies of ancient Greece*. London; New York: Routledge, 2002.

144. Richard Kraut. *The Blackwell Guide to Aristotle's Nicomachean Ethics*. Malden, MA ; Oxford: Blackwell Pub. 2006.

145. David Castronovo. *The English Gentleman: Images and Ideals in Literature and Society*, New York: Ungar, 1987.

146. W. E. Mead. *The Grand Tour in the Eighteenth Century*, Ayer Publishing, 1970.

147. Dror Wahrman. *Imagining the middle class: the political representation of class in Britain, c. 1780-1840*, New York: Cambridge University Press, 1995.

148. EJ Ondrako. *Progressive Illumination: A Journey with John Henry Cardinal Newman, 1980-2005*, Binghamton University, 2006.

149. Joseph James Chambliss. *Educational theory as theory of conduct: from Aristotle to Dewey*, New York: State University of New York Press, c1987.

150. Michèle Cohen. *Fashioning Masculinity: National Identity and Language in the Eighteenth Century*, Routledge, 1996.

151. Brad Inwood. *Assent and Argument: Studies in Cicero's Academic Books*, Leiden; New York: Brill, 1997.

152. L.S. Sutherland and L.G. Mitchell. *The history of the university of Oxford，volume V: the eighteenth century* , Oxford: Clarendon Press, 1986.

153. Anderson, R. D. *British universities: past and present.* New York: Hambledon Continuum, 2006.

154. （德]）雅斯贝斯.大学之理念.邱立波.上海：上海世纪出版集团，2007.

155. （英）傅伊德、（英）金. 西方教育史.任室祥、吴元训译. 北京：人民教育出版社，1985.

156. （德）E·策勒尔. 古希腊哲学史纲.翁绍军译. 济南：山东人民出版社，2007.

157. 瞿葆奎主编. 教育学文集·智育卷.北京：人民教育出版社，1989.

158. （美）格莱夫斯. 中世教育史.吴康译. 上海：华东师范大学出版社，2005.

159. 雷通群.西洋教育通史.上海：上海书店，1990（影印本，1934 年初版）.

160. 王承绪.伦敦大学 长沙：湖南教育出版社，1995.

161. （美）布鲁柏克.教育问题史.吴元训主译.合肥：安徽教育出版社，1991.

162. 滕大春主编. 外国教育通史第 2 卷济南：山东教育出版社，2005：13.

163. （英）贡布里希.艺术发展史.范景中译.天津：天津人民美术出版社，2006：374.

164. （法）爱弥尔·涂尔干.教育思想的演进. 李康译. 上海：上海人民出版社，2003.

165. 雷通群.西洋教育通史上海商务：1934；上海：上海书店，1990（影印本）.

166. （比利时） 伍尔夫. 中古哲学与文明.庆泽彭译. 上海：华东师范大学出版社，2005.

167. （法）皮埃尔·格里马尔. 西塞罗. 董茂永译. 北京：商务印书馆，1998.

168. （意）加林.意大利人文主义.李玉成译.北京：三联书店，1998.

169. 邢莉. 自觉与规范：16 世纪至 19 世纪欧洲美术学院. 北京：中国人民大学出版社，2004.

170. （波）塔塔尔凯维奇. 西方六大美学观念史 刘文潭译. 上海：上海译文出版社，2006.

171. （德）汉斯-格奥尔格-加达默尔.真理与方法.洪汉鼎译.上海：上海译文出版社，2004.

172. （美）温尼·海德·米奈. 艺术史的历史.上海：上海人民出版社，2007.

173. 吴飞.自杀与美好生活.上海：上海三联书店，2007.

174. （英）怀特海.教育的目的.徐汝舟译.北京：三联书店，2002.

175. （英）F. I. 芬利主编. 希腊的遗产.张强等译.上海：上海人民出版社,2004.

176. （德）约瑟夫·皮珀.闲暇——文化的基础.刘森尧译.北京：新星出版社,2005.

177. 余丽嫦. 培根及其哲学.北京：人民出版社，1987.

178. （美）柯林斯. 文凭社会：教育与阶层化的历史社会学.台北：桂冠图书股份有限公司，1998.

179. Jacques Maritain.十字路口的教育.简成熙译. 台北：五南图书出版公司，1996.

180. 陈洪捷.德国古典大学观及其对中国的影响.北京：北京大学出版社，2006.

181. （德）马克斯·韦伯.新教伦理与资本主义精神.丁晓、陈维纲等译.西安：陕西师范大学出版社，2006.

182. （德）马克斯·韦伯.中国的宗教、宗教与世界.桂林：广西师范大学出版社，2004.

183. （德）马克斯·韦伯.支配社会学.康乐、简惠美译.桂林：广西师范大学出版社，2004.

184. 胡龙彪.拉丁教父波爱修斯.北京：商务印书馆，2006.

185. （美）克里斯托弗·贝里. 奢侈的概念：概念及历史的探究 江红译. 上海：上海人民出版社,2005.

186. （古希腊）普鲁塔克. 希腊罗马名人传 陆永庭、吴彭鹏等译. 北京：商务印书馆，1990.

187. （德）奥特弗利德·赫费. 作为现代化之代价的道德 邓安庆、朱更生译.上海：上海译文出版社，2005.

188. （英）迈克尔·曼. 社会权力的来源（卷一）.刘北成、李少军译. 上海：上海人民出版社，2002.

189. 张椿年. 从信仰到理性-意大利人文主义研究.杭州 ：浙江人民出版社，1993.

190. 朱龙华.人道主义探源.世界历史.1984（2）：3-8.

191. 彭小瑜.“爱塑造德行，智塑造学识”——十二世纪西欧教会的大学理想《大学与基督宗教研究》，香港浸会大学中华基督宗教中心 2002 年，第13-29 页.

192. （德）海德格尔.关于人道主义的书信. 海德格尔.路标.孙周兴译. 北京：商务印书馆，2000：366-429.

193. （法）米歇尔·福柯. 主体解释学.佘碧平译. 上海：上海人民出版社，2005.

194. 高峰枫.奥古斯丁与维吉尔.外国文学评论.2003（3）：81-91.

195. 张源．白璧德"人文主义"思想译介研究——以《学衡》译文为中心[D]北京大学中文系，2006.

196. 张静蓉．超凡脱俗的个体自觉：塞涅卡伦理思想研究.杭州：杭州出版社，2001.

197. （英)K.R.波普尔．开放社会及其敌人.北京：中国社会科学出版社,1999.

198. （英）威廉·F·拜纳姆.19世纪医学科学史．上海：复旦大学出版社，2000.

199. （英）彼得·柏克.知识社会史——从古腾堡到狄德罗.贾士蘅译．台北：麦田出版，2003.

200. （法）福柯．福柯集．杜小真编选．上海：上海远东出版社，2003.

201. 王晨.热闹之后的冷观察——纽曼大学思想核心概念之意义重置.教育学报，2007（2）：72-77.

202. （意)维柯．新科学.朱光潜译.合肥：安徽教育出版社，2006.

203. 阎照祥.英国近代贵族体制研究.北京：人民出版社，2006.

204. （英）以赛亚·伯林．反潮流——观念史论文集.冯克利译．南京：译林出版社，2002.

205. 沈文钦.论七艺之流变.复旦教育论坛，2007年第1期，页34-39.

206. 沈文钦."自由"人与"自由"知识：西方liberal education概念史研究.教育学术月刊.2008年第3期，页16-21.